Rachel Ha

mit Thilo Komm

»Ich habe Wut und

RACHEL HANAN
MIT THILO KOMMA-PÖLLATH

»Ich habe Wut und Hass besiegt«

Was mich Auschwitz über den Wert der Liebe gelehrt hat

HEYNE <

Sollte diese Publikation Links auf Webseiten Dritter enthalten,
so übernehmen wir für deren Inhalte keine Haftung,
da wir uns diese nicht zu eigen machen, sondern lediglich auf
deren Stand zum Zeitpunkt der Erstveröffentlichung verweisen.

FSC www.fsc.org
MIX
Papier | Fördert gute Waldnutzung
FSC® C014889

Penguin Random House Verlagsgruppe FSC® N001967

Originalausgabe 2023

Redaktion: Caroline Kaum macht Programm, München
Umschlaggestaltung: Eisele Grafik Design
Umschlagfoto: Jonas Opperskalski
Satz: Uhl + Massopust, Aalen
Druck und Bindung: Pustet, Regensburg
Printed in Germany
ISBN: 978-3-453-21841-3

www.heyne.de

Für meine Eltern Ethel und Fivish,
meine Schwester Chaya und ihre Tochter Etia,
und meine kleinen Brüder Zvi und Yehuda,
die alle in Auschwitz ermordet wurden.

VORBEMERKUNG

Ich habe bei mir über die Jahre und Jahrzehnte festgestellt, dass es weniger das klassische Erinnern ist an das, was ich in Auschwitz und den anderen Konzentrationslagern erlebt habe. Ich denke nicht bewusst zurück, weshalb mir Bilder und Situationen in den Sinn kommen, von denen ich geordnet erzählen könnte, ich werde stattdessen von tief liegenden Gefühlen überwältigt, die mich zurückversetzen in die Vergangenheit und mir das Erlebte so gegenwärtig vor Augen führen, als wäre es eben erst passiert. Viel zu lange habe ich anfangs über das Geschehene geschwiegen; viel zu oft habe ich meine Geschichte später immer wieder erzählt; viel zu ähnlich und doch ganz anders waren die Geschichten anderer Überlebender, die ich getroffen und mit denen ich mich ausgetauscht habe; viel zu sehr ist Auschwitz in das kollektive Gedächtnis der Zeit eingesickert, als dass sich die Konturen zwischen dem tatsächlich Geschehenen und dem persönlich Gefühlten eindeutig abgrenzen ließen.

Wie kann ich trotzdem davon überzeugt sein, dass die folgende Geschichte *meine* Geschichte ist, die sich genau so zugetragen hat?

Oral History ist der Versuch, Menschen über die Vergangenheit sprechen zu lassen, die jene Vergangenheit selbst erlebt und an Leib und Seele erfahren haben. Es geht um einen ungefilterten, subjektiven und trotzdem wahrhaftigen Eindruck von den Geschehnissen einer Zeit, die lange zurückliegt, einer Vergangenheit, die meist immer noch im Verborgenen liegt, im Dunkel – und die gerade deshalb ihre Schatten bis in die Gegenwart wirft. Im Fall von Auschwitz und den Verbrechen des Holocaust hat *Oral History* noch einen tieferen Sinn: Sie wird zu einem Kanal, der es erlaubt, Dinge beim Namen zu nennen, für die es immer weniger Zeugen gibt. Der es erlaubt, Worte zu finden, um das im Grunde Unaussprechliche über die Lippen zu bringen. Geschichten zu erzählen, um das Unbegreifliche begreifbar zu machen. Die Bilder der Vergangenheit lebendig werden zu lassen gegen das Vergessen. Wer sonst außer uns Opfern, die all das erlebt und erlitten haben, sollte das tun?

Das, was ich erinnere, hat sich tief in mir eingegraben und verwurzelt. Meine Erinnerungen sind Gefühle, die seit 80 Jahren in mir schlummern, wachsen, wuchern. Anders als das, was Auschwitz selbst verkörpert, mache ich aus meinem Herzen, aus meinen Gefühlen, aus den Bildern in meiner Seele heute keine Mördergrube mehr.

Ich erzähle hier die Geschichte meines Lebens. Wie ich mit Auschwitz, Bergen-Belsen, Duderstadt und Theresienstadt vier Konzentrationslager überleben konnte und trotzdem oder gerade deshalb in der Lage war, gegen jede Wahrscheinlichkeit, ein zweites gelingendes, glückliches, großartiges Leben zu erfahren. Für das vorliegende Buch habe ich ganz bewusst das Fühlen zugelassen. Vielleicht sprechen wir in meinem Fall also besser von der *Emotional History*:

Meine Erinnerungen sind meine Gefühle.

»Das Vergangene ist nicht tot.
Es ist nicht mal vergangen.«

William Faulkner

INHALT

Vorbemerkung 7

Vorwort von Omer Meir Wellber: *Rachel* 13

1. Albtraum 17
2. Mesusa 29
3. Kindsein 37
4. Vertrauen 41
5. Papa 45
6. Mama 47
7. Anders 51
8. Pessach 57
9. Stolz 65
10. Durst 73
11. Geburtstag 79
12. Abschied 87
13. Nackt 93
14. Brutal 101
15. Geruch 107
16. Tod 117
17. Schmutz 123

18. Wunder 133

19. Freisein 145

20. Zuhause 155

21. Danach 165

22. Heilung 173

23. Vorurteil 183

24. Schweigen 189

25. Schatten 193

26. Verletzlich 203

27. Mut 213

28. Rückkehr 221

29. Geschwister 227

30. Gott 235

31. Menschsein 243

32. Hass 249

33. Liebe 253

Epilog von Thilo Komma-Pöllath:
Auschwitz heute 257

Glossar 271

Weiterführende Literatur 282

Danksagung 283

RACHEL

Von Omer Meir Wellber

Wir sind gemeinsam durch Treblinka gegangen, ich erinnere mich noch sehr gut, ich hörte Wagner auf meinem CD-Player. Langsam kamen wir uns näher und sie fragte mich, was ich höre, ich sagte, irgendeine Musik, sie fragte, was für eine, ich sagte Wagner, ich glaube Tristan, ich bin mir nicht sicher, sie war neugierig, ich erzählte ihr, dass ich Musiker bin, ein 17-jähriger Musiker, der Klavier spielt und eigene Musik schreibt, sie sagte, sie mag Wagners Musik, sie verstehe den Boykott seiner Musik nicht, oder jeden anderen Boykott von Kultur, ich war überrascht, denn bis dahin genoss ich insgeheim das Gefühl der verbotenen Frucht, wenn ich als Israeli seine Musik hörte, wir fingen an zu reden und hörten nicht mehr auf, es war eine besondere Beziehung zwischen einem 17-jährigen Schüler und einer Holocaust-Überlebenden. Als sie als Mädchen ins Lager kam, war sie etwas jünger als ich zum Zeitpunkt unseres Treffens. Auch die Gedenkstätte Auschwitz besuchten wir gemeinsam, sie zeigte uns, wo sie schlief, wo sie auf die Toilette ging, was man machte, wenn man kein Toilettenpapier hatte, wie man sich nachts warm hielt. Ich nahm ein Blatt vom Boden, ein trockenes Blatt, eines, das Erinnerungen speichert, erst vor ein paar Tagen habe ich es meiner sechsjährigen Tochter gezeigt, als wir nach der

Trennung von meiner Partnerin in eine neue Wohnung gezogen sind, ich habe ihr nicht erklärt, woher ich es habe, ich habe ihr nur gesagt, dass es viele Dinge in mir wachhält, ich bin mir nie sicher, wann ich mit meiner Tochter das erste Mal über den Holocaust sprechen soll, soll ich ihr unser kollektives Trauma ersparen? Ist das überhaupt möglich? Rachel meint, das sei unmöglich, es sei aber möglich, daraus zu lernen und zu lächeln und zu verzeihen, sie habe es geschafft, ihr Leben genauso zu leben, nachts von Dr. Mengele träumen und tagsüber an Vergebung glauben. Kann ich bei dir übernachten? Ich fragte sie das einmal, ich fuhr als Teenager zu einem Treffen junger Komponisten in Haifa, sie nahm meinen Freund Dan und mich bei sich auf, ich hatte noch nie bei einem Holocaust-Überlebenden übernachtet, und es war ganz ähnlich wie an jedem anderen Ort, an dem ich bisher war, ich träumte nachts nicht von Mengele, sie bereitete uns Frühstück und kochte Kaffee, wie sie es immer tut, die Krönung unseres Besuchs waren die köstlichen mit Reis gefüllten Weinblätter, mein Lieblingsgericht, das sie jedes Mal zubereitet, wenn ich zu Besuch komme, sie brachte mir sogar welche nach Sde Boker mit, wohin sie kam, um ein Konzert anzuhören, das ich für sie geschrieben habe, ein Bratschenkonzert, das auf den musikalischen Intervallen basiert, die sich aus der Nummer auf ihrem Arm ergeben, 13561 – A, C, E, F, A, die ich mir Jahre später in Berlin auf meinen Arm tätowieren ließ, sie nimmt ein Foto in die Hand, das an ihrem Kühlschrank hängt, und zeigt mir ihre Enkel, die geheiratet haben, die ihren Armeedienst absolviert haben, Stolz in ihrer Stimme, sie hört auf jedes Wort, das fällt, wohl wissend, dass alles zählt, dass das Leben aus vielen Kommas besteht und nur wenigen Punkten.

Omer Meir Wellber

Der israelische Dirigent aus Be'er Scheva, geboren 1981, Musikdirektor der Volksoper Wien und des Teatro Massimo in Palermo, lernte Rachel Hanan 1998 als Schüler auf einer Delegationsreise nach Auschwitz und Treblinka kennen, seitdem sind beide befreundet.

1
ALBTRAUM

Ich habe fast 50 Jahre nicht darüber gesprochen. Die Welt aber hat seitdem nicht aufgehört darüber zu sprechen. Bis heute nicht, dabei ist es 80 Jahre her. Das, was ich persönlich erlebt habe, hat die Welt erschüttert wie kaum ein anderes historisches Ereignis davor und danach. Vermutlich liegt es daran, dass die Welt, oder sagen wir besser, der Mensch, wir alle also bis heute nicht begreifen können, wie es dazu kommen konnte, wieso es überhaupt passiert ist, warum niemand es verhindert hat. Seit es passiert ist, sind sich die Menschen selbst ein Stück weit ein Rätsel. Verunsichert im eigenen Selbstverständnis fragen sie sich: Wer sind wir, wenn wir zu so etwas fähig sind? Jeder Einzelne von uns? Fast scheint es, als hätte der Mensch seitdem den tiefen Glauben an sich selbst verloren, daran, dass im Grunde seiner Existenz etwas Gutes liegt. Ich selbst weiß, zu was die Menschen fähig sind, ich habe es an Leib und Seele erfahren. Letzte Antworten auf die Fragen nach dem *Warum,* nach dem *Wie* und dem *Wieso* habe auch ich nicht finden können. Vielleicht habe ich auch deshalb so lange geschwiegen. 80 Jahre danach versuchen wir uns noch immer eine realistische Vorstellung von jenen Geschehnissen zu machen, Geschehnissen, die sich der Vorstellungskraft entziehen. Nicht meiner, die ich dabei war, womöglich aber Ihrer. Es reicht ein einziger Begriff, nur ein Wort, und die Menschen zucken innerlich zusammen.

Zumindest die allermeisten von ihnen. Und ich sage ganz ausdrücklich, zum Glück ist das so. Zum Glück hält die Erschütterung auch 80 Jahre danach immer noch an. Egal wo auf der Welt, egal ob man den Begriff nur aus dem Geschichtsunterricht kennt. Diesen Begriff, der Angst macht, der verunsichert und verstört, bis heute, jeden von uns. Warum ist das so? Ein einziger Begriff und Politik, Wissenschaft und Welt gedenken, ermahnen, forschen, beten und rätseln und versuchen immer noch Erklärungen zu finden für das Unerklärliche. Das Unerklärliche, das einen Namen trägt: Auschwitz.

Ich war ein Teenager, noch ein halbes Kind, als ich an meinem 15. Geburtstag in Auschwitz ankam. Ziemlich genau ein Jahr später, eine Woche vor meinem 16. Geburtstag, wurde ich im Konzentrationslager Theresienstadt aus der Gefangenschaft der Nationalsozialisten befreit. Heute bin ich weit über 90 Jahre alt, ich bin das, was man eine »Überlebende« nennt. Ich habe Vater und Mutter in Auschwitz verloren, Brüder, Schwester, Nichte, Cousinen, Großeltern. Von unserer über 200 Mitglieder großen Familiensippe haben nur wenige überlebt. Aber nur zu überleben, das hätte mir im Leben danach nicht gereicht. Als ich endlich anfing über meine Vergangenheit zu sprechen, 50 Jahre später, war der größte Teil meines Lebens selbst schon wieder Geschichte. Ich stand kurz vor dem Ruhestand. Man kann nicht ein ganzes Leben darüber schweigen, nicht über Auschwitz. Heute will ich meine Geschichte in allen mir erinnerbaren, in allen gefühlten Einzelheiten erzählen. Zum allerersten Mal wird sie schriftlich festgehalten, meine Geschichte, die mein Leben ist.

Zeit meines Lebens, also des Lebens nach der Befreiung aus der Lagerhaft, habe ich trotz meiner Schreckenserfahrung erstaunlich gut funktioniert. Ich war Sozialarbeiterin in großen Wohlfahrtsämtern in Israel, später Managerin einer kommunalen Wohlfahrtsbehörde. Ich hatte eine berufliche Aufgabe gefunden, die mir Sinn gab, die mich erfüllte, auch zeitlich ausfüllte. Das war wichtig. Von außen betrachtet war es so: Wer von nichts wusste, der hat auch nichts gemerkt. Es soll nicht großspurig klingen, ich durfte mit vielen großartigen Kolleginnen und Kollegen zusammenarbeiten, der Erfolg unseres Engagements war nur als Team denkbar. Doch ich nehme für mich in Anspruch, eine gute Sozialarbeiterin gewesen zu sein. Engagiert, empathisch, das Herz am rechten Fleck. Diesen Fleck konnte auch Auschwitz nicht verrücken. Von dem aber, was sich in mir abspielte, wusste außer mir niemand. Woher auch, ich sprach ja nicht darüber. Tagsüber war ich mit meiner Arbeit beschäftigt, mit den Sorgen und Nöten derer, die mir anvertraut wurden. Kinder, Jugendliche, Arme, Benachteiligte, Unglückliche, Schicksalsgeplagte, Straffällige. So viele, die sich für ihr Leben etwas anderes vorgestellt hatten als das, was dann kommen sollte. Ein Gefühl, das ich erstaunlich gut kannte.

Mir wurde ziemlich schnell klar, ich musste mich für den Rest meines Lebens beschäftigt halten, *busy* sein, wie man heute sagt. Ich musste all die Gedankenfetzen und Erinnerungsreste, die sich regenden Gefühlsruinen in meinem Kopf mit Ignoranz und Nichtbeachtung strafen und somit in Schach halten. Zu viel freie Zeit konnte ich da nicht gebrauchen. Nur, was ich anfangs unterschätzt habe: Gedanken, die nicht gedacht werden, reiben sich unter der Oberfläche und können das Unterbewusste nur allzu leicht entzünden. Das weiß ich heute. Wenn der geschäftige Tag in den Abend überging, wuchs mein Unbehagen jeden Tag aufs Neue. Ich fürchtete die Nacht, ich fürchtete mich davor, ins Bett zu gehen. Wenn ich wach und beschäftigt war, konnte ich meine Gefühle kontrollieren. Nachts aber hatte ich nichts mehr unter Kontrolle. Ich fürchtete mich vor dem Tag, an dem ich nicht mehr funktionieren musste, an dem keine beruflichen Ablenkungsmanöver mehr im Kalender notiert waren. Dieser Tag würde kommen, so viel war sicher.

Nur, wie lebt man mit diesem entzündeten Geist? Lange vor meiner Pensionierung malte ich mir aus, was geschehen würde, wenn ich auf einmal unendlich viel Zeit haben würde. Zeit für Familie, Freunde, Ferien, das sollte schön werden, sicherlich, aber natürlich wusste ich, dafür war ich während meiner Ausbildung zur Sozialarbeiterin psychologisch zu gut geschult worden, dass sich das Unbewusste und das Verdrängte meiner bemächtigen konnten. Ich würde reichlich Zeit für diejenigen Gedanken bekommen, die nachts immer da waren und die ich tagsüber immer irgendwie erfolgreich nicht denken, nicht beachten, einfach verdrängen konnte. Während meiner Zeit in den Konzentrationslagern in Auschwitz, in Bergen-Belsen, in Duderstadt und in Theresienstadt musste ich meine Gefühle unterdrücken und ausschalten, sonst hätten sie mich um den Verstand gebracht. Man muss in einer solchen Situation seine Gefühle abtöten, will man nicht ganz von ihnen vernichtet werden, so ähnlich hat der österreichische Psychoanalytiker Viktor E. Frankl seine Auschwitz-Erfahrung beschrieben. Der Mensch, so viel wusste ich nach meinem Studium, legt seine Erlebnisse im limbischen System ab, seinem Gefühlszentrum. Was aber macht das Gefühlszentrum mit toten Gefühlen? Tote Gefühle sind Traumata, über die sich so schwer reden lässt. Was aber, wenn sie durch die Oberfläche stoßen und reanimiert werden wollen? Der Tag meiner Pensionierung, von dem ich natürlich wusste, dass er kommen würde, würde mir keine Erlösung bringen von meiner harten, fordernden Arbeit. Im Gegenteil: Er machte mir Angst.

Natürlich habe ich die ganze Zeit darüber gesprochen. Über das, was ich in den Jahren 1944 und 1945 erlebt habe. Aber zunächst eben nicht so, wie man sich das vielleicht vorstellen mag, im geschützten Gespräch mit einem Arzt oder Psychologen oder ganz offen unter Freunden beim Kaffee. Einem Trauma lässt sich nicht mit Ablenkung, Verachtung oder Verdrängung beikommen und so tritt das halluzinierende, retraumatisierende Selbstgespräch an die Stelle einer möglicherweise erfolgversprechenden, zumindest lindernden Therapie. Auschwitz brodelte in mir. Tief unter der Oberfläche meiner Haut brodelten die Gase der Erinnerung wie in einer menschlichen Magmakammer, die kurz vor der Explosion stand. Der Druck der Erinnerungen stieg über die Jahre kontinuierlich an, die Haut wurde dünner, drohte aufzuplatzen. Wenn ich nachts im Bett lag, die Augen schloss und schlafen wollte, wieder und wieder nicht schlafen konnte und dann doch von der Müdigkeit überwältigt wurde, wenn mein Bewusstsein allmählich die Kontrolle abgab, dann überschritten die untoten Gefühle den kritischen Punkt und Auschwitz brach buchstäblich aus mir heraus. Dann habe ich jede Nacht vom Lager erzählt. Ich weiß noch ziemlich genau, wann es anfing. Fünf Jahre nach meiner Befreiung, ich war 21 Jahre alt und frisch verheiratet, nahmen die Albträume Fahrt auf. Albträume sind der lange Arm von Auschwitz, der uns Überlebende Jahre, selbst Jahrzehnte später packt und schüttelt, immer und immer wieder. Ein Schütteltrauma für

Leben, Seele, Liebe. Ich war nur ein Jahr meines Lebens in Lagerhaft, ein einziges Jahr, das selbst heute noch in mir steckt und einfach nicht totzukriegen ist.

Ein Jahr – für immer!

Ich durchlebte das Geschehene ein zweites und ein drittes, ein zehntes und ein 35. Mal. Und ein 496. Mal. Ich sprach im Schlaf. Ich weinte im Schlaf. Ich schrie im Schlaf. Ich hatte Todesangst im Schlaf. Mein Körper verkrampfte sich zu einem einzigen großen Muskel und focht jede Nacht aufs Neue einen imaginären Kampf mit den Schatten der Vergangenheit. Wenn die Verzweiflung unüberhörbar und ohrenbetäubend wurde, schüttelte mich Shlomo, mein Ehemann, aus meinen Träumen, hielt seine schweißgebadete, erschöpfte, verängstigte Frau fest, die mit weit aufgerissenen Augen im Bett saß. Shlomo strich mir über die Stirn, nahm mich in den Arm, tröstete mich mit beruhigenden Worten, gab mir zu trinken, nahm meine Hand in die seine und dann versuchten wir gemeinsam, wieder in den Schlaf zu finden. In der nächsten Nacht das gleiche dramatische wie absurde Schauspiel, für das Adolf Hitler, die SS oder die sogenannten Nazis das Drehbuch geschrieben hatten. Ich hätte meinem Ehemann und später meinen Kindern dieses Schauspiel gerne erspart. Ich hätte es mir selbst gerne erspart.

Natürlich wusste Shlomo von Auschwitz, aber er wusste nichts Genaues. Nie hätte er mich nach meinen nächtlichen Albträumen gefragt, ob ich darüber sprechen wollte, was genau mich quälte, wie er mir helfen könnte. Er wollte nicht weiter in der Wunde bohren, die jede Nacht von allein zu bluten anfing. Shlomo wusste instinktiv, er konnte mir gar nicht helfen. Ich war eine junge Frau Anfang, Mitte 20, die selbst gar nicht über das Erlebte reden wollte. Nicht konnte, noch lange nicht. Obwohl ich natürlich spürte, dass da etwas ist in mir, das raus muss. Das Rausholen übernahmen die Albträume. Träume als Ventil, Nacht für Nacht. Sie sind geblieben – bis heute. Auch wenn sie mich jetzt im hohen Alter lange nicht mehr so häufig aufsuchen und lange nicht mehr so heftig ausfallen wie damals. Offenbar geht auch Auschwitz irgendwann einmal in eine Art Vorruhestand.

In den Geschichten meiner nächtlichen Gedankenfilme mischen sich Gegenwart und Vergangenheit, aktuelle Ereignisse und jahrzehntealte Erinnerungen, Terroranschläge in Israel und das Grauen der Shoa. Auschwitz-Gefühle sind Vernichtungsgefühle. Immer. Die Hauptrollen der Albträume sind mit Jassir Arafat und Josef Mengele, dem Arzt von Auschwitz, prominent besetzt. Arafat galt als Chef der Palästinensischen Befreiungsorganisation PLO lange als gefährlicher Terrorist und Israels Staatsfeind Nummer eins. In einem meiner typischen Arafat-Träume lässt er unter Waffengewalt einen Zug anhalten und eröffnet wahllos das Feuer auf die Insassen. Der Zug ist ein Viehwaggon, genauso sah mein Deportationszug nach Auschwitz aus. Die Menschen fallen wie Bowlingkegel der Reihe nach um, sie stürzen auf mich und reißen mich zu Boden. Ich bin unverletzt, aber ich stelle mich tot. Wenn ich überleben will, darf ich jetzt keinen Mucks von mir geben, mich auf keinen Fall bewegen, bloß nicht atmen, sonst muss ich sterben. Ich halte die Luft an, auch im wirklichen Leben, also im nächtlichen Schlaf, bis ich vor Atemnot japsend aufschrecke. Es gibt etwa ein Dutzend Variationen dieses Arafat-Traums, immer wieder war es Shlomo, der mich aus dem Zug rettete und in die Arme nahm. Ich habe aufgehört zu zählen, wie oft Arafat und seine Männer den Zug angehalten und losgefeuert haben. Doch jedes Mal liege ich wieder da auf dem Boden, nach Luft japsend, den Tod vor Augen …

Die allerschlimmsten Albträume sind die, in denen Josef Mengele auftritt, der Lagerarzt von Auschwitz. Ich bin ihm dort immer wieder persönlich begegnet, an ihn habe ich eine genaue Erinnerung. Meine Mengele-Träume gehen oft so: Ich bade meine beiden kleinen Söhne Doron und Yaron zu Hause in der Badewanne. Auf einmal tritt Mengele durch die Tür, reißt die Buben aus dem Wasser, presst sie mit Gewalt an sich und läuft mit ihnen davon. Mengele läuft mit seinen kniehohen schwarzen Stiefeln auf einen Hügel, ich laufe schreiend hinterher, ich verfolge ihn, aber ich kann ihn nicht einholen. Ich kann ihn nie einholen. Jede Nacht laufe ich hinter ihm her, er bleibt, wie durch eine Scheibe von mir getrennt, unerreichbar. Die Kinder schreien: »Mama, Mama«, ich schreie ihnen panisch hinterher: »Doron«, »Yaron«, dass sie keine Angst zu haben brauchen, dass ich sie retten werde, dass alles gut wird. Aber das stimmt nicht. Es ist eine Lüge. Das ist das Schlimmste. Dann verschwindet Mengele mit meinen Jungs hinter dem Berg, ich sehe sie nie mehr wieder.

Ein anderes Mal nimmt Mengele Doron und Yaron an die Hand und führt sie seelenruhig Richtung Schornstein, Richtung Gaskammer. Die Jungs denken an nichts Böses, sie vertrauen »Onkelchen« Josef, sie wissen ja von nichts. Wieder laufe ich hinterher, rufe verzweifelt nach ihnen, schreie panisch um Hilfe und kann sie nicht retten. Ich kann sie nie retten. Meine Jungs kommen nicht wieder. Shlomo holt mich zurück ins Jetzt, er ist wieder von den Schreien wach geworden. Auch die Mengele-Träume gibt es in verschiedenen Varianten, mal mit Badewanne, mal mit Gaskammer, mal mit Hügel, immer ohne Happy End. Seit sechs Jahrzehnten kidnappt Josef Mengele meine kleinen Kinder, die in meinen Träumen nie alt werden. Im wirklichen Leben führen sie ein langes, gesundes Leben, beide sind heute selbst schon wieder Rentner, in meinen Träumen bleiben sie meine kleinen Jungs, die meinen Schutz brauchen und die ich als Mutter nicht beschützen kann. In meinen Träumen bin ich Josef Mengele öfter begegnet als in Auschwitz persönlich. In den gut vier Monaten im Vernichtungslager habe ich nicht einmal von ihm geträumt, ich kann mich überhaupt nicht an irgendwelche Albträume erinnern. Ist das nicht verrückt? Ich kann das gar nicht genau erklären, wie sehr die Angst in einem steckt, in allen Zellen und Nervenbahnen, wie sie sich jede Nacht Bahn bricht, obwohl die Gefahr lange gebannt ist. Sie geht nicht mehr weg. Auschwitz ist keine Krankheit, die man heilen, keine Wunde, die sich je schließen lassen könnte. Vielmehr ein Phantomschmerz, der immer wiederkehrt. Auschwitz ist in mir, ich bin ein Teil von Auschwitz. Man wird uns beide nicht mehr trennen können.

Die Wahrheit ist: Die Gefahr ist niemals gebannt, die Furcht geht niemals wieder ganz weg. Als der irakische Diktator Saddam Hussein 1991 im Zweiten Golfkrieg auch Bomben auf Israel werfen ließ und mit Chemiewaffen und Gasraketen drohte, erklärte unsere Regierung, dass wir uns zu Hause verschanzen sollten. Allein das Wort »Gas« reichte aus und ich kehrte nach Auschwitz zurück. Die israelischen Luftabwehrraketen waren ganz in der Nähe stationiert und erschütterten immer wieder unser Haus in Haifa. Während die Sirenen des Fliegeralarms heulten, klebten wir die Zimmerfenster mit Nylon ab, weil man uns gesagt hatte, Nylon könne das Giftgas abhalten. Ich wurde hysterisch, wickelte meinen ganzen Körper in Nylon ein, kroch unter das Bett und wartete ab – nichts passierte. Ähnlich war es im Zweiten Libanonkrieg 2006, als Haifa wieder bombardiert wurde, diesmal von der Hisbollah. Als der Raketenalarm vorbei war, kroch ich unter dem Bett hervor und wusste nicht, ob ich lachen oder mich schämen sollte. Hatte ich alles richtig gemacht oder endgültig den Verstand verloren? Oder war mein Verhalten, nach allem, was ich als junge Frau durchgemacht hatte, völlig legitim und angemessen? Und wer hätte mir darauf eine Antwort geben können, die ich geglaubt, der ich vertraut hätte und die mich hätte beruhigen können?

Auch jetzt herrscht wieder Krieg in Europa. In der Ukraine, davor in Syrien, im Jemen. Es herrscht immer irgendwo Krieg auf der Welt. Wenn ich Krieg erlebe, ob nun selbst ganz direkt oder in den Nachrichten, denn aus dem Weg gehen kann man ihm ohnehin nicht, dann nehmen meine Auschwitz-Albträume wieder zu. Zahlenmäßig und in ihrer Intensität. Fast so, als wäre ich persönlich ein Seismograf für alles Grauen in der Welt. In mir schlägt es aus, wenn es anderswo zu Kriegsverbrechen, Gräueln und Unmenschlichkeit kommt. Als wäre es meine Aufgabe, das spüren und aushalten und dokumentieren zu müssen. Familie und Freunde machen sich Sorgen, sie sagen, ich solle keine Nachrichten schauen und nichts lesen. Meine Antwort ist stets die gleiche: Ich kann die Augen nicht davor verschließen, die Menschen sterben ja trotzdem. Wer Auschwitz erlebt hat, der braucht keine Fernsehnachrichten, um zu wissen, zu was der Mensch in der Lage ist. In den Nachrichten sehe ich traurige Kindergesichter, verschreckte Mütter, Familien auf der Flucht, Leichen. Die

Bilder aus der Ukraine verschmelzen mit den Bildern in meinem Kopf, den Bildern von damals. Die Ukraine 2022 ist nicht Auschwitz 1944, aber Krieg ist Krieg. Ist Tod. Leid. Zerstörung. Vertreibung. Verzweiflung. Geschichte wiederholt sich. Auch meine Geschichte wiederholt sich. Nachts in meinen Träumen. Auschwitz war nie ganz weg und ist jetzt wieder ganz nah. Das wird Zeit meines Lebens so bleiben. Ich bin zu alt, um noch naiv zu sein, aber ich bin noch nicht alt genug, um nicht mehr wütend und traurig zu werden. Meine Hände sind feucht, mein Mund ist trocken. Ich muss was trinken, schnell. Ich habe Durst, großen Durst. Es kommt alles wieder hoch.

2
MESUSA

»Ich möchte etwas sagen«, setzte mein Vater Fivish an und bat um Ruhe. Er hatte die Mesusa bereits in der Hand, die er zu unserer Verwunderung zuvor von der Eingangstür unseres Elternhauses abgenommen hatte. Die längliche Schriftkapsel, in der sich ein zusammengerolltes Stück Pergamentpapier mit zwei Tora-Versen befand, hing Zeit meines jungen Lebens, also die letzten fast 15 Jahre, schief dort am rechten Türpfosten, so wie es sich gehörte. Ein Symbol dafür, dass nur Gott die Dinge des Lebens, die einmal in Unordnung geraten waren, wieder geraderücken konnte. Nach jüdischer Tradition ist die Mesusa ein Glücksbringer, sie beschützt und bewacht die Bewohner eines Hauses, unabhängig davon, ob sie sich gerade darin aufhalten oder nicht. In einem der Verse heißt es: »So nehmt euch nun diese meine Worte zu Herzen und in eure Seele, und bindet sie zum Zeichen auf eure Hand, und sie sollen zum Erinnerungszeichen über euren Augen sein. Und ihr sollt sie eure Kinder lehren, indem ihr davon redet, ein jeder von euch, wenn du in deinem Haus sitzt oder auf dem Weg gehst, wenn du dich niederlegst und wenn du aufstehst. Und schreibe sie auf die Pfosten deines Hauses und an deine Tore, damit du und deine Kinder lange leben in dem Land, von dem der Herr deinen Vätern geschworen hat, dass er es ihnen geben werde, solange der Himmel über der Erde steht.«

Dass mein Vater die Mesusa nun in seinen Händen hielt, war ein beunruhigendes Zeichen für meinen sechs Jahre älteren Bruder Meir und vermutlich auch für uns sechs jüngere Geschwister. Das Zeichen einer bevorstehenden Veränderung, die nichts Gutes bedeuten konnte. Wobei ich mir zunächst nicht viel dabei dachte. Ich selbst jedenfalls kann mich nicht daran erinnern, dass ich es gleich mit der Angst zu tun bekam. Offen gestanden wundert mich das heute, denn es war noch nie vorgekommen, dass unsere Eltern die Mesusas, die an den Türrahmen der verschiedenen Zimmer, mit Ausnahme der Toilette angebracht waren, abgenommen hatten. Welchen Grund hätte es dafür auch gegeben? Selbst wenn wir ausgezogen wären, was nicht geplant war, hätten wir die Schriftrollen nicht entfernt, zumindest dann nicht, wenn es sich um jüdische Nachmieter gehandelt hätte, auch sie sollten schließlich von Gott beschützt werden. Allein dass die Mesusas jetzt nicht mehr an den Türrahmen hingen, wie es für gläubige jüdische Familien Gesetz war, nahm Meir das Gefühl absoluter Geborgenheit, wie sie nur eine Familie geben kann. Hier konnte etwas nicht stimmen. So hat er es mir erzählt, als wir Geschwister uns, kurz nach unserer Befreiung, das erste Mal in unserem Elternhaus wiedersehen sollten.

Ich selbst war an jenem Tag, an dem mein Vater sich mit Worten an uns wandte, die ich nicht recht deuten konnte, gerade einmal 14 Jahre alt. Ein furchtloses junges Mädchen, dem das Leben bislang wenig Grund gegeben hatte, Angst haben zu müssen. Vielleicht war ich deshalb so grenzenlos naiv, ich dachte, es müsse für alles eine einfache Erklärung geben. Mein Vater Fivish holte tief Luft, er sprach langsam und leise, aber sehr deutlich. »Meine lieben Kinder«, begann er zögerlich, »in wenigen Minuten werden wir unser Haus verlassen müssen und keiner weiß, ob wir jemals wieder zurückkehren werden.« Wenn ich mir diese Worte meines Vaters noch einmal ins Gedächtnis rufe, packt mich jedes Mal ein kalter Schauer, auch weil ich heute weiß, was unmittelbar danach passiert ist. Damals hatte ich natürlich keine Ahnung. Ich habe das wahre Ausmaß dessen, was er uns sagen wollte, gar nicht verstanden. Vielleicht habe ich seine Worte auch deshalb aus meiner Erinnerung gelöscht. Jedenfalls habe ich seine ungewöhnliche Ansprache einfach nicht ernst genommen. Ich weiß nur noch, dass ich mit meinen Geschwistern irgendwo in einer Ecke hockte, wir kicherten, weil Papa es gar so dramatisch machte, so kannten wir ihn gar nicht. Der bereits volljährige Meir stand neben Vater und wirkte sehr besorgt. Wie besorgt, ahnte ich damals allerdings nicht. Meir nahm Vater beim Wort, er nahm sich seine Worte »zu Herzen und in seine Seele«, wie es der Tora-Vers einem gläubigen Juden nahelegte. Noch Jahre später konnte er Vaters Rede beinahe auswendig wiederholen.

Dass ich heute also überhaupt weiß, was Papa gesagt hat, verdanke ich nur meinem großen Bruder. Er konnte sich auch an das genaue Datum erinnern, an dem Vater seine ungewöhnliche Rede gehalten hatte. Wenn das stimmt, war es der 16. April 1944, Tag 1 der Deportation der jüdischen Familie Cahana aus Unterwischau, einem kleinen, unscheinbaren, vergessenen Ort in den Hügeln des Maramures-Gebirges. Vier Jahre zuvor war der nördliche Teil Rumäniens, zu dem auch mein Heimatort gehörte, vom faschistischen Ungarn annektiert worden, einem Verbündeten von Nazideutschland im Zweiten Weltkrieg, im März 1944 ließ Hitler Ungarn ganz besetzen. Von all den politischen Umstände jener Zeit hatte ich als junges Mädchen so gut wie keine konkrete Ahnung. Ich wusste, es sind harte Zeiten in Europa, wie hart, wusste ich nicht. Dass unsere Familie mit diesem Tag endgültig in den Krieg hineingezogen wurde, den die meisten von ihnen nicht überleben würden, das war mir nicht bewusst. Wie sollte es auch. Unsere Eltern hatten immer versucht, uns so gut wie möglich zu beschützen, alles Böse von uns fernzuhalten, was zumindest in meinem Fall sehr gut gelungen war. An jenem 16. April 1944 aber erklärte Vater, dass wir gleich in ein Arbeitslager nach Oberwischau gebracht werden würden. Ich weiß nicht, was meine Schwestern glaubten, aber ich dachte immer noch, das wird ein richtig großes Abenteuer.

Mein Vater Fivish war ein stiller und gottesfürchtiger Mann, der nicht dafür bekannt war, große Worte zu machen. Ein Mann aber, der bei jedem noch so drängendem Problem Zuflucht fand in seinem Glauben und bei Gott. In echter, sicht- und spürbarer Verzweiflung hatte ich ihn bis dahin noch nie erlebt. Auch deshalb markierte seine eindringliche Rede einen Wendepunkt. In seinem und in unser aller Leben. Ich kann sie nur deshalb hier wörtlich wiedergeben, weil Meir sie während seiner Zeit in den Arbeitslagern aus dem Gedächtnis aufgeschrieben hat. Er, der seinem Vater charakterlich in so vielem ähnlich war, hat mir gegenüber bezeugt, dass Papa sie genauso gehalten hat. Als Meir sie mir nach dem Krieg das erste Mal vorlas, nach all dem, was passiert war, hat mich das tief berührt. Wie genau Papa schon vorausahnte, was auf uns zukommen würde. Oder wusste er es sogar? »Hört zu Kinder, das ist jetzt sehr wichtig«, setzte Fivish seine Ansprache fort und wurde ungewöhnlich deutlich: »Wir werden Schreckliches erleiden, wir werden das Gesicht des Teufels erblicken und ihr werdet euch fragen: Warum wir? Es kann passieren, dass wir getrennt werden. Aber selbst wenn jeder auf sich allein gestellt sein wird, werden wir nicht aufgeben. Egal was passiert, wir werden uns kein Zeichen von Schwäche erlauben. Wenn wir krank sind, wenn wir verletzt sind, wenn unsere Körper schmerzen, werden wir das niemals zeigen. Wir werden in Stille leiden und in Stille stark bleiben.« Und weiter sprach Fivish, so wie Meir es sich gemerkt hatte: »Akzeptiert euer Schicksal ohne Beklagen, ohne Gott infrage zu stellen. In guten Zeiten gottesfürchtig zu sein ist einfach. In Zeiten wie diesen können wir zeigen, wer wir wirklich sind. Vergesst niemals, wo ihr herkommt, vergesst niemals eure Familie.«

Je länger Fivish sprach, umso mehr Nachdruck legte er in seine Stimme, umso hastiger redete er, umso trauriger wurde sein Gesichtsausdruck. Es war, als würde man ihn hetzen, treiben. Er wusste wohl, dass ihm nicht mehr viel Zeit blieb. So hat Meir, damals 20 Jahre alt, ihn jedenfalls erlebt. Was hat unser Vater gewusst und warum hat er nie mit uns darüber gesprochen? »Wir werden Schreckliches erleiden« – seine Worte waren drastisch und schonungslos. Es war das erste Mal, dass er seine Familie und vor allem uns Kinder nicht im Unklaren über das Kommende ließ. Im Gegenteil, er wollte uns ausdrücklich warnen. Unser Vater war der Vorsteher der jüdischen Gemeinde im Ort, der wegen immer neuer Verordnungen und Dekrete regelmäßig auch persönlich mit den ungarischen Faschisten zu tun hatte. Die ganze Zeit über schien er allen Umständen zum Trotz immer noch festen Halt in seinem Glauben zu finden, sogar an jenem 16. April 1944. Zumindest klang es so. Oder tat er nur so, uns zuliebe, um uns nicht noch weiter zu beunruhigen? War er wirklich davon überzeugt, wir wären vorbereitet auf das, was noch kommen würde? Wie sehr er sich doch täuschen sollte. Er verglich die Tränen, die wir bald weinen würden, mit den Tränen, die wir jedes Jahr vergossen hatten, wenn wir feierlich der Zerstörung des jüdischen Tempels auf dem Tempelberg in Jerusalem gedachten und uns erinnerten, wie die Römer einst Juden verfolgt, gedemütigt und getötet hatten.

Weiter kam mein Vater nicht mehr.

Die Haustür wurde aufgestoßen und ungarische Gendarmen brüllten von der Schwelle aus zu uns hinein als wären wir Schwerkriminelle: »Los! Los! Los! Bewegt euch! Abmarsch! Los! Los! Los!« Mein Blick wanderte zum Türrahmen. Dort hing keine Mesusa mehr, die uns hätte beschützen können. Sie brüllten in einem fort. Es dröhnt mir heute noch in den Ohren. Ihr Geifer war beängstigend. Als Papa und Mama aus ihrem Haus traten, bauten sich die Uniformierten vor meinen Eltern auf, als wären sie das Letzte Gericht und schrien ihnen noch ein letztes Mal mitten ins Gesicht: »LOS!« Meine Mutter Ethel senkte den Kopf und vergrub ihr Gesicht in ihren Händen, das konnte ich sehen. Sie weinte. Und Fivish tat, was er uns zuvor erklärt und geraten hatte. Er akzeptierte sein Schicksal in aller Stille, ohne ein äußeres Zeichen von Schwäche und Schmerz. Wer aber sein sonst so zufriedenes, freundliches, sanftes Gesicht kannte, der wusste, dass seine Welt Kopf stand und sein Herz Trauer trug. Aschfahl, grau und ernst stand er da. In seinem Innersten weinte er bitterlich, das weiß ich heute, nur untersagte er sich auch noch die kleinste Träne, die nach außen dringen wollte. Sein tiefer Glaube an Gott verbot ihm jedes Zeichen von Enttäuschung, die er sich selbst als mangelnde Standfestigkeit im Glauben angekreidet hätte. So sehe ich es heute. Damals habe ich das alles nicht verstanden. Ich wusste nicht, was die Polizisten von uns wollten. Ich hatte keine Ahnung, wohin genau wir gehen würden, was das alles sollte. Natürlich, ich war aufgeschreckt, doch Todesangst oder Ähnliches verspürte ich nicht. Als schließlich die ganze Familie vor dem Haus versammelt stand, und wir alle noch ein letztes Mal die Mesusa küssten, bevor Vater sie unter den Tallit, seinen Gebetsmantel, steckte, hoffte ich immer noch, dass alles gut werden würde.

Aber nichts wurde gut. Es begann der Albtraum meines Lebens.

3
KINDSEIN

Meine Kindheit in Vişeu de Jos – zu Deutsch Unterwischau – war einfach wunderschön. Und wunderschön einfach. Mit dem romantischen Landleben, wie es heute gerne in Reisekatalogen und Filmen verklärt wird, hatte es dennoch nichts zu tun. Unterwischau liegt eingebettet zwischen den grünen Hügeln der nordöstlichen Karpaten, ein ländliches Grenzgebiet zwischen Rumänien und der Ukraine. Eine abgeschiedene, vergessene Region, damals wie heute. Bilderbuchhaft gelegen, doch es gab niemanden, der sich auch nur zufällig hierher verirrte oder gar Ferien auf dem Bauernhof buchen wollte. Das alles gab es zu jener Zeit nicht – und gibt es auch heute nicht. Das Leben dort war geprägt von großer Armut und bitterer Frömmigkeit, wenn es bei uns zu Hause auch etwas anders war. Als Kind hat mich das nicht groß gestört, man hinterfragt nicht, warum etwas ist wie es ist – es war eben so. Außerdem eröffnete einem das sogenannte einfache Leben auch vielfältige Möglichkeiten. Wenn nicht viel da ist, wird man erfinderisch. Und wer kann schon einen ganzen Wald seinen eigenen Spielplatz nennen?

Ich erinnere mich, dass ich als junges Mädchen nie still sitzen konnte. Mit meinen Schwestern und Freundinnen tollte ich wild herum, meine Mutter sagte immer, ich würde wie ein junges Reh durch die Welt springen. Durch unseren Garten hinter dem Haus, über die Wiesen und Felder und die Straßen unseres Dorfes bis zum Fluss Bistra, in dem wir in den Sommermonaten baden gingen, obwohl das Wasser kalt und der Fluss für seine starke Strömung bekannt und nicht ganz ungefährlich war. Doch ich war eine sehr gute Schwimmerin, ich hatte es früh gelernt. Puppen, mit denen ich spielen konnte, gab es keine, dafür war kein Geld da. Dafür erinnere ich mich, wie ich das Jonglieren mit fünf annähernd gleich großen Kieselsteinen trainierte, die der Fluss glatt geschliffen hatte. Niemand im Ort jonglierte besser als ich, ich hätte mit der Nummer im Zirkus auftreten können, hätte es nur einen gegeben, davon war ich überzeugt. Puppen habe ich also gar nicht so sehr vermisst, einfach weil mein Leben sich in erster Linie draußen abspielte, in den Wäldern, am Wasser, auf der nach frisch gemähtem Gras duftenden Wiese, unter freiem Himmel.

Wir, die Familie Cahana, wohnten nahe der Synagoge in einem großzügigen, dreistöckigen Holzhaus mit einem breiten Treppenaufgang, einem ausgedehnten Essbereich und einem geräumigen Wohnzimmer. Auch erinnere ich mich an ein großes Kinderzimmer, in dem jedes der bis zu sechs Kinder, die im Haus lebten, ein eigenes ausklappbares Bett besaß. Für mich war mein Elternhaus das schönste Haus der ganzen Stadt. Äußerst ungewöhnlich für jene Zeit war, dass unser Vater Fivish mit Mama Ethel bereits in zweiter Ehe verheiratet war. Seine erste Ehefrau Etia, mit der er schon zwei Kinder hatte – unsere Halbgeschwister Chaya und Meir –, war sehr jung gestorben. Kurz nach Chaya hatte sich gleich Meir angekündigt, nach seiner Geburt gab es allerdings Komplikationen, von denen sich Etia nicht mehr erholte. Als unsere Eltern heirateten, war Mama mit ihren 24 Jahren für damalige Verhältnisse eigentlich schon »zu alt«. In religiösen Kreisen hatte Ethel kaum noch eine reelle Chance, einen respektablen Ehemann abzubekommen. Da kam Fivish als Witwer mit zwei kleinen Kindern und nicht zuletzt auch wegen seines hohen gesellschaftlichen Ansehens genau recht. Zusammen bekamen sie sechs weitere Kinder, neben mir, 1929 geboren, noch meine drei Schwestern Sarah *1926, Riku *1927 und Esther *1931. Als Nachzügler folgten unsere Brüder Zvi *1934 und Yehuda *1936. Wir alle kamen in unserem geliebten Holzhaus zur Welt, wie es damals im Dorf üblich war. Als Hebamme fungierte unser Dienstmädchen Maria, die viele Jahre bei uns lebte.

Im Garten hinter dem Haus gackerten Hühner, wir hatten auch eine Ziege und eine Kuh, für die mein Vater eigens einen speziellen Unterstand gebaut hatte, sie sollte es bei Regen schließlich schön trocken haben. Im Grunde verrückt, obwohl wir eine traditionelle jüdische Familie waren, war uns ausgerechnet die Kuh heilig. Doch dank ihr hatten wir immer reichlich Milch, Käse und Butter im Haus und mussten nicht hungern. Der Garten war der ganze Stolz meiner Mutter. Ethel war eine wunderbare Köchin, die für unsere Mahlzeiten hinter dem Haus reichlich Gemüse anbaute. Da es sowieso kaum Fleisch gab, aß ich als Kind auch keines. Mit etwa zehn Jahren bekam ich im Beet meiner Mutter meine eigene Parzelle und konnte ab dann meine eigenen Karotten, Kohlrabi und Gurken selbst anbauen und als »Pausenbrot« mit in die Schule nehmen.

Bis auf meine älteste Schwester Sarah, die zunächst bei Ethels Eltern, ihren Großeltern, in Munkács (zu Deutsch Munkatsch) aufwuchs, das heute in der Ukraine liegt, lebten wir anderen Kinder erst einmal im Elternhaus in Unterwischau zusammen. Es war damals nicht unüblich, Kinder in die Obhut enger Angehöriger zu geben, die selbst keine

Kinder bekommen konnten, oder zu den Großeltern, wenn eine Familie so kinderreich war wie unsere. Mit fünf Jahren zog auch meine Schwester Esther in den Nachbarort zu ihrer Tante, von der sie jahrelang großgezogen wurde. Vaters Kinder aus erster Ehe lebten sowieso schon ihr eigenes Leben. Meir studierte eine Zugstunde entfernt in der Universitätsstadt Sighet, wo er bei Verwandten unterkam, Chaya war zu ihrem Ehemann Yosef nach Ordea an die ungarische Grenze gezogen. Als mit Kriegsbeginn und dem Einmarsch der Ungarn die Stimmung im Land kippte und gegenüber Juden sehr feindselig wurde, holte Vater Sarah und Ester nach Unterwischau zurück. Er wollte seine ganze Familie bei sich im Haus und damit in Sicherheit wissen. Die Mesusa hing zu dieser Zeit noch wunderbar schief am Türpfosten der Eingangstür und hielt ihre schützende Hand über uns alle.

4
VERTRAUEN

Durch die Ortsmitte von Unterwischau führte ein Kiesweg, asphaltierte Straßen gab es nicht. Verwitterte, alte Holzhäuser säumten diese eine Hauptstraße, die meisten davon waren Ladengeschäfte. Ich erinnere mich an eine koschere Metzgerei und, auf halber Strecke, an einen kleinen Platz, wo ein steinerner Brotofen stand, den alle gemeinsam nutzen konnten. Dorthin brachte unsere Mutter, wie alle gläubigen Jüdinnen, am Freitagmittag ihren traditionellen Sabbat-Eintopf Cholent (zu Deutsch Tscholent), den sie zu Hause im Steintopf vorbereitet hatte: Lammfleisch, Bohnen, Zwiebeln, Kichererbsen und Kartoffeln. Sie ließ ihn im öffentlichen Ofen schmoren und hielt dabei mit den anderen ein Schwätzchen. Dahinter führte die Dorfstraße auf eine kleine Brücke zu, die die Bistra überquerte. Hinter dem Fluss führte ein Weg den Berg hinauf nach Vişeu de Sus, dem Schwesterdorf Oberwischau. Ein Ort, der für mich und meine Familie noch einmal wichtig werden sollte.

Die Hauptstraße mit ihren Geschäften und dem steinernen Ofen bildete das Zentrum der jüdischen Gemeinde von Unterwischau. Viele der rund 1000 jüdischen Bewohner des Dorfes hatten studiert oder einen Beruf erlernt, waren Handwerker, Zimmerleute oder Kleinbauern, es gab Kaufleute und sogar einen Arzt, was in einer so abgeschiedenen Gegend von großem Nutzen war. Fivish war ein erfolgreicher Kaufmann und das Oberhaupt der Gemeinde.

Er gehörte zur Gruppe der chassidisch-aschkenasischen Juden, die in Osteuropa sehr verbreitet und für ihren strengen Glauben bekannt waren. Mein Vater war tiefreligiös, zu unserem Glück jedoch nicht ultraorthodox, was gerade in der Erziehung für uns Kinder einen großen Unterschied machte. Anders als in anderen Familien, in denen es zum Teil sehr streng zuging, spielten bei uns zu Hause vor allem menschliche Werte eine entscheidende Rolle. Papa führte uns kindgerecht an die Tora heran, aber er bürdete uns kein allzu rigides religiöses Leben auf, dem wir Kinder nicht gewachsen gewesen wären. Der Glaube sollte uns Sicherheit und Selbstvertrauen geben und uns nicht kleinmachen oder ängstigen. Gab es Diskussionen oder Streitigkeiten, in die wir verwickelt waren, lautete sein Standardspruch unserer Mutter oder anderen aus dem Dorf gegenüber gerne: »Ich habe großes Zutrauen zu meinen Töchtern.« Oder ganz speziell auf mich gemünzt: »Ich vertraue Rachel.« Viel mehr brauchte es nicht. Nicht für mich. Dieses Vertrauen tat mir als Kind unheimlich gut und ich sollte Jahre später, in der Verarbeitung meiner Schreckenserfahrungen, darauf zurückgreifen können wie eine Verdurstende auf sauberes Trinkwasser. Ich wusste, egal was auch sein mag, ich habe in meinen Eltern zwei Menschen, die mir Rückhalt geben, denen ich mich anvertrauen kann, ganz egal was auch passiert. Im Laufe der folgenden Jahre stellte sich heraus, dass dieses Vertrauen wechselseitig war: Meine Eltern konnten sich auch auf mich verlassen, wenn es innerhalb der Familie Probleme gab, sie in Bedrängnis kam und mit der Deportation sogar in existenzielle Not.

Mein Vater hielt es für ungerecht, dass es uns besser erging als vielen anderen Familien im Dorf. Er sprach nicht ausdrücklich darüber, aber an den Feiertagen öffnete er unsere Haustüre und ließ sie für alle sichtbar offen stehen. Bald hatte sich herumgesprochen, dass es beim Oberhaupt der jüdischen Gemeinde für jeden, der selbst nicht genug hatte, etwas zu essen gab. Tatsächlich kann ich mich an kaum ein großes jüdisches Fest erinnern, an dem bei uns zu Hause nicht auch mir völlig unbekannte Menschen mit am Tisch saßen, um sich nach langer Zeit endlich mal wieder satt zu essen. Auf dem Tisch standen Kerzen und frische Blumen aus dem Garten, Mutter hatte uns Kindern zu den Festtagen oftmals neue Kleider genäht, am Ende ließ Vater eine Flasche Branntwein kreisen und seine Augen leuchteten dabei so, als hätte man ihm ein Festmahl spendiert und nicht umgekehrt. Er war ein großartiger Gastgeber. Er lebte im Gefühl, das Richtige zu tun.

Ein untrügliches Zeichen dafür, dass wir es besser hatten als die meisten im Ort, die zum Teil bettelarm waren, war Maria, die für uns als Dienstmädchen arbeitete. Maria half meiner Mutter Ethel im Haushalt und kümmerte sich ansonsten vorrangig um die Tiere. Als Jahre später der Krieg ausbrach und die ungarischen Faschisten mit judenfeindlichen Parolen durch den Ort marschierten und die Menschen auf offener Straße bedrohten und schikanierten, war Maria als eine der Ersten ganz direkt davon betroffen. Eines Tages kamen Polizisten ins Haus und forderten meine Eltern auf, Maria zu verkaufen. Das bekam ich zufällig mit, da ich ein Gespräch zwischen Papa und Mama in der Küche mit anhörte. Ich war verwirrt und verstand das damals nicht. Die Polizisten hatten es offenbar auf das Geld abgesehen, das wir hinterher für Maria erhalten würden. Einen Menschen verkaufen? Auf solche Ideen, das weiß ich heute, konnten auch nur Faschisten kommen. Meine Eltern brachten Maria rechtzeitig in Sicherheit und erklärten den verdutzten Kapos hinterher, das undankbare Ding sei ihnen einfach davongelaufen. Die Männer in Uniform tobten und schrien, mehr konnten sie nicht tun. Zumindest noch nicht …

5
PAPA

Mein Vater Fivish genoss unter den gläubigen Juden im Ort den Ruf eines weisen, gerechten, unabhängigen Mannes. Er war der Inbegriff des *erlichen Yid*, eines ehrlichen Juden also, wie es im Jiddischen heißt. Einer der Gründe, warum die Gemeinde ihn zu ihrem Ortsvorsteher und Oberhaupt wählte. Bei Meinungsverschiedenheiten untereinander riefen sie Fivish als Vermittler und Richter und er schaffte es regelmäßig, ihre Streitigkeiten zu schlichten. Jeder wusste, dass er ein unbestechlicher Mann war, der zu jeder Zeit objektiv und neutral bleiben würde, egal wie nahe er einem der Streithähne auch stand. Fivish war von Beruf Händler. Im Sommer exportierte er, zusammen mit einem Geschäftspartner, im großen Stil Äpfel weiter nach Westeuropa, die saftigen Früchte wuchsen zu Tausenden an den Obstbäumen der hügeligen Maramures-Region und fanden dort klimatisch perfekte Bedingungen vor. Im Winter und später, als der Krieg ausbrach, handelte er mit Holz, das in den umliegenden Wäldern der Karpaten ebenfalls reichlich zu finden war. Holz wurde zu der Zeit als wichtiges Kriegsmaterial eingestuft und war deshalb sehr gefragt. Einmal habe ich ihn bei den Abholzarbeiten begleitet, obwohl diese nicht ganz ungefährlich waren, wie man sich denken kann. Die gefällten Baumstämme wurden mit dicken Stricken zusammengebunden und flussabwärts Richtung Unterwischau getrieben. Ich durfte mich auf das schwimmende Holz setzen und fühlte mich stolz wie eine Floßkapitänin, die das wertvolle Treibgut sicher an den Ort seiner Bestimmung bringen würde. Es waren Erlebnisse wie diese, die bleibende Bilder meiner frühen Kindheit schufen.

In jenen Jahren war ich das, was man ein Papakind nennt. Ich bewunderte seine ruhige, besonnene, liebevolle Art. Wenn wir uns tagsüber zufällig im Hof begegneten, strich er mir mit seiner Hand über mein Haar und meinen Kopf, nur beiläufig und ohne viel zu sagen. Dann lächelte er mich an und ging weiter. Seine Aufmerksamkeit für mich war spürbar, die Güte in seinen Augen, all das bedeutete mir viel. Das erklärt vielleicht auch, warum ich von allen vier Geschwistern das mit Abstand religiöseste Mädchen wurde. Ich eiferte ihm nach, ich wollte ihm gefallen. Ich liebte es, am Sabbat und an den Feiertagen mit ihm in die Synagoge zu gehen und kannte alle Lieder und Gebete auswendig. Papa hat sich tief in mein Wesen eingegraben. Bis heute fühlt es sich so an, als wäre er bei mir. An manchen Tagen kann ich ihn regelrecht spüren. Wie einen Schutzengel, der auf mich aufpasst. Dann stelle ich mir vor, wie er auf meiner Schulter sitzt. Wenn ich unsicher oder traurig bin, flüstert er mir eine Aufmunterung ins Ohr und macht mich wieder zuversichtlich und stark. Bis heute bin ich Daddys Mädchen geblieben.

6
MAMA

Dass ich zu Papa eine ganz besondere Verbindung hatte, lag sicher auch daran, dass Mama sich von Geburt an intensiv um Riku kümmern musste, die knapp zwei Jahre vor mir zur Welt gekommen war. Schon als Baby war die süße Riku sehr kränklich gewesen. Nach einer unbehandelten, weil unentdeckten, Lungenentzündung litt sie als Kind unter Atemnot. Mama hatte ständig Angst, dass sie Tuberkulose bekommen könnte, was sie vielleicht nicht überleben würde. Als ich zehn Jahre alt war, bekam ich von Mama die Aufgabe übertragen, mich stärker um meine ältere Schwester zu kümmern. Mama hatte jetzt ja auch noch die beiden Jungs, Zvi und Yehuda, für die sie da sein musste. Für mich bedeutete das, nachts aufzustehen, wenn Riku nach Luft rang, Schmerzen hatte oder nicht schlafen konnte. Dann bereitete ich ihr, nach Mamas Rezept, eine spezielle, besonders nahrhafte eisenhaltige Mahlzeit zu, mit der sie wieder zu Kräften kommen sollte. Mama und Papa wussten, dass sie sich auf mich verlassen konnten, obwohl ich jünger war als Riku. Verantwortung zu übernehmen, Respekt zu zeigen, hilfsbereit zu sein, all das waren Eigenschaften, die ich von meinen Eltern gelernt hatte und wofür ich sie so sehr bewunderte.

Anders als Fivish stammte meine Mutter Ethel aus einer für damalige Verhältnisse sehr modernen jüdischen Mittelklassefamilie, der die strikte Einhaltung religiöser

Vorschriften nicht ganz so wichtig erschien. Ethel wuchs knapp 200 Kilometer nordwestlich von Unterwischau auf, in der Stadt Munkatsch, von der ich bereits erzählt habe. Munkatsch war drei- bis viermal so groß wie Unterwischau, eine der größten Städte der Region und kulturelles Zentrum. Dort besuchte Ethel die höhere Schule, sie war sehr belesen. In ihrem Regal standen Bücher über Erziehung, Poesie und Kunst, vor allem auch die großen Klassiker der Literatur. Darüber hinaus nähte sie Kleider, strickte Decken, sie liebte die Welt der klassischen Musik und der Opern und sang zu Hause in der Küche oft Arien von Puccini und Verdi. Tosca war ihre Lieblingsoper. Auch wenn sie sich nie darüber beklagt hat, dass es anders gekommen ist, bin ich mir fast sicher, dass sie gern einmal als Sängerin in der Öffentlichkeit aufgetreten wäre – gläubigen Jüdinnen war das damals noch nicht erlaubt. Sie hatte in ihrer Kindheit und Jugend also ganz andere Erfahrungen als Fivish gemacht, ehe sie ihn kennenlernte. Ethel war nicht unglücklich mit ihrem Leben, da bin ich mir ganz sicher, die Familie bedeutete ihr alles, aber die Parallele, die mir erst lange nach ihrem Tod aufgefallen ist, nämlich, dass Floria Tosca, die Hauptfigur der Puccini-Oper, selbst eine unglückliche Opernsängerin war, hat mich dann doch nachdenklich gemacht. Hatte Ethel hier ihr Spiegelbild gefunden?

Natürlich habe ich meine Mutter genauso geliebt wie meinen Vater, doch um ihre volle Aufmerksamkeit zu bekommen, musste ich mich viel mehr anstrengen. Wenn man bedenkt, dass Ethel sich um sechs Kinder gleichzeitig kümmern musste, ist das auch ganz nachvollziehbar. Ihr Spitzname für mich war »Charni«. Mutter sprach Russisch, eine Sprache, die sie schon wegen Dostojewski so sehr liebte. Im Russischen bedeutet »Tschernyi Ruchel« die »schwarze Rachel«, gemeint waren meine schwarzen Haare. Ich mochte meine Haare, aber ich mochte den Spitznamen nicht. Er klang für mich irgendwie nach: das schwarze Schaf der Familie. Es mag seltsam anmuten, aber draußen im Wald oder am Fluss war ich eine mutige und selbstbewusste Abenteurerin, ohne jede Angst. Im Kreis der Familie jedoch litt ich unter geringem Selbstwertgefühl. Das lag auch an einer Begegnung, die ich mit etwa fünf, sechs Jahren hatte und die ich bis heute mit mir herumtrage. Ich weiß nicht einmal, warum ich diese dumme Geschichte so verinnerlicht habe. Wir hatten Besuch von einer entfernten Tante, die ich nicht kannte. Während sie in der Küche mit Mama sprach, beugte sie sich hinunter, drehte sich dann zu Ethel und sagte über mich: »Wie konntest du nur so ein hässliches Mädchen zur Welt bringen?« Die Frau sprach laut und deutlich und war wohl im Glauben, dass ich noch zu klein sei, um verstehen zu können, was sie sagte. Mich jedenfalls traf der Satz bis ins Herz und die Tränen schossen mir in die Augen. Da ich nicht wollte, dass Mama mich so sieht, verließ ich die Küche. Warum sagte die Tante so etwas Gemeines? Sollte man innerhalb der Familie nicht nett und freundlich zueinander sein? Da es für mich ausgeschlossen schien, dass in der Familie gelogen wurde, so waren wir schließlich erzogen worden, konnte ich mir selbst keinen Reim darauf machen. Stimmte es denn? War ich wirklich so hässlich? Die Erinnerung an diese Geschichte hat meinem Selbstvertrauen einen bleibenden Knacks gegeben. Von diesem Tag an hielt ich mich selbst für das hässliche Entlein der Familie.

7
ANDERS

Ab meinem siebten Lebensjahr ging ich vormittags in Unterwischau in die örtliche Volksschule. Ich hatte mich mit Sarah Waxmann angefreundet, die in den Jahren danach meine beste Freundin werden sollte. Sarah ging in die gleiche Klasse wie ich, kam aber, anders als ich, aus einer bettelarmen Metzgerfamilie von außerhalb. Wir beide verstanden uns auf Anhieb. Beinahe täglich unternahmen wir etwas zusammen, machten gemeinsam Hausaufgaben oder spielten nach der Schule bei uns zu Hause im Garten, unser Haus lag gleich neben der Schule. So ging das drei, vier Jahre lang. Freunde fürs Leben wollten wir werden, das hatten wir uns geschworen.

Im Sommer 1940 veränderte sich die Stimmung an unserer Schule. Lesen, schreiben, rechnen war auf einmal nicht mehr das Wichtigste. Nordrumänien wurde Teil des faschistischen Ungarns, das an der Seite von Hitlerdeutschland stand. Die äußeren Umstände kannte ich damals nicht, denn zu Hause wurde nicht über Politik gesprochen, unsere Eltern, gerade Papa, wollten uns nicht weiter beunruhigen. Meir hat mir später erzählt, dass sich unsere Eltern mit der Teilbesetzung des Landes schleichend veränderten. Die Unbeschwertheit sickerte Stück für Stück aus ihrem Leben. Meir bekam immer mal wieder mit, wie Papa sehr ernst mit Ethel sprach, ohne genau zu wissen, worum es eigentlich ging. Es dauerte eine Weile, ehe er die Bruchstücke und Satzfetzen, wie in einem vielteiligen Puzzle zusammensetzen und die Zusammenhänge besser verstehen konnte. Unsere Eltern machten sich deutlich mehr Sorgen als früher und waren nicht mehr so fröhlich, so erinnerte er sich. Was mich betraf, kann ich mich daran nicht erinnern, auch weil unsere Eltern wahre Meister darin waren, zu Hause so zu tun als wäre alles in bester Ordnung. Meir aber war alt genug, um den Unterschied zu erkennen zwischen Schauspiel und Wirklichkeit.

Doch auch ich begann die Auswirkungen der politischen Veränderungen in den folgenden Jahren unmittelbar zu spüren. Ich war elf Jahre alt, hatte den Namen Adolf Hitler vielleicht einmal gehört, ein deutscher Politiker eben, ein Politiker von vielen, dachte ich, mehr wusste ich nicht. Ich hatte keine Ahnung, was Faschisten sind, was Faschisten wollen, warum die Annexion von Teilen Rumäniens eine ernsthafte Gefahr für unsere Familie darstellte und dass der Krieg bereits begonnen hatte. In der Schule waren eines Tages unsere alten Lehrer alle verschwunden gewesen, dafür kamen Lehrer in Uniformen, die wie Soldaten sprachen und sich auch so benahmen. Sie sprachen ungarisch, kommandierten uns in militärischem Befehlston herum und fingen an, uns jüdische Schülerinnen und Schüler bloßzustellen und zu drangsalieren. Erst beschimpften sie uns nur, aber es dauerte nicht lang, dann begannen sie, uns körperlich zu züchtigen und zu schlagen. Im Jahr darauf mussten wir den Davidstern sichtbar an unserer Schulkleidung tragen. In der Mitte von zwei ineinandergelegten, nach oben und nach unten weisenden gelben Dreiecken stand: Jude. Der Davidstern war jetzt ein Judenstern, der uns demütigen sollte.

Es fing damit an, dass mir unser neuer Klassenlehrer mit

dem Holzlineal auf die Fingerspitzen schlug. Richtig fest. Einfach so. Ich hatte nichts ausgefressen, ich hatte nichts falsch gemacht, es gab gar keinen Grund dafür, außer – dass ich jüdisch war. Es war mir damals aber nicht bewusst, dass er nur diejenigen peinigte, die einen Judenstern trugen. Er schlich sich immer wieder von hinten an mich und meine jüdischen Mitschülerinnen und -schüler heran, um uns zu verunsichern und zu ängstigen, plötzlich zog er das Lineal über unsere Finger. Seine »Strategie« ging auf. Mit der Zeit machte mir bereits der Schatten seiner Uniform Angst, sobald er sich von hinten über mich legte. An einem meiner Geburtstage habe ich meinen Enkelkindern diese Geschichte aus meiner Kindheit erzählt, nicht um sie zu erschrecken, sondern um ihnen bewusst zu machen, wie wertvoll eine ordentliche Schulbildung ist, wie sie sie genossen: »Aber Oma«, fragten sie mich, »warum hast du dir das gefallen lassen? Warum hast du nicht einfach zurückgeschlagen? Du bist doch eine starke Frau?« Eine sehr gute Frage, dachte ich, aber wie konnte ich ihnen dieses Klima der Angst verdeutlichen, ihnen, die selbst noch nie derartige Angst haben mussten?

Der neue Klassenlehrer hetzte mit der Zeit auch die nicht jüdischen Kinder gegen uns auf. Es gab einen Jungen, er war einer der Klassenbesten, ein wirklich gut aussehender und schlauer Kerl, mit dem ich mich immer prima verstanden hatte. Doch auch er fing plötzlich an, mich nur noch zu beschimpfen. Ständig stichelte er: »Rachel, du stinkst!«, oder: »Rachel, du bist dreckig!«, oder: »Hau ab, Rachel!« Wenn ich von der Schule nach Hause kam und meinem Vater wieder einmal davon erzählte, dass ich beleidigt und geschlagen worden war, von Lehrern und von Schülern, dann nahm er mich zärtlich in den Arm, tätschelte mir den

Kopf, sagte aber kaum etwas. Er wollte es sicher, so gut kannte ich ihn, aber er brachte keinen einzigen Laut hervor. Ich konnte sehen, wie er in seinem Kopf nach Antworten auf meine fragenden Blicke suchte. Sein Gesicht sprach Bände, doch in seinem Mund vertrockneten die Worte, noch ehe sie seine Lippen von innen berührten. Er sah so traurig aus, es war das erste Mal in diesen schrecklichen Jahren, dass ich seine Verzweiflung buchstäblich mit Händen greifen konnte, obwohl er selbst gar nicht in der Lage war, sie zu artikulieren. Sie sollte in den kommenden Jahren nur noch größer werden.

Papas Traurigkeit übertrug sich nach und nach auch auf mich. Ich war gerne zur Schule gegangen, ich war auch eine gute Schülerin, Mathematik war mein Lieblingsfach, ich wollte lernen und strengte mich an, ich wollte einen guten Abschluss machen, aber das alles zählte jetzt nicht mehr. Es ging nicht mehr darum, wie sehr ich mich bemühte, sondern, dass irgendetwas falsch war, dass *ich* irgendwie falsch war. Für meine Freundin Sarah und mich war die Schule zu einem Spießrutenlauf geworden, jede musste nun für sich schauen, wie sie den Angriffen der Mitschüler am besten aus dem Weg gehen konnte. Für die Zeit danach verabredeten wir uns an einem geheimen Platz, den nur wir kannten. Eine versteckt liegende Parkbank zwischen unserem Haus und dem unserer Nachbarn. Nach einem weiteren Vormittag voller Beleidigungen und Anfeindungen, nach Stunden des Herumgeschubst- und Angespuckt-Werdens, nahmen wir uns in den Arm und versuchten, uns gegenseitig zu trösten, so gut es ging. Die Welt schien sich gegen uns beide verschworen zu haben.

Wer tagtäglich beschimpft und persönlich verletzt wird, der will eine Erklärung dafür finden, warum das so ist.

Doch eine Erklärung gab es nicht. Die Nazilehrer brüllten, die besorgten Eltern schwiegen und wir Kinder? Ich verstand das alles nicht, ich dachte, es müsse an mir liegen. Ich glaubte, ich selbst habe etwas falsch gemacht, ich sei einfach nicht so gut wie die anderen Kinder, weshalb ich ganz zu Recht derart angefeindet werde. Dieses Gefühl der Unsicherheit, für etwas bestraft zu werden, ohne zu wissen, welchen Fehler ich begangen habe, brachte mich in große Gewissensnöte. War es, weil etwas mit mir nicht stimmte? Das Gefühl jener Zeit, das mir den sicheren Boden meiner Jugend entriss, hat mich Zeit meines Lebens stark geprägt. Bis heute verzeihe ich mir auch nicht die kleinste Unzulänglichkeit, bin mir gegenüber sehr unnachgiebig und, wie meine Söhne sagen, viel zu selbstkritisch. Das hat ganz sicher mit der Erfahrung der Ausgrenzung in jenen Jahren meiner Kindheit zu tun, aber auch damit, dass ich nur so kurze Zeit zur Schule gehen durfte. Ich hätte so gerne so viel mehr gelernt, so viel mehr verstanden von der Welt. Das weiß man aber erst zu schätzen, wenn einem diese Möglichkeit plötzlich genommen wird. Das ist es auch, was ich meinen Enkelkindern immer wieder erzählt habe, als sie noch klein waren. Rechnen zu lernen mag unangenehm und langweilig sein, nicht mehr rechnen lernen zu dürfen, hinterlässt eine Lücke, die sich später nicht mehr füllen lässt.

Wochen später, die Übergriffe der Lehrer wurden schärfer und immer unerträglicher, nahm Vater mich mitten im Jahr aus der Klasse. Kurz darauf war es jüdischen Kindern ganz verboten die Schule zu besuchen. Jetzt kam auch Sarah nicht mehr nach Unterwischau und nicht mehr zu mir nach Hause. Unsere gemeinsame Zeit war vorbei, und damit auch unser gegenseitiger Trost. Papa schickte mich stattdessen zu einem Gemeinderaum im Dorf, in dem traditioneller, jüdischer Bibelunterricht gelehrt wurde, der noch nicht verboten worden war. Solche sogenannten Chederschulen waren ursprünglich nur den Jungen vorbehalten, aber als Fivish darauf bestand, dass auch ich, seine Tochter, unter den besonderen Umständen daran teilnehmen müsse, hatte keiner etwas dagegen. Nach nicht einmal vier Jahren war meine Schullaufbahn beendet. Ich war gerade einmal elf Jahre alt.

Auch meine Freundschaft zu Sarah war von einem Tag auf den anderen beendet. Kein ganzes Leben hatten wir den Wirren der Zeit abtrotzen können, aber immerhin knapp vier Jahre. Ich dachte, ich würde sie nie wiedersehen. Was ich nicht wusste: Auch Sarah wurde später, etwa zeitgleich wie ich selbst, nach Auschwitz deportiert. Fünfzehn Jahre nach meiner Befreiung brachte uns der glückliche Zufall oder das Schicksal, wer weiß das schon genau, wieder zusammen. Aus naiven, unschuldigen Schulmädchen, denen man einst ihre Freundschaft geklaut hatte, waren erwachsene Frauen geworden, die ihre dunkle Vergangenheit wie einen schweren Rucksack schultern mussten. Ohne jede Vorahnung liefen wir uns mitten in Haifa, dem Ort unserer gemeinsamen Zuflucht, und 2000 Kilometer von unserer rumänischen Heimat entfernt, wieder über den Weg. Wie das möglich war, ist mir bis heute unerklärlich, aber es war so. Heute sind wir zwei rüstige, ältere Damen, beide deutlich über 90 Jahre alt, und wir leben immer noch. Jetzt sogar im selben Stadtviertel, nicht weit voneinander entfernt. Wir sind wieder und immer noch beste Freundinnen. Wie oft haben wir uns schon in einem unserer zwei Lieblingscafés zu Kaffee und Kuchen getroffen, dann reden wir über damals und über heute und können immer noch nicht glauben, dass unsere Freundschaft, Klischee hin oder her, stärker war als jeder Hass und Krieg. Eine Freundschaft fürs Leben eben!

8
PESSACH

Die letzte Woche der Pessach-Ferien im April 1944 waren die letzten Tage in unserem geliebten Elternhaus in Unterwischau. Damals wusste ich das allerdings nicht. Auch von den Vorgängen außerhalb der eigenen vier Wände bekam ich erst einmal kaum etwas mit. Im Monat zuvor hatte Deutschland Ungarn besetzt, jetzt, in den Ferien, sah Meir ungarische Polizisten lautstark und mit Furcht einflößendem Gehabe durch unseren Ort patrouillieren. Die uniformierten Faschisten, sogenannte Pfeilkreuzler, mit geladenen Pistolen im Anschlag, stießen wahllos wütende Drohungen gegen unsere Gemeinde aus, drangsalierten jüdische Passanten auf den Straßen brutal mit Gummischlagstöcken und brüllten, dass alle Juden abgeholt und in ein Arbeitslager gebracht würden. Meir notierte sich auch den Tag, an dem er dieses unselige Schauspiel auf den Straßen von Unterwischau beobachtete. Es war der 14. April 1944, zwei Tage vor der dramatischen Rede unseres Vaters, die für unsere Familie alles verändern sollte.

Ich glaube heute, dass mein Vater, als Vorsteher der jüdischen Gemeinde, Bescheid wissen musste, dass der Abtransport ins Ghetto nach Oberwischau unmittelbar bevorstand. In den Tagen davor wurde Fivish regelmäßig zu den örtlichen Behörden zitiert, Papa sollte kraft seines Amtes und seines Ansehens in der Gemeinde für einen reibungslosen Transfer der etwa 1000 jüdischen Familien ins Ghetto sorgen, das war seine Aufgabe, so erzählte es mir Meir hinterher. Was ich ebenfalls nicht wusste: Meir war der Einzige aus der Familie, mit dem Papa überhaupt über solche Dinge sprach. Ethel und uns Kinder wollte er nicht beunruhigen und schwieg deshalb die meiste Zeit in jener Phase, in der sich die Verhältnisse so zuspitzten. In den beiden Tagen vor unserem erzwungenen Abtransport, anders kann ich es mir gar nicht vorstellen, muss eine gespenstische Stimmung bei uns im Haus geherrscht haben, die Erinnerung daran habe ich verdrängt oder gar nicht erst zugelassen. Ich war immer noch naiv genug zu glauben, alles wäre in bester Ordnung.

Dieses Pessachfest 1944 hat sich, vielleicht genau aus diesem Grund, rückblickend zum schönsten Pessach meines ganzen Lebens verklärt. Es war das letzte mit Papa und Mama zusammen, im Kreise der ganzen Familie, einer Familie, die es so nie wieder geben sollte. Zum letzten Mal waren wir alle vereint. Im jüdischen Kalender ist Pessach eines der wichtigsten Feste schlechthin. Am Abend zuvor kommen die jüdischen Familien zusammen, lesen die Haggada, eine Schriftensammlung, in der der genaue Ritus beschrieben ist, und feiern den Auszug des israelischen Volkes aus Ägypten und damit die Befreiung Israels aus jahrhundertelanger Knechtschaft. Dass Hitlerdeutschland uns 3000 Jahre später, pünktlich zu Pessach, in die nächste Knechtschaft führen sollte, konnte nur ein grausamer Spuk der Geschichte sein. Selbst an diesem 14. April 1944 hatte ich, einen Monat vor meinem 15. Geburtstag, keinerlei Vorahnungen, was noch kommen würde, während mein großer Bruder Meir und wohl auch meine älteste Schwester Sarah, die zu dem Zeitpunkt 17 Jahre alt war, ahnen mussten, dass etwas Schlimmes passieren würde. Sarah, die in Munkatsch bei den Großeltern aufgewachsen war, lebte noch nicht lange wieder zu Hause. Sie sprach nicht viel mit uns jüngeren Geschwistern, wir drei hielten sie anfangs für hochnäsig und arrogant, eine typische Stadtgöre eben, so dachte ich. Dass sie das überhaupt nicht war, sollte sich im Jahr unserer Gefangenschaft zeigen. Sarah war nicht nur älter, sondern vor allem viel reifer als wir übrigen Schwestern, die wir ihr manchmal wie kleine Kinder vorgekommen sein mussten. Über das, was sie unmittelbar vor unserer Deportation bereits wusste oder zumindest mutmaßte, wollte sie auch später nie wieder mit uns sprechen. Dabei hatte ich nie den Eindruck, dass sie deswegen stärker unter den Schrecknissen der Vergangenheit zu leiden gehabt hätte, weil sie den ganzen Horror dieser Tage schon viel bewusster mitbekam. Sarah war eine wahre Verdrängungskünstlerin, die sehr schmerzhafte Erinnerungen wegsperren konnte und auch Jahre, Jahrzehnte später dafür keinen Schlüssel brauchte.

Pünktlich zum Fest wurde das Haus auf Vordermann gebracht, alle acht Zimmer geputzt, alles sollte schön glänzen. Wir Kinder liebten diese geschäftige Feierlichkeit und halfen alle kräftig mit. Gemeinsam bereiteten wir das traditionell einfache Mahl vor, bei dem wir, wie jedes Jahr, auf Fleisch verzichteten. Die Eier wurden hart gekocht, Kichererbsen und Bohnen gedünstet, das Matzenbrot gebacken, ein dünner, ungesäuerter Brotfladen, der zu Pessach – immer am ersten Vollmond im Frühling – eine hohe symbolische Bedeutung hat. Auf der Flucht vor den Ägyptern war keine Zeit, den Teig gehen zu lassen, es musste also schnell gehen, deshalb blieb das Brot flach. Und obwohl ich mir damals vormachte, 1944 wäre unsere Feier völlig unbeschwert und harmonisch gewesen, fielen mir im Rückblick Beobachtungen und Momente ein, die nicht ins Bild passen wollten und die ich offenbar erfolgreich verdrängt hatte. So bekam ich während der Vorbereitungen zufällig ein Gespräch meiner Eltern mit, in dem mein Vater Mama darum bat, ein ganz normales, gesäuertes Brot zu backen. Das war äußerst ungewöhnlich und in all den Jahren zuvor nie vorgekommen. Sauerteig war für einen gläubigen Juden an Pessach strengstens verboten, trotzdem bat Fivish Ethel darum. Aber warum?

Am nächsten Tag, ein Sabbat, laut Meir muss es der 15. April 1944 gewesen sein, polterte es während des gemeinsamen abendlichen Essens an der Haustüre. Zwei ungarische Polizisten platzten ungebeten ins Haus und fingen umgehend an herumzuschreien. Beide trugen eine Uniform, die mich einschüchterte, und einen auffälligen Hut mit Feder. Offenbar Militärpolizei. Was danach passierte, erklärte Meir uns Schwestern zum Teil erst Jahre später. Einer der Polizisten, groß und grobschlächtig, mit rötlichen Haaren und einem ebensolchen Oberlippenbart schrie im Stakkato: »Wo ist euer Geld? Wo ist euer Geld?« – »Wir haben kein Geld«, gab mein Vater zaghaft zurück. »Nur ein paar Münzen.« Meine Mutter schrie der Polizist aus kürzester Distanz an: »Gib mir deinen Schmuck!« Ethel holte ohne zu zögern eine goldene Uhr und eine Perlenhalskette aus einer Schublade, die der zweite Polizist in einen Sack stopfte. Danach griff sich der große Polizist mit dem Bart rüde Mutters Hand und versuchte, ihr den goldenen Ehering vom Finger der linken Hand zu ziehen. Doch der Ring saß fest, er schien sich nicht lösen zu lassen. Der Polizist packte noch einmal zu und nahm ihn sich mit roher Gewalt. Dann lachte er laut und feist: »Da wo ihr hingeht, braucht ihr das nicht mehr.« In Mutters Gesicht stieg die Wut auf, das konnte Meir beobachten, der neben Vater nicht weit von ihr entfernt stand, aber sie sagte kein Wort.

Wir Schwestern kauerten am Boden, nur, wo war ich mit meinen Augen und Ohren, meinen Gedanken? Bekam ich das alles nicht mit? Je lauter die Polizisten brüllten, desto leiser wird meine Erinnerung. Habe ich am Ende einfach den Ton abgedreht, weil das, was ich sah und hörte, mich zutiefst erschütterte?

Der zweite Polizist, Meir beschrieb ihn uns als einen kleinen Dicken mit haarigen Unterarmen, sah einen silbernen Kerzenleuchter auf dem Esstisch stehen, ein Erbstück von Ethels Großmutter, und packte ihn ebenfalls mit einem Handgriff in den Sack. Der Leuchter war ein Hochzeitsgeschenk ihrer Eltern, jetzt kannte Mama kein Halten mehr. Tränen kullerten ihr über die Wangen, Fivish griff nach ihrer Hand und versuchte sie zu trösten. Meir konnte sogar hören, was er zu ihr sagte: »Weine nicht um Dinge, die es nicht wert sind. Wenn sie nur alles mitnehmen und dafür die Kinder und uns in Ruhe lassen, ich würde lachen und den Allmächtigen preisen bis zum Ende meines Lebens.« Mama schaute erst zu Papa hoch und dann zu uns Kindern herüber, die wir uns am hinteren Ende des Raumes an die Wand drückten. Ihr Anblick muss seltsam entrückt gewesen sein. Die Augen todtraurig, der Mund wütend, im Gesicht ein Lächeln aufgesetzt, um die Polizisten milde zu stimmen. So beschrieb Meir sie uns aus seiner Erinnerung heraus. Der kleine, dicke Polizist packte den Sack mit den Wertsachen, der große mit dem Schnauzer herrschte uns weiter an: »Was steht ihr herum? Was trödelt ihr so? Packt eure Koffer und macht euch auf den Weg zur Synagoge. Ihr habt höchstens noch zwei Tage Zeit!« Danach verließen die Polizisten das Haus und schmissen die Haustüre krachend ins Schloss. So hat Meir den Vorfall erlebt und später für uns alle niedergeschrieben. Unsere Eltern müssen geschockt gewesen sein. Die Frage, die ich mir bis heute aber immer wieder stelle, ist: Was genau wussten sie?

In den Wochen und Monaten zuvor hatte Papa immer mal wieder davon gesprochen, ins Gelobte Land, *Eretz Israel,* auswandern zu wollen Einmal habe ich zufällig ein Gespräch zwischen ihm und Mama mit angehört. Mich hat das Ganze verwundert, bislang war davon noch nie zuvor die Rede gewesen. Papa meinte zu Mama, er wolle aus religiösen Gründen auswandern, das gehöre sich so für einen gläubigen Juden. Heute bin ich mir fast sicher, dass seine Begründung nur vorgeschoben war. Er musste gewusst haben, dass seine Familie, wenn sie hier in Europa bliebe, in große Gefahr kommen würde. Das historische Land Israel dagegen, damals Teil des britischen Mandatsgebietes Palästina, wäre für uns alle die Rettung gewesen. Das weiß ich heute in der Rückschau. Ich weiß aber nicht, ob Papa Mama damals alles erzählte, ich weiß auch nicht, was Mama, eine sehr intelligente Frau, sich selbst zusammenreimen konnte. Ethel jedenfalls, und das war Fakt, wollte nicht weg aus ihrer rumänischen Heimat, die jetzt zu Ungarn zählte. Vor allem wollte sie ihre Eltern in Munkatsch nicht alleine zurücklassen. Und als auch noch der Rabbi dagegen war, war der Plan offenbar vom Tisch. Chassidische osteuropäische Rabbiner sind nicht selten ultraorthodoxe, anti-zionistische Vertreter ihrer Zunft, und so war der Rabbi aus Munkatsch der Meinung, dass ein wahrhaft Gläubiger auf Erden auf den Erlöser warten müsse. Wer nicht warten könne, sei nicht würdig, nach *Eretz Israel* geführt zu werden. Und so blieb die Familie Cahana in Unterwischau, mit allen Konsequenzen, die sich daraus für sie ergaben.

Als die Polizisten das Haus verlassen hatten, herrschte

im Haus Totenstille. Das Pessachfest war für uns vorbei. Warum sollten wir zur Synagoge? Warum durften wir nicht im eigenen Haus bleiben? Was hatte man mit uns vor? Das waren die offenen Fragen, die jetzt auch wir Schwestern hatten. Ich sah, wie Mutter ohne ein Wort in die Küche ging und damit anfing, die verbliebenen Wertsachen, das letzte Geld in den frisch gebackenen, aufgegangenen Brotlaib zu stecken. Das an Pessach verbotene Brot als Versteck für das, was uns noch geblieben war. Ethel war immer noch tief verletzt und sehr wütend. Vater erklärte uns Kindern, wir sollten nach oben gehen und das Nötigste packen, wir würden verreisen. Die letzten Stunden in unserem Haus waren angebrochen.

Das Wertvollste, das ich in meinen kleinen Koffer legte, war ein großes Geheimnis. Postkarten von einem süßen Jungen aus Budapest, vom dem meine Familie bis dahin keine Ahnung hatte. Heute würde ich sagen, er war mein erster Freund, der erste Junge, mit dem ich Händchen hielt und vom dem ich mir einen Kuss erträumte. Er war 17, also gut zwei Jahre älter als ich, und seine Großeltern lebten in Unterwischau, wo er sie oft besuchte. So hatten wir uns kennengelernt. Wenn er mit dem Zug aus Budapest kam, holte ich ihn am Bahnhof ab, wir gingen am Fluss spazieren und träumten uns ganz weit weg. Auf der Rückseite seiner Postkarten standen bezaubernde Komplimente, die mir so guttaten, nach all den rüden Beschimpfungen in der Schule und dem Vorfall mit der mir unbekannten Tante, der mich so sehr getroffen hatte. Für ihn war ich kein hässliches Entlein, sondern das schönste Mädchen der ganzen Welt. Seine Postkarten waren der Stoff, aus dem meine Träume waren. Das Drehbuch einer glücklichen, gemeinsamen Zukunft, die wir so nicht haben sollten.

Neben seinen Postkarten und meiner Kleidung packte ich nur noch meine Jongliersteine dazu. Mehr hatte ich auch gar nicht. Als ich vor etwa zehn Jahren noch einmal mit einer Delegation nach Auschwitz reiste, wollte ein Mädchen aus meiner israelischen Schülergruppe wissen, mit was ich in Auschwitz gespielt hätte, ich sei ja schließlich noch ein halbes Kind gewesen im Lager. Als ich daraufhin sagte, dass ich im Leben kein einziges echtes Spielzeug besessen und auch als kleines Mädchen nie mit Puppen gespielt hätte, ging sie in den Souvenirshop, kaufte einen Stoffhund und schenkte ihn mir. »So, Ihr erstes Spielzeug«, sagte sie zu mir und umarmte mich. Und ich antwortete: »Und das mit 82 Jahren.« Ich war zu Tränen gerührt.

9
STOLZ

Am darauffolgenden Tag, dem 16. April 1944, Vater war mitten in seiner höchst ungewöhnlichen Ansprache, wurde die Androhung der Miliz Wirklichkeit. Der Lärm von draußen verschluckte zunehmend seine Worte, die uns Augen und Ohren öffnen sollten. Fast so als dürften wir so viel Wahrheit gar nicht hören, weil sie verboten war. Die Haustüre wurde aufgerissen, von der Türschwelle aus ging ein Poltern und Brüllen durch mein Elternhaus, den Ort, der mir bislang immer Schutz geboten hatte: »Raus, Raus, Raus!«, schrien die Uniformierten, »Los, Los, Los!«, »Beeilt euch!« oder »Abmarsch!« Diese Befehle galten uns, aber eben nicht nur, sondern allen anderen rund 1000 Familien der jüdischen Gemeinschaft. Unter dem Gebrüll der Kapos folgten wir Kinder Mama und Papa, der die Mesusa in geduckter Haltung fest in der Hand hielt, und gingen hinaus. Wir bewegten uns in Richtung Synagoge, die ganz in der Nähe lag und uns als Treffpunkt für die Abfahrt befohlen worden war. Keine 20 Meter weiter drehte ich mich noch einmal um und schaute auf mein geliebtes Elternhaus zurück, das ein Dach spannte über alle meine Kindheitserinnerungen. Jetzt musste ich es unter Zwang verlassen, so als dürfte mich mein bisheriges Leben nichts mehr angehen. Mit der weit aufgerissenen Türe und ohne jedes sichtbare Zeichen von Leben sah es wie geplündert aus. So verlässt man doch sein Zuhause nicht, wenn man nicht weiß, wann man zurückkehrt, dachte ich mir noch. Tatsächlich sollte ich noch ein letztes Mal hierher zurückkehren. Ein allerletztes Mal. Und erst dann sollte ich feststellen, dass ich meiner Heimat endgültig beraubt worden war.

Vor der Synagoge spielten sich tumultartige Szenen ab. Ochsenwagen standen bereit, auf einem davon fanden Mama und die Jungs, Zvi und Yehuda, Platz. Auch für Papa war als Ortsvorsteher auf einem der ersten Wagen ein Platz reserviert, aber er verzichtete zugunsten der vielen Kinder und Familien, die hysterisch schrien und aufgeregt herumliefen. Die Zeiten, in denen er damit haderte, dass es ihm besser erging als den anderen, waren nun endgültig vorbei. Er wolle die rund drei Kilometer nach Oberwischau zu Fuß gehen, erklärte er uns Schwestern. Wir schlossen uns ihm an. Ich hatte den Eindruck, er fühlte sich persönlich verantwortlich dafür, dass er seinen Leuten den Abtransport ins Ungewisse nicht hatte ersparen können. Es dämmerte schon leicht, als wir in Oberwischau ankamen. Den Begriff Ghetto kenne ich heute, damals kannte ich ihn nicht. Ich hatte keine Ahnung, was er zu bedeuten hatte. Fivish sagte, wir würden zu einer entfernten Tante ziehen, die wir zwar so gut wie gar nicht kannten, die in Oberwischau aber ein geräumiges Haus besäße. Die erste Nacht mussten wir in der Synagoge verbringen, Polizisten trieben uns alle dort hinein.

Der Boden des Gebetshauses war bereits über und über mit Menschen besetzt, es herrschte ein totales Durcheinander. Kinder schrien, Alte ächzten, Mütter weinten, Ehemänner verzweifelten, Polizisten brüllten, Hunde kläfften. Der Lärm war kaum auszuhalten. Ghettosound. Mit Mühe und Not schafften wir es, uns im allgemeinen Gewirr ein Fleckchen freizuräumen und zusammenzubleiben.

Am nächsten Morgen sollten die Neuankömmlinge auf die Familien von Oberwischau verteilt werden und wir zu »Tante« Basha ziehen können. Basha war eine Cousine von Papas verstorbener erster Frau Etia. Basha hatte selbst zwei kleine Kinder und ihre Wohnung war alles andere als groß und geräumig wie behauptet. Aber egal, Hauptsache wir alle konnten als Familie zusammenbleiben. Bashas Ehemann war bereits vor Wochen in ein Arbeitslager in die Ukraine geschickt worden und sollte nie wieder zurückkehren – wie so viele.

Damit lebten wir jetzt zwar in einem Ghetto, doch gerade uns jüngeren Kindern sagte das nichts. Für mich war es noch immer ein großes, lautes Abenteuer, von dem ich nicht so recht wusste, wie ich es finden sollte. Einerseits war die ganze Familie unter einem Dach versammelt, wir hatten ausreichend zu essen, wir spielten zusammen und ob der Enge in Bashas Haus kam ich mir zeitweise vor wie im Schullandheim mit Großfamilie. Oder hatten wir doch Grund, uns zu ängstigen? Was wollten die Polizisten, warum wurden wir ständig angebrüllt und herumkommandiert? Der Umstand aber, dass wir alle zusammen waren, beruhigte mich und nahm mir die Furcht. Wie ich es schon von zu Hause kannte, kümmerte ich mich um die kränkliche Riku und die Jungs, auch um die Kinder von Basha. Einmal hörte ich meine Mutter im Gespräch mit ihr sagen: »Schön zu sehen, wie gut sich ›Charni‹ entwickelt hat.« Ich mochte meinen Spitznamen immer noch nicht und doch war es das schönste Kompliment, das Mama mir je gemacht hat. Zumindest soweit ich es mitbekommen habe. Danach stimmte sie leise »Otschi Tschornyie« an, eines der bekanntesten und schönsten russischen Volkslieder über eine mutige schwarzäugige Soldatin aus Moldawien, die in Russland als Heldin verehrt wird. Auch deshalb wurde es gerne von der Roten Armee gesungen. Und jetzt sang Mama das Lied nur für mich.

Zu Beginn heißt es:

»Schwarze Augen, leidenschaftliche Augen,
brennende Augen, schöne Augen,
wie ich euch liebe.«

Und es endet mit der Zeile:

»Glücklich erscheint mir mein Schicksal.
Alles, was Gott uns Gutes im Leben gegeben hat,
hab' ich geopfert für diese schwarzen Augen.«

In Zeiten wie diesen, in denen auch Kinder wie Erwachsene funktionieren mussten, obwohl sie sich gewünscht hätten, dass sie einfach mal jemand in den Arm nimmt und sie wieder Kind sein dürfen, war das ein riesiger Liebesbeweis. Alles, was Gott ihr Gutes gegeben hat, war also ich? Meine Mama war stolz auf mich, so viel stand für mich fest und ich war überglücklich.

Papa, das Oberhaupt der jüdischen Gemeinde von Unterwischau, blieb auch im Ghetto von Oberwischau ihr Anführer. Er kümmerte sich um die Aufteilung der Unterkünfte, er ließ das Essen verteilen, er sprach mit den Wachleuten und vermittelte, wenn die Situation zu eskalieren drohte. Buchstäblich alle organisatorischen Aufgaben liefen über ihn und ich durfte ihn manchmal dabei begleiten. Den ganzen Tag über musste er sich mit den Problemen anderer Leute herumschlagen, seine eingefallenen, traurigen Augen aber verrieten, dass er selbst genug Sorgen hatte, über die er mit niemandem sprechen wollte. Seine

Augen beunruhigten mich. Seine Augen sahen kein Abenteuer und ganz sicher kein Ferienlager, vielmehr sah ich in ihnen Angst und Verzweiflung. Für mich aber war immer noch das Allerwichtigste, dass wir nicht getrennt wurden, egal was passierte. Insgesamt verbrachten wir nahezu einen ganzen Monat in Oberwischau, den ich durchaus in schöner Erinnerung habe, auch wenn man das so vielleicht gar nicht sagen sollte. Mit Ausnahme des ständigen Gebrülls der judenfeindlichen Wachmannschaft konnte man unser Ghetto auch nicht mit den menschenverachtenden Ghettos etwa in Warschau oder Krakau vergleichen, wie ich später lernen musste. Im Vergleich dazu hatten wir es noch gut erwischt. Es gab ausreichend Lebensmittel und keine standesrechtlichen Erschießungen, zumindest habe ich nie etwas dergleichen mitbekommen.

Der traurigste Moment war schließlich, als Meir uns in Oberwischau verlassen musste. Er war der Erste, der sich nicht an meinen illusorischen Wunschplan hielt, wonach die Familie unter allen Umständen zusammenbleiben müsse. Dass ausgerechnet auch noch Meir wegging, von dem ich mich aufgrund seiner selbstbewussten Art neben Papa am besten beschützt sah, ließ mein Sicherheitsgefühl bröckeln. Meir hatte schon zwei Monate zuvor eine Einberufung für ein Arbeitsbataillon erhalten und uns verschwiegen. Als er Papa nun davon erzählte, dass er längst in Ungarn sein müsste, machte Fivish ihm deutlich, dass er sofort gehen müsse. Fivish glaubte, wohl auch zu Recht, dass die ungarischen Polizisten Meir umgehend exekutieren würden, sollte herauskommen, dass er sich dem Befehl verweigert hätte. In der Rückschau betrachtet, rettete Papa ihm damit das Leben.

Fivish durfte Meir persönlich zum Zug bringen, eine

Ausnahmeregelung, die nur ihm als Gemeindeoberhaupt zuteil wurde. Seite an Seite marschierten sie den Berg hinab zum Bahnhof nach Unterwischau, begleitet von zwei bewaffneten, aber diesmal stummen Polizisten, so hat sich Meir an seine letzten Minuten mit seinem Vater erinnert. Am Bahnhof wollte ein Wachmann Meirs Papiere sehen und als dieser ihm den Bescheid für den Zwangsarbeitsdienst zeigte, fing der Polizist sofort an auf Meir einzubrüllen. Was ihm einfiele, die Einberufung wäre schon vor Wochen gewesen, dann setzte es noch zwei Stockhiebe. Doch Meir hatte Glück. Er konnte dem Kapo glaubhaft versichern, dass er krank und wegen hohen Fiebers nicht transportfähig gewesen sei. Als Meir mir die Geschichte erzählte, wunderte er sich selbst immer noch, warum der Wachmann ihm seine Lügen überhaupt abgenommen und er ihn nicht auf der Stelle exekutiert hatte. Es sind diese kleinen wundersamen Geschehnisse, die völlig unwahrscheinlich waren und die es immer wieder brauchte, um Tag für Tag den großen Schrecken überleben zu können, den ich, naiv wie ich war, für ein Abenteuer hielt. Nach der Standpauke durfte Meir den Bahnsteig betreten, kurz darauf fuhr der Zug ein.

Noch aber standen sich Vater und Sohn im Abstand von etwa einem halben Meter direkt gegenüber, blickten sich in die Augen und gaben sich die Hände. Ein Handschlag war bislang das intimste sichtbare Zeichen ihrer gegenseitigen Zuneigung gewesen, doch in diesem Augenblick zog Fivish Meir weiter zu sich heran, drückte ihn an seine Brust und umarmte seinen geliebten ältesten Sohn. Meir erzählte mir später, nie zuvor habe Vater ihn so umarmt, obwohl er selbst immer das Gefühl hatte, dass beide eine ganz besondere Verbindung zueinander hatten. Fivish hatte

Meir auf diejenigen Schulen geschickt, auf die er selbst gegangen war. Er sah in seinem ältesten Sohn ein Stück weit sich selbst als jungen Mann, charakterlich waren sich beide sehr ähnlich, gläubig und ehrlich und dennoch mit einem Händchen für das Geschäftliche. Schon mit 17, 18 Jahren unterstützte Meir Vater bei dessen Geschäften im Obst- und Holzhandel und ich bin mir fast sicher, dass es Papas größter Wunsch war, dass Meir bei ihm ins Geschäft einstiege. Der Krieg verhinderte das. Jetzt wollte Fivish Meir gar nicht mehr loslassen. Er flüsterte seinem Sohn ins Ohr, auch diesen Vatersatz hat Meir Zeit seines Lebens nicht mehr aus seinem Kopf gelassen: »Wir alle haben unser Schicksal zu tragen. Du musst alles tun, um am Leben zu bleiben. Hörst du?« Danach trennte der Wachmann die beiden mit dem üblichen Geschrei, schubste Meir in den Zug und brüllte Fivish an, er solle gefälligst »zurück ins Ghetto!«. Ein letzter Blick zu seinem Sohn, dann machte Fivish kehrt, den Berg wieder hinauf nach Oberwischau. Meir wiederum blickte unserem Vater lange hinterher, doch Fivish drehte sich nicht mehr zu ihm um. Es war das letzte Mal, dass Meir seinen Vater sah. Fivish konnte seinen Sohn nie wieder so in die Arme nehmen, nicht noch wenigstens ein zweites Mal. So hat Meir den Abschied von unserem Vater in Erinnerung behalten. Ihre letzte Begegnung war eine berührende, zärtliche Umarmung zweier Männer in größter emotionaler Not. Nach seiner Rückkehr ins Ghetto wirkte Fivish wie ein gebrochener Mann.

Etwa eine Woche später bekam Vater den Marschbefehl übermittelt: Alle Bewohner des Ghettos sollten sich für eine Reise am nächsten Tag bereithalten und nur das Nötigste packen. Ich dachte zunächst nur: In Ordnung, wir fahren mit dem Zug, was kann daran schon falsch sein? Ich hatte mir bereits lange vorgestellt, wenigstens einmal in meinem Leben mit dem Zug zu reisen und aus Unterwischau rauszukommen. In meinen Träumen hatte ich mir ausgemalt, wie es wäre, wenn ich meinen umschwärmten Postkarten-Freund in Budapest besuchen würde. Der Monat im Ghetto hatte mich reifer und ein Stück erwachsener werden lassen. Wenn man über Wochen hinweg in aggressivem und verächtlichem Ton angebrüllt wird, macht das was mit einem. Wenn man dicht gedrängt und unter einfachsten Bedingungen aufeinanderhockt, dann wächst zwangsläufig das Bedürfnis, mehr Verantwortung auch für die anderen zu übernehmen. Zumindest war das bei mir so. Meine sehr kindliche Naivität wich einem realistischeren Umgang mit unseren neuen Lebensumständen, ohne dass ich gleich alles von dem überblickt hätte, auf das wir als Familie unausweichlich zusteuerten.

10
DURST

Am nächsten Morgen mussten wir uns, weit über 1000 Familien, in einer langen Reihe vor der Synagoge von Oberwischau aufstellen. Ich hatte mir zwei Zöpfe geflochten, trug eine khakifarbene Hose und einen knielangen grauen Mantel, das weiß ich noch genau. Die riesige Menschenschlange schwieg, kaum einer sagte ein Wort. Nur die ungarischen Kapos brüllten, wie sie immer gebrüllt hatten, doch selbst die Babys waren jetzt ungewöhnlich still. Um nicht verloren zu gehen, hielten wir Geschwister uns gegenseitig an den Händen fest, die rechte Hand zum Vordermann gestreckt, die linke zum Hintermann. Papa murmelte mantraartig: »Alle zusammenbleiben! Alle zusammenbleiben!« Der Marsch zum Bahnhof dauerte insgesamt eine knappe Stunde, währenddessen träumte ich mich von hier weg zu meinem Freund nach Budapest. Ich hatte nur einen Wunsch: mit dem nächsten Zug zu ihm zu fahren. Ich erwartete also einen ganz normalen Zug, Züge, wie auch er sie immer benutzt hatte. Doch als wir uns dem Bahngleis näherten und endlich ganz davorstanden, sahen wir, dieser Zug war kein Menschenzug mit Bänken, auf denen man sich niederlassen konnte, sondern ein endlos langer, leerer Viehtransporter, in dem wir nun weggebracht werden sollten. Es gab keine Sitze und keine Polster, kein Mensch will so Zug fahren. Auf einem der ersten Waggons konnte man die Aufschrift lesen »Deutsche Arbeiter – Umsiedler«, was gleich in mehrfacher Hinsicht gelogen war. Ich war weder Deutsche, noch wollte ich umsiedeln.

Am Gleis verschärfte sich die Stimmung dramatisch. Die Polizisten brüllten, wir kannten es nicht anders, die Schäferhunde bellten, die Kapos schubsten die schweigende Menge hin und her, bis immer mehr Menschen stürzten. Alte stolperten, Mütter fielen hin und mit ihnen die Babys, die sie im Arm hielten. Die Kleinen fingen laut an zu schreien. Je mehr Menschen stürzten, desto aggressiver wurden die Unordnungshüter. Manche von ihnen schossen in die Luft, um die Menge in Schach zu halten. Was nur zu noch mehr Hysterie führte. Wir Menschen wurden wie Vieh behandelt, das man ins Gatter trieb. Ein Gatter auf Eisenrädern. In Panik vergaßen viele ihre Koffer auf dem Bahnsteig, die sie mühevoll bis hierher mitgeschleppt hatten. Das alles war ein Schock für mich! Mit einem Mal wachte ich aus meinem Ferienlagertraum auf und realisierte, in welcher Situation wir wirklich steckten. Von wegen großes Abenteuer! Was bisher nur ein mulmiges Gefühl in meinem Bauch war, entwickelte sich zu einer handfesten Angst, die mir tief in die Knochen fuhr. Ich konnte keinen klaren Gedanken mehr fassen. Unter großem Stress wird der eigene Handlungsspielraum plötzlich verdammt klein. Ich kann es nur vermuten, aber Fivish muss unter größtem Stress gestanden haben. Er hatte diejenigen, die ihm vertrauten, hierhergeführt. Wie mussten sie sich verraten fühlen, wie musste er sich zugleich verraten fühlen, wie noch nie in seinem Leben. Wie oft war er von den Kapos aufgefordert worden, so hat es Meir mir später erzählt, seine Leute zu beruhigen und im Griff zu haben, es werde ihnen nichts passieren, wenn sie ruhig blieben. Sie waren ruhig geblieben, sie hatten alle Anweisungen befolgt – und jetzt das. Ich bin ziemlich sicher, auch wenn er es weiterhin nicht zu erkennen gab: Vater schämte sich bis auf die Knochen und dennoch musste er weiter funktionieren. Die Verantwortung für die Menschen konnte ihm keiner mehr nehmen und er hätte sie sich auch von niemandem nehmen lassen. Er würde bis zuletzt bei ihnen bleiben, egal wohin es gehen, egal wie lange es dauern würde. Er war ihr Anführer und das würde er bis zum bitteren Ende auch bleiben.

Die Wachleute pressten bis zu 80, oft sogar noch mehr Menschen in einen Waggon, der vermutlich für maximal 20 Rinder ausgelegt war. Wir schafften es, dass wir als Familie in dem Gedränge nicht getrennt und alle in einen Waggon hineingeschoben wurden. Von der ersten Minute an war es unerträglich eng. Wir wurden in diesen Holzverschlag gepresst wie Ölsardinen in eine Konservendose. Um immer noch mehr Menschen hineinzuzwängen, traten die Kapos mit ihren Stiefeln nach denjenigen, die vorne standen. Dann wurden die Türen verschlossen, plombiert und für Tage nicht mehr geöffnet. Der Zug fuhr los, wohin wussten wir nicht. Wie aus dem Nichts hatte Vater auf einmal einen Eimer mit Trinkwasser in der Hand, der uns vor dem Verdursten retten sollte. Zu essen gab es nichts. Nicht lange danach war der Eimer von den erschöpften Insassen leer getrunken und Fivish richtete damit unter dem schmalen Sicht- und Luftspalt an der Wagenfront eine provisorische Toilette für uns ein, die notdürftig mit einer Decke als Vorhang abgeschirmt wurde. Das Rattern der Eisenräder auf den Eisenschienen brannte sich als rhythmische Geräuschkulisse in unseren Ohren und Köpfen ein.

Nach etwa vier Stunden gab es im völlig überhitzten Zug den ersten Toten. Einen alten Mann, der, sichtlich entkräftet, zusammengebrochen war. Er fiel einfach auf seinen Nebenmann, der nicht wusste, wie ihm geschah. Die umstehenden Männer und Frauen bemühten sich um den Kollabierten, für den jede Rettung zu spät kam, und suchten im hinteren Teil des Waggons nach einem Platz, wo man ihn quer auf den Boden legen konnte. Diejenigen, die noch lebten, hatten jetzt noch weniger Platz zur Verfügung. Stunden später, es war schon Abend, setzten sich zwei Männer auf den Toten, so erschöpft waren sie vom stundenlangen Stehen. Sie wollten nur ein bisschen Kraft sammeln. Als Vater das sah, wurde er ärgerlich und begann eine heftige Diskussion. »Wir sind keine Tiere«, schimpfte er ungewöhnlich heftig für seine Verhältnisse. Diejenigen, die kurzfristig einen Sitzplatz gefunden hatten, erhoben sich ohne Murren. Auch noch unter diesen unmenschlichen Bedingungen, trotz aller Enttäuschungen, war Fivishs Wort Gesetz, selbst hier in diesem Viehwaggon, einem Deportationszug, nach, ja, wohin eigentlich? Was ein Deportationszug ist, wusste ich damals natürlich auch nicht.

Ich hatte jegliches Gefühl für Zeit verloren. Ich wusste nicht, wie lange wir bereits unterwegs waren. Bei unserer Ankunft habe ich dann erfahren, dass es am Ende vier Tage und vier Nächte gewesen waren. Mir aber kam diese Fahrt schier endlos vor. Die Enge, die Hitze, der Durst, der Stress, das alles war unerträglich. Zunächst hörte man ein kontinuierliches Wimmern, Schluchzen und Stöhnen, der Verwesungsgeruch des toten alten Mannes wurde immer beißender. Viele, gerade im hinteren Zugteil, kämpften mit Erstickungssymptomen, weil die mit Stacheldraht gesicherten, hochstehenden Fensterluken in dem hoffnungslos überbelegten Waggon als Lüftung überhaupt nicht ausreichten. Je länger die Fahrt dauerte, umso stiller wurden die Menschen um mich herum. Es war eine merkwürdige Stille. In meinem Kopf kreisten die Gedanken: Wenn einer nach dem anderen tot umfallen würde, so wie der alte Mann zu Beginn, dann könnte auch keiner mehr einen Mucks sagen. Mit dem Rücken zu den meisten Insassen gedreht horchte ich verängstigt in den Zug hinein. Tote, die umfielen, verursachten Lärm. Ich aber hörte nichts. Die meiste Zeit schaute ich auf den Boden, weil ich die Angst und das Elend in den Blicken der anderen nicht sehen wollte. Vor allem nicht die Angst in Vaters Augen. Das, was wir durchmachen mussten, dafür hatte die SS ein eigenes Wort erfunden, das es im Deutschen gar nicht gibt. Sie nannten es »einwaggonieren« und das klang für mich nicht ganz zufällig ein bisschen nach »einwecken«. Die Nazis wollten uns Juden, die verbotene Frucht, einkochen und uns den Garaus machen.

Ein-, zweimal am Tag stoppte der Transport an Bahnhöfen entlang der Strecke, in den Wartebereichen standen Menschen in Zivil herum, die offenbar helfen wollten. Entlang der Deportationsroute hatte sich inzwischen herumgesprochen, dass es solche Transporte mit Gefangenen geben würde, die dringend Hilfe benötigten. Viele der Menschen, die in den Bahnhöfen warteten, kamen aus Mitgefühl, freiwillig und selbstlos, sie wollten einfach helfen. Es gab aber auch andere, die Geld dafür erwarteten, dass sie Wasser durch den Sicht- und Luftspalt des Zuges sprühten. Das soll kein Vorwurf sein. Die meisten waren selbst bettelarm und wollten sich ein bisschen was dazuverdienen. Es gab aber auch diejenigen, die einfach nur das Geld nahmen, das wir aus dem Zug warfen, und wieder verschwanden.

Solange Vater Geld hatte, warf er an den Bahnhöfen Geldscheine und Münzen durch die Spaltöffnungen aus dem Zug und bat um »Wasser« und »mehr Wasser«, das rief er immer wieder hinaus in den Wartebereich des Bahnhofs. Und: »Wir verdursten!« Die anderen schlossen sich ihm an: »Wasser! Wir verdursten!« Je länger die Fahrt dauerte, desto kläglicher klang dieser Gefangenenchor, der an das Mitgefühl der Menschen da draußen appellierte. Und das durchaus mit Erfolg. Manche von ihnen füllten literweise Wasser in Eimer und versuchten, den Inhalt in die hochgelegenen Spaltöffnungen des Viehtransporters zu schütten, was logistisch gar nicht einfach war. Wenn jemand nicht groß oder kräftig genug war, klatschte das meiste Wasser gegen die Außenwand des Zuges. An einem anderen Bahnhof nahm ein Bahnbediensteter, ohne dass wir ihm Geld hingeworfen hatten, einen Wasserschlauch in die Hand, drehte den Hahn auf und sprühte so lange Wasser durch die Spaltöffnung des Zuges, bis wir weiterfuhren. Ich kann mich nicht erinnern, dass ihn irgendein uniformierter Wachmann daran hindern wollte. Ein junger, namenloser Kerl, den unser Schicksal berührte und der das Richtige tun wollte. Als das Wasser in das Zuginnere tropfte, stellten wir uns alle auf die Zehenspitzen, reckten unsere Hälse wie hungrige Gänse nach oben, der Öffnung entgegen, wir schlossen die Augen, rissen unsere Münder auf so weit es ging und versuchten, so viele Wassertropfen abzubekommen wie irgend möglich. Das Bild, wie wir alle mit offenem Mund dastehen und nach oben schauen und auf Wasser warten, hat sich in meinem Kopf unauslöschlich eingebrannt. Und dazu diese unheimliche Stille, denn gesprochen hat in diesen Momenten natürlich kein Mensch. Wir alle waren entkräftet und ausgetrocknet, vor lauter Durst verstummt, und diejenigen, die lebend am Ziel ankamen, hatten das vor allem auch dem Wasser aus den Eimern und den Schläuchen von Wildfremden zu verdanken.

11
GEBURTSTAG

In den Morgenstunden des 15. Mai 1944 erreichten wir Auschwitz. Dass es Auschwitz war, wusste ich nicht. Wenn man es zynisch formulieren will: Der Deportationszug war eine Geburtstagsreise, Auschwitz mein Geburtstagsgeschenk. Ich wurde an diesem Tag 15 Jahre alt. Der Zug kam nachts auf offenbar freier Strecke zum Halt und fuhr nicht mehr weiter. Erst sehr viel später erfuhr ich, dass unser Zug einer der ersten Transporte gewesen sein musste, der an der neuen Selektionsrampe innerhalb des Vernichtungslagers Auschwitz-Birkenau hielt, die just an diesem Tag eröffnet werden sollte. Noch ein »Geburtsgeschenk«. Es muss zwischen zwei und vier Uhr morgens gewesen sein, als unser Zug stoppte. Keiner wusste, wo wir waren oder hatte auch nur die leiseste Idee, warum wir hier waren, was das alles zu bedeuten hatte. Kurz nachdem wir zum Stehen gekommen waren, die aufgehende Sonne begann allmählich die dunkelschwarze Nacht Stück für Stück zu verdrängen, bat ich meinen Vater, mich zum offenen Fensterspalt hochzuheben, damit ich hinausschauen und sehen konnte, warum wir gehalten hatten. Das, was ich sah, irritierte mich noch mehr. Als mich Fivish wieder heruntergelassen hatte, sagte ich zu ihm: »Papa, schau mal raus, da laufen überall Verrückte herum. Die tragen so komische Klamotten. Die sehen aus wie psychisch Kranke, was ist mit denen? Was machen wir hier?«

Vater starrte selbst die ganze Zeit aus dem Zug, aber wie so oft in jüngster Zeit, sagte er kaum noch etwas und nahm mich stattdessen in den Arm. Zumindest kann ich mich an keines seiner Worte erinnern. In der Rückschau hat es für mich den Anschein, dass er nach seiner ungewöhnlich emotionalen Rede an uns Kinder, unmittelbar vor unserer Deportation, endgültig verstummt war. Aus Gram oder Resignation oder beidem. Ich kann es nicht genau sagen. Ob er wusste, dass wir in Auschwitz gelandet waren, ob er überhaupt wusste, was Auschwitz war, ob er wusste, was uns hier erwarten würde, auch das werde ich nicht mehr erfahren. Meine Vater hatte als Oberhaupt der jüdischen Gemeinde viel mit den örtlichen Behörden zu tun, den ungarischen Faschisten und den deutschen Statthaltern. Er wusste mehr als er uns sagte, aber wie viel tatsächlich? Früher hatte er einmal von sich aus den Namen Adolf Hitler erwähnt, er war der Meinung gewesen, dass Hitler ein Furcht einflößender, ein gefährlicher Politiker sei, schlimmer als alle anderen. Aber wusste mein Vater von der Existenz solcher Konzentrationslager? Wusste er davon, dass Hitler alle Juden ermorden lassen wollte? Wusste er, dass es ein Vernichtungslager wie Auschwitz gab, in dem der Massenmord generalstabsmäßig geplant und umgesetzt werden sollte? Und wenn ja, hatte sich deshalb eine so große Trauer über seine ehemals strahlenden Augen gelegt? Ich habe ihn das so nie gefragt und jetzt konnte ich ihn nicht mehr fragen – es war bereits zu spät.

Wir standen schon seit Stunden, aber die Waggontür blieb immer noch verschlossen. Wir waren noch am Leben, aber das Durstgefühl, das sich in dieser Zeit des Wartens einstellte, vergisst man nicht mehr. Der ausgetrocknete Mund, der keinen Speichel mehr produzierte, die spröden, vertrockneten Lippen, das kratzende Gefühl im Hals, als müsste man ersticken. Wenn ich heute Wasser trinke, dann hole ich tief Luft, setze das Glas an und während ich trinke, bin ich in Gedanken wieder in den Morgenstunden des 15. Mai 1944. Ich habe heute so gut wie immer ein Glas Wasser vor mir stehen oder eine Wasserflasche bei mir, wenn ich unterwegs bin. Das Gefühl von großem Durst, von unstillbarem Durst, begleitet mich durch mein Leben. Eine halbe Stunde, eine Stunde lang nichts getrunken, vielleicht noch unter Stress, und sofort werden meine Lippen pelzig und dieses existenzielle Durstgefühl ist wieder da. Als wir in den Zug gestiegen waren, hatten die meisten nur etwas Brot dabei, aber nichts zu trinken. Ein Fehler, den einige von uns mit dem Tod bezahlten. Sie kippten einfach um. Sie verendeten wie Tiere, anders kann man es nicht sagen. Als die Sonne am Horizont durch den Sichtspalt des Waggons blinzelte, nahm der Geräuschpegel draußen deutlich zu. Wir hörten Menschen, die um den Zug herumstapften, vernahmen einzelne Befehle auf Deutsch, von Minute zu Minute wurde das Gewirr an Stimmen und Geräuschen dichter und dichter, bis auf einmal die Eisenverstrebung gelöst wurde, die die Waggontüre versperrte, und diese sich mit einem Knarzen zum ersten Mal seit Tagen wieder öffnete.

Sie stand noch gar nicht ganz offen, als bereits das Gebrüll der SS begann. Ein Aufseher mit gestreifter Jacke und schwarzer Hose sprang in den Waggon hinein, mit Taschenlampe und einem Knüppel bewaffnet, er teilte nach links und rechts Hiebe aus und bahnte sich so einen Weg durch uns hindurch. Wir mussten ein Elendsanblick für ihn gewesen sein, es muss gestunken haben wie in einem Stall, aber wer weiß, wie oft er das zuvor schon gesehen hatte.

80 und mehr Schattenwesen. Alle im Zug zuckten verängstigt zusammen, keiner von uns war auch nur annähernd in der Lage, sich ein Bild von unserer Situation zu machen oder sich eventuell sogar wehren zu wollen. In diesen vier schlimmen Tagen im Transporter war aus Menschen Vieh geworden, das nur noch tat, was ihm befohlen wurde. Verängstigt, halb am Verdursten, der Würde beraubt, ist der freie Wille nur noch eine Schimäre. Der Mann befahl, dass zuerst nur die Männer aus dem Zug steigen sollten, also stiegen die Männer aus. Was hätten sie auch sonst tun können. Mehrmals brüllte er: »Männer aussteigen!« und »Alles im Waggon lassen!«

Ich weiß, wie sehr mich Papa geliebt hat. Wie wichtig es ihm immer war, mir seine Hand auf die Schultern zu legen oder mir über die Haare zu streichen, wenn er an mir vorüberging, wie er mir dabei zugelächelt hat. Man konnte spüren, wie wichtig es ihm war, sich davon zu überzeugen, dass es mir gut ging. Hier und jetzt aber, noch dazu an meinem 15. Geburtstag in diesem Viehtransporter in Auschwitz, lief er einfach durch mich hindurch. Keine Geste, kein Winken, kein Blick, kein »Auf Wiedersehen«. Als hätte man ihn hypnotisiert, verließ er als Einziger der Familie den Zug, ohne noch einmal den Blick nach hinten zu richten, zu Ethel, seiner geliebten Frau, den beiden Jungs oder uns vier Schwestern. So habe ich es in meiner Erinnerung abgespeichert. Er hat mir nicht mal zum Geburtstag gratuliert. Zum allerersten Mal.

Dass er mich nicht ansah, dass er mich buchstäblich übersah, schmerzte mich. Wie war das möglich? Kaum war Papa aus unserem Blickfeld verschwunden, wurde die Waggontüre wieder geschlossen. Der Rest von uns sagte kein Wort, wir warteten ab. Ich traute mich nicht zu schreien, obwohl mir danach war. Nach einer Zeit, vielleicht eine halbe, dreiviertel Stunde später, wurde der Waggon wieder mit einem Knarzen geöffnet, diesmal sollten alle Frauen und Kinder aussteigen. Wieder war das Gebrüll der SS-Offiziere ohrenbetäubend. »Los! Los! Los!«, schrien sie uns an, obwohl sie unmittelbar vor uns standen. Als ich über eine Holzrampe vom Zug herunter auf die Erde trat, drückte sich ein junger Mann in grauer Anstaltskleidung an mich heran wie ein Agent auf geheimer Mission. Auf Jiddisch fragte er mich im Flüsterton: »Wie alt bist du?« – »Ich bin 15«, antwortete ich schüchtern. »Ich habe heute Geburtstag.« – »Vergiss deinen Geburtstag«, paffte mich der Mann daraufhin an. »Sag ihnen, du bist 18. Hörst du, du bist 18, nicht 15!« Dann war er wieder weg, untergetaucht in der Menge. Warum flüsterte er? Warum wollte er mein Alter wissen? Warum wollte er, dass ich lüge? Ich verstand nichts. Als wir uns vor dem Zug in einer Schlange aufreihen sollten, erzählte ich Mama sofort, was der Häftling von mir wollte. »Mama, ein Mann hat zu mir gesagt, ich soll wegen meines Alters lügen. Ich soll sagen, dass ich 18 bin. Ich will aber nicht lügen, wir lügen doch nicht. Was soll das alles?« Mama ignorierte meine Frage. Völlig überfordert mit der Situation, ihre Kinder in Sicherheit zu bringen, antwortete sie wie ferngesteuert: »Wenn sie zu dir sagen, du sollst arbeiten, dann wirst du gerne und freiwillig arbeiten. Du tust immer, was sie dir sagen!« Ich sollte erst viel später verstehen, was sie damit meinte.

Wir Neuankömmlinge mussten uns hintereinander aufstellen. Die Männer bildeten eine Reihe, die Frauen und Kinder eine andere daneben. Unter all den Uniformierten gab es einen Mann, der herausstach. Er hatte ein schönes, ebenmäßiges Gesicht, mit einem sanftmütigen Lächeln. Ein auffallend schöner Mann. Er war einer der wenigen, die nicht brüllten, das fiel sofort auf. Seine schwarzen kniehohen Stiefel waren frisch poliert, der Goldversatz an der Stiefelspitze glänzte in der Morgensonne. Diese Stiefel kannten keinen Staub. Der Mann sah aus, als müsste er gleich noch zu einer Opernpremiere. Ich, das hässliche Entlein, das sich stets schlechter fühlte, als es war, konnte kaum den Blick von ihm lassen. Das Gebrüll der SS-Leute, dieses Menschendurcheinander, dieser Staub und dann er mittendrin, das alles schien nicht zu passen. Wer war er? Vater war nicht zu sehen, aber Ethel und wir, die sechs Kinder, reihten sich in die Schlange ein, die genau auf ihn zusteuerte.

Der Mann inspizierte jeden neuen Häftling persönlich, denn das waren wir jetzt, Häftlinge. Er sprach wenig, nichts an ihm war aufgeregt, mal hob er sanft das Kinn eines Kindes an, um ihm in die Augen zu schauen, ansonsten nutzte er nur seinen schwarzen Stock, den er in der rechten Hand hielt und den er mal nach rechts, mal nach links schwenkte. Dazu murmelte er, nur für die hörbar, die ganz vorne standen: »rechts, links, rechts, rechts, links«. Was das zu bedeuten hatte, wusste ich nicht. Dabei lächelte er einfach weiter. Als Mama an die Reihe kam, deutete sein Stab nach links, Yehuda, acht Jahre alt, und Zvi, zehn Jahre alt, die sie an der Hand führte, nahm sie mit. Wir vier Schwestern standen noch in der Reihe und konnten beobachten, wie sie mit unseren Brüdern weggeführt wurde, von dieser Begutachtung und Körperschau, die sich Selektion nannte, wie ich später lernte. Etwas später kamen wir an die Reihe, erst Sarah, dann Riku, dann Esther und zum Schluss ich. Der Mann, der sich als Lagerarzt entpuppte, schickte uns allesamt, ohne weitere Erklärungen, nach rechts. Aber warum nach rechts? Warum nicht nach links wie Mama und unsere Brüder? Was hatte das zu bedeuten? Und wo überhaupt war Papa geblieben? Mein Blick schweifte über das Menschengewusel, wo waren sie plötzlich alle hin? Ich konnte sie nicht mehr sehen …

12
ABSCHIED

Ich suchte die Schlange, die nach links weggeführt worden war und in der ich auch meine Mutter und die Jungs vermutete. Mein Blick schweifte von links nach rechts und wieder zurück. Was hätte ich darum gegeben, sie in dem allgemeinen Chaos wiederzufinden. Und dann doch, nur ein kurzer Funke zweier Blicke, die sich kreuzten und wechselseitig erkannten. Augenpaare, die sich anzogen, als wären sie aufeinander ausgerichtete Magneten. Zuerst sah ich, wie Ethel die beiden Jungs an der Hand hielt, sie marschierte von mir weg, aber ihr Gesicht drehte sich immer wieder nach hinten, dorthin, wo sie uns, ihre vier Töchter, offenbar vermutete. Ihr Blick suchte uns. Mein Blick suchte nach ihr. Wenn sich zwei Menschen, die sich so gut kennen wie Mama und ich, direkt in die Augen sehen, dann ist das ein sehr intimer, ein wahrhaftiger Moment. Man schaut in die Augen des geliebten Menschen hinein und glaubt, alles zu erkennen. Die ganze Wahrheit, die ganze Liebe, die ganze Verzweiflung. Nichts ist mehr verstellt, verlogen oder verschwiegen, alles scheint klar und offensichtlich. Ich sah die Todesangst in den tiefgrünen Augen meiner Mutter, die zu mir sprachen als könnten Augen sprechen. Sie flehten mich um Hilfe an. Aber wie hätte ich ihr helfen können? Wie hätte ich sie davor beschützen können, was immer jetzt auch mit ihr passieren würde? Dann bewegten sich ihre Lippen, aber anders als ihre Augen konnte ich nicht verstehen, was sie sagten. Ich war viel zu weit von ihr entfernt und dann noch die Tumulte um uns herum. Sie legte ihre Hände an die Hinterköpfe der beiden Jungs, sie wollte offenbar nicht, dass Zvi und Yehuda sich umdrehten und uns womöglich noch einmal zu Gesicht bekamen. Die Jungs klammerten sich an Mamas Rock, sie blickten ängstlich zu ihr hoch, Mama beugte sich zu ihnen hinab, deutete Küsschen an, um sie zu beruhigen und dann plötzlich, ein-, zweimal geblinzelt, war auch sie in der Menschenmenge verschwunden. Einfach weg. Von der Schlange verschluckt. Als hätte der göttliche Puppenspieler sie einfach so aus unserem Leben genommen. Als ginge das so einfach, als dürfte das so sein, als sei das keine himmelschreiende Ungerechtigkeit. Stumm vor Angst schrie ich in mich hinein: »Maammaaa! Maammaaa!«

Hinterher habe ich mich oft gefragt: Gibt es einen größeren Schmerz als den einer Mutter, meiner Mama, am Tag ihres Todes 44 Jahre alt, die in ihrem tiefsten Inneren ahnt, dass sie gleich ihre beiden kleinen Kinder verlieren wird? Die weiß, dass sie ihre älteren Kinder, allesamt Teenager, in einer menschenverachtenden, lebensgefährlichen Umgebung zurücklassen muss, ohne ihnen beistehen zu können? Die ahnt, dass sie selbst und ihr geliebter Ehemann sterben werden? Wie viel Furcht und Schmerz kann ein einzelner Mensch auf einmal ertragen? Als ich selbst Mutter wurde, habe ich diesen Schmerz, den ich in Mamas Augen gesehen und mitgefühlt habe, noch einmal viel besser verstanden. Genau wie Mama durfte ich, keine acht Jahre nach Auschwitz, zwei kleine Jungs an die Hand nehmen. Aber anders als sie, durfte ich meine Jungs ins offene Leben hinausführen und nicht in die Kammer des Todes. Ich war 22 Jahre alt, als Doron zur Welt kam, viereinhalb Jahre später folgte Yaron. Seitdem weiß ich: Die Angst vor dem Verlust der eigenen Kinder ist so viel größer als jede Angst vor dem eigenen Tod. Meine Mutter dabei zu beobachten, wie ihr das in diesen Momenten in Auschwitz bewusst wurde, war im Grunde nicht auszuhalten – der Gedanke daran ist es bis heute nicht.

Wir Schwestern wurden über den Selektionsplatz weiter in das Lagergelände hineingetrieben. Wir marschierten nach rechts vom Zug weg, als wir eine Reihe mit Männern kreuzten. Und auch diesmal passierte etwas, das ich nicht erklären kann. Für einen kurzen Augenblick sah ich auch meinen geliebten Vater noch ein letztes Mal, der inmitten einer Gruppe von Männern auf dem Boden saß. Ich wollte schon »Papa, Papa« schreien, als er plötzlich aufblickte, so als hätte er gespürt, dass ich ihn in Gedanken gerufen hatte. Und auch unsere Blicke trafen sich für einige wenige Sekunden, zumindest denke ich das bis heute. Ich sah ihn direkt an, und auch er schaute mich an, aber anders als ich ihn, erkannte er mich nicht mehr. Ich blickte in seine leeren, toten Augen, ich suchte nach einem Lebenszeichen in ihnen, nach einem Zeichen, das mir eine Botschaft senden konnte. Eine Botschaft wie »Ja, Kind, ich sehe dich, ich bin bei dir!«, irgendetwas in der Art. Doch seine Augen sprachen nicht mehr, sie sahen nichts mehr, anders als die Augen von Ethel. So wirkte es jedenfalls auf mich. Als wäre er seit der Ankunft in Auschwitz erblindet. Vermutlich schaute er zufällig in meine Richtung, ohne mich genau ausgemacht zu haben. Oder er hatte einen Schock erlitten und nahm kaum noch wahr, was um ihn herum passierte. Bis heute suche ich nach Erklärungen für sein Verhalten. Aus dem 49 Jahre alten Fivish, diesem stolzen, gütigen, wunderbaren Ehemann und Vater, war ein 90-jähriger

Greis geworden, dem anonyme Männer in Uniformen das Menschsein ausgetrieben hatten. Und dann stand Papa auf und schleppte sich, zusammen mit den anderen, tief nach vorne gebeugt weiter. Ein Mann auf seinem allerletzten Weg. Ich rief ihm noch etwas nach, aber er blickte nicht mehr um. Ich habe lange gebraucht, um damit meinen Frieden zu machen. Warum hat er nicht mehr reagiert? Warum hat er nicht versucht, mich zu trösten, mich zu ermuntern und zu bestärken? Ich war wütend und traurig zugleich. Bis ich verstand: Wie traurig, wie ängstlich, wie verzweifelt musste er sich in der letzten Stunde seines Lebens gefühlt haben, als jeder Wille und jede Überzeugung, jeder Lebensmut aus ihm bereits gewichen waren? Die Nazis haben einen Mann vergast, der bereits tot war, das ist die einzig vernünftige Erklärung.

Diese beiden Momentaufnahmen, in denen ich die Blicke meiner Eltern noch ein letztes Mal erhaschen durfte, waren ein großes Geschenk und zugleich von größter Grausamkeit. Ich habe im Leben nach dem Lager meine Schwestern Sarah, Riku und Esther immer mal wieder gefragt, ob sie Mama und Papa in Auschwitz nach der Selektion nicht auch noch einmal in den Menschenschlangen gesehen haben. Sie haben es immer verneint. Wie konnte das sein? Warum dann ich? Habe ich die beiden wirklich gesehen oder bilde ich mir das nur ein? Tatsächlich bin ich überzeugt davon, dass es wirklich so passiert ist, wie ich es hier schildere. Unsere Augen trafen sich, ich sah ihren unermesslichen Schmerz, ihre übermenschliche Trauer, den Schockzustand, in dem sie sich befanden, wenn sie ihn beide auch ganz anders verarbeiteten. Und trotzdem bin ich dankbar für diese beiden kurzen Augenblicke, in denen ich diese allerletzte Möglichkeit bekam, von Mama und

Papa ganz bewusst Abschied zu nehmen. Ein Abschied, der meinen Schwestern in dieser Form verwehrt geblieben ist, worunter sie Zeit ihres Lebens sehr gelitten haben. Ein Abschiednehmen war in Auschwitz auch gar nicht vorgesehen. Der typische Auschwitz-Abschied von seinen Lieben war überfallartig, gewaltsam, roh, sekundenschnell, grußlos. Ohne zu wissen, dass es für immer sein würde, ohne ein letztes Wort, eine letzte Umarmung, einen letzten Kuss gehörte dieses perfide Ritual, das keines war, zum Grausamsten, was das Vernichtungslager für seine Todgeweihten parat hielt. Wenn einem der allerletzte Gruß an seine Lieben verwehrt bleibt, dann träumt man ein Leben lang davon, sich noch einmal voneinander verabschieden zu dürfen.

Was ich damals nicht wusste und was heute Stand der wissenschaftlichen Erkenntnis ist: Neuankömmlinge in Auschwitz-Birkenau, die 1944 als »nicht arbeitsfähig« selektiert wurden, wurden innerhalb der nächsten Stunde in die Gaskammer geschickt und anschließend in den Krematorien verbrannt. Wie viel Zeit blieb Ethel und Fivish also noch nach unserem letzten Blickkontakt? Ahnten sie, dass es zu Ende ging? Was genau passierte in den letzten Minuten ihres Lebens? Fragen, die mich bis heute umtreiben und auf die ich nie eine Antwort bekommen werde. Dafür aber schreckliches Gedankenkino. Im Dokumentarfilm *Shoah* von Claude Lanzmann erzählen SS-Leute und Funktionshäftlinge aus den Sonderkommandos, die die Gaskammern betrieben, wie sich die Menschen in den letzten Minuten ihres Lebens verhalten haben. Dass sie versucht haben, an den Gitterschächten, in die das Zyklon B eingeworfen wurde, nach oben zu klettern, um nach Luft zu schnappen. Dass Eltern auf ihre eigenen Kinder gestiegen sein sollen, um sich selbst zu retten. Andere wiederum sollen ihre Kinder verzweifelt in die Höhe gereckt haben, damit sie überleben können. Was hat meine Mutter gemacht? Hat Ethel Zvi und Yehuda in Richtung Decke gehalten, um ihre Leben zu retten? Oder waren die beiden dafür nicht schon viel zu groß und zu schwer? Kann man sich auch in einer Gaskammer weise und gerecht verhalten, so wie es mein Vater Zeit seines Lebens versucht hatte? Oder wird man in den 20 bis 30 Minuten, die der Todeskampf gedauert haben soll, zwangsläufig zum wilden Tier, zur Bestie, das auf die eigenen Kinder steigt? Seit ich den Film gesehen habe, plagen mich Bilder wie diese. Obwohl ich als Einzige der vier Schwestern mit einem letzten Blick Abschied nehmen konnte von Mama und Papa, sind diese Fragen bis heute nicht verstummt. Der Mann, der meine Eltern und meine kleinen Brüder mit einem Stock und einem kalten Lächeln in diesen grausamen Tod geschickt hat, war der schöne Mann mit den blank polierten schwarzen Stiefeln, er war der »Doktor« von Auschwitz-Birkenau. Sein Name: Josef Mengele.

13
NACKT

Zur gleichen Zeit wie unsere Eltern wurden auch Sarah, Riku, Esther und ich chemisch »behandelt«. Allerdings sollten wir nicht sterben, zumindest nicht sofort. Wir waren zur Zwangsarbeit vorgesehen, also wurden wir »gereinigt«. Entlaust, geduscht, am ganzen Körper rasiert – in einem Gebäude, das die SS »Sauna« nannte und das uns als Badeanstalt schmackhaft gemacht wurde. Ich kann mich nicht mehr genau daran erinnern, wie ich am ganzen Körper, auch an den intimsten Stellen, rasiert worden bin. Ich habe es offensichtlich aus Scham verdrängt, wie so viele Dinge, die in Auschwitz noch passieren sollten. Mich vor völlig fremden Männern nackt auszuziehen, galt in meinem Glauben, noch dazu in meinem Alter, als schwere Sünde. Anschließend wurden wir in dieselbe konturlose schmutzgraue Häftlingskleidung gesteckt wie alle anderen. Also wie diejenigen, die ich bei meiner Ankunft aus dem Zug heraus noch als »Verrückte« bezeichnet hatte. Nur unsere Schuhe, offenbar Mangelware im Lager, durften wir behalten. Mit unserer Kleidung, unseren Haaren, unserem Schmuck, nahmen sie uns auch unsere Persönlichkeit, alles, was uns einzigartig und unterscheidbar gemacht hatte. Selbst unsere Unterwäsche wurde uns abgenommen. Nichts führte für mich persönlich so sehr zu einem Gefühl der ausgelieferten Schutzlosigkeit als die Tatsache, dass wir im Lager keine Unterwäsche tragen durften. Ich fühlte mich buchstäblich nackt. Hätte die SS auch unsere Seelen rasieren können, sie hätte auch das getan. Als wir vier die Badeanstalt durchlaufen hatten und uns vor dem Gebäude aufstellen mussten, erkannte ich selbst meine eigenen Schwestern nicht sofort wieder. Wir sahen alle gleich aus, blasse, erschreckte Gesichter, mit Kopftuch und im identischen Häftlingssack. Ich war zwar noch am Leben, doch wie ein menschliches Wesen, dem man Gefühle entgegenbringen, das man lieb haben konnte, fühlte ich mich nicht mehr. Die Postkarten voll scheuer Zärtlichkeiten, die mir mein Freund aus Budapest geschickt, und die ich in meinen Hosentaschen aufbewahrt hatte, waren mir ebenfalls abgenommen worden. Mit Ausnahme meiner Schwestern hatte ich alles verloren, was mir persönlich wichtig gewesen war.

Willkommen in Auschwitz!

Wir vier wurden zu unserer Baracke ins Aufnahmelager A gebracht, Baracke Nummer 29. Hier entpuppte sich Sarah, die Älteste von uns Schwestern, als geborene Anführerin. Sarah war sofort der Meinung, dass wir uns auf die oberste Ebene des dreistöckigen Brettergestells legen sollten, das für uns als »Bett« vorgesehen war. Ihre Idee dahinter war ebenso einfach wie logisch: Sollte der Bretterverschlag in dem mit weit über 1000 Frauen völlig überfüllten Raum, in dem manche sogar auf dem schmutzigen, teils schlammigen Boden schlafen mussten, nachgeben und einstürzen, würden wir weich auf die anderen fallen – und nicht sie auf uns. Das klang nicht nett, war aber clever, keine von uns widersprach. Auf jeder Bretteretage mussten zehn Frauen eng nebeneinanderliegen, je fünf teilten sich eine Decke. Wir schliefen so eng aneinandergepresst, dass, wenn eine sich in der Nacht umdrehte, sich alle anderen auch umdrehen mussten, wollten sie nicht frieren. Die fünfte Frau, die sich mit uns eine Decke teilte, war eine 17-jährige Opernsängerin aus Budapest. Sie hatte eine wunderschöne Stimme und sang fast jeden Abend vor dem Einschlafen italienische Arien. Ich musste an meine Mutter denken, daran, wie gerne sie sang und wie sehr sie die italienische Musik liebte. Die 17-jährige Studentin war schon als junges Mädchen im Alter von zehn Jahren im Freundes- und Familienkreis aufgetreten, wie sie erzählte, doch als ihre Karriere so richtig losging, kam der Krieg dazwischen. In der Auschwitz-Baracke sang sie auch den Chor der hebräischen Sklaven, den berühmten Gefangenenchor aus *Nabucco* für uns. In der zweiten Strophe heißt es dort:

»Grüße die Ufer des Jordan,
die zerfallenen Türme Zions,
O mein Vaterland, du schönes, verlorenes!
O Erinnerung, du teure, verhängnisschwere!«

Wie einst die Hebräer in Babylonien 600 vor Christus träumten nun wir, die vier jüdischen Cahana-Schwestern, in Auschwitz von der Rückkehr in die Heimat, während unsere 17-jährige Freundin die Melodie dazu lieferte. In Nazideutschland war das Lied zu der Zeit verboten. Hätte die SS mitgehört, wer weiß, was passiert wäre.

Unter den fünf Frauen, die auf der höchsten Ebene neben uns schliefen, war ein junges Mädchen, das buchstäblich jeden Abend nach ihrer Mutter schrie. Sie hatte solche Angst und ein solches Heimweh, dass sie kaum zu beruhigen war. *Mame! Mame! Mame!* schrie und schluchzte sie auf Jiddisch. Das Mädchen tat uns leid, wir versuchten sie zu beruhigen, aber es gelang uns nicht. So ging es über Wochen. Meine Ohren haben mit der Zeit aus der

Stimme der ungarischen Opernsängerin und dem Mama-Schluchzen des 13-jährigen Mädchens eine ganz eigene Auschwitzmelodie komponiert, die mir noch Jahre später im Kopf herumgeisterte. Immer wenn ich italienische Arien hörte, legten sich die *Mame*-Rufe des Mädchens über die Melodie. Rufe, die nur ich hören konnte, Rufe, wie eine Arie auf Leben und Tod.

Die Rollenverteilung zwischen uns Geschwistern ergab sich aus dem natürlichen Talent jeder Einzelnen von uns. Sarah war 17, nahezu erwachsen also, in einer religiösen Familie wie der unsrigen war sie damit automatisch diejenige, die führte. Sie war in der Stadt groß geworden, ihr Aufwachsen in Munkatsch unterschied sich deutlich von unserem beschaulichen Leben in der Provinz in Unterwischau. Sarah war furchtlos und unabhängig, das, was man heute »streetsmart« nennt. Sie suchte und fand Lösungen für Probleme aller Art. Sie hatte, das wurde in Auschwitz schnell deutlich, durch die frühe Loslösung von den Eltern eine ganz andere Reifeerfahrung gemacht als wir, die wir zu Hause im geschützten Umfeld von Mama und Papa geblieben waren. Obwohl wir drei anderen wegen der räumlichen Trennung gar nicht so eng mit ihr verbunden waren, vertrauten wir ihr sofort. Sie war schließlich unsere große Schwester. Dass sie darüber hinaus sehr praktisch veranlagt war, war in einem Konzentrationslager eine große Hilfe. Sarah war die Einzige von uns vier, die, so hatten wir es beschlossen, nachts die Baracke verlassen durfte, um sich auf die Suche nach Essbarem zu begeben. Das war zwar lebensgefährlich, doch Sarah war oft erfolgreich und kam mit Nahrungsmittelresten für uns zurück, Reis- oder Grieskörnern, altem Brot, rohen Kartoffelschalen oder einem Büschel Gras, wenn sie gar nichts anderes fand, um unseren notorischen Hunger zu stillen. Wie sie an all das kam, hat sie uns nie erzählt, sie wollte nicht, dass es sich herumspricht.

Ich erinnere mich an eine Bestrafungsaktion, die wegen eines Essensdiebstahls in der Baracke durchgeführt wurde. Dabei trieb die polnische Blockälteste Iriska alle Mädchen und Frauen nackt aus dem Gebäude und ließ uns stundenlang im Regen vor der Baracke stehen. Nebenan waren gerade männliche Häftlinge aus Theresienstadt einquartiert worden, die empört waren, wie die Frau mit uns umging. Sie warfen Steine gegen das Zimmerfenster der Blockältesten, um gegen ihre Methoden zu demonstrieren. Erst weit nach Mitternacht durften wir, durchnässt und unterkühlt, wieder zurück in die Baracke. Sarah hatte mit dem Essensdiebstahl diesmal nichts zu tun, das schwor sie uns. Aber die Gefahr, der sie sich für uns vier regelmäßig aussetzte, muss enorm gewesen sein. Um den Druck wieder loszuwerden, zog sie sich, vor lauter Nervosität, abends stundenlang die spröde Haut von den Beinen, dessen kann ich mich noch gut entsinnen.

Ich selbst galt als die Zuverlässigste von uns vier Schwestern. Schon als Kind war ich immer pünktlich und ehrlich gewesen, das hatte mit meinem tiefen Glauben zu tun, um den alle wussten und den ich niemals verraten könnte. Sarah übertrug mir die Aufgabe, die Verteilung der mageren Brotration zu übernehmen, die uns abends zugewiesen wurde, und den Laib Brot in vier exakt gleich große Stücke zu teilen. Dass ich nicht schummeln würde, egal was passieren sollte, sprach sich schnell herum, sodass ich nicht nur von meinen Schwestern, sondern auch von anderen Mädchengruppen in unserer Baracke zur »Brotministerin« ernannt wurde. Da die Rationen insgesamt sehr überschaubar waren, kam es auf jeden Zentimeter an. Ich nahm die Angelegenheit sehr ernst, schließlich sah man sofort, wenn ich die Brotstücke nicht fair aufteilte.

Wie schon zu Hause fühlte ich mich in Auschwitz für Riku verantwortlich, deren gesundheitliche Probleme im Lager nicht besser wurden. Sarah nahm dafür Esther unter ihre Fittiche, mit 13 Jahren unsere Jüngste und – körperlich gesehen – die Kleinste von uns allen. Esther sah auch noch deutlich jünger aus, sodass es ein Wunder war, dass sie die erste Selektion nach der Ankunft überhaupt überstanden hatte. Kinder ihrer Größe wurden gewöhnlich direkt aussortiert und ins Gas geschickt. Jeden Morgen vor dem Zählappell zwickte Sarah uns kräftig in beide Backen. Zunächst beschwerten wir uns darüber, schließlich war es nicht angenehm und tat weh, aber natürlich verstanden wir mit der Zeit ihre Absicht – wir sollten gesund und arbeitsfähig aussehen. Die kleine Esther versteckte Sarah regelmäßig in eine der hinteren Reihen der insgesamt rund 1000 Frauen, das ein oder andere Mal stellte sich Sarah direkt vor sie, damit Mengele die direkte Sicht auf Esther verstellt war. Es schien nur eine Frage der Zeit, bis Esther von ihm entdeckt und mitgenommen würde. Und was das zu bedeuten hätte, mochten wir uns gar nicht vorstellen.

Woher Sarah so früh wusste, was mit denen passierte, die kränklich und schwach aussahen, weiß ich bis heute nicht. Sarah wusste es einfach, offensichtlich war ihr, anders als uns dreien, viel klarer, wo wir gelandet waren, wie sehr unser Leben tagtäglich in Gefahr war und von äußeren Kleinigkeiten abhing – einer gut durchbluteten, rötlichen Gesichtsfarbe zum Beispiel. Beim zweimal täglich stattfindenden Zählappell mussten wir morgens weit vor Sonnenaufgang und nachmittags jeweils drei bis vier Stunden, ob bei Hitze, Regen oder Kälte, vor der Baracke ausharren. Keine durfte zittern, zappeln oder hinfallen oder sich vor Schmerzen krümmen. Jede musste ihre Hand auf die Schulter ihrer Vorderfrau legen und wehe, man war zu schwach sie dort halten zu können, dann gab es Schläge durch die Aufseherinnen. Iriska hatte noch eine Adjutantin namens Fridka, die nicht weniger zimperlich war. Für Mengeles wöchentliche Selektionen mussten wir uns nackt ausziehen, er zählte nüchtern durch und schwenkte seinen schwarzen Stock wieder und wieder nach links oder nach rechts und sortierte jede aus, die ihm nicht robust und stark genug erschien. Die aussortierten Mädchen ließ er wegbringen, wir sahen sie nie wieder. Sarahs Aufgabe bestand darin, uns vier Schwestern einen Weg durch die Untiefen der Appelle und Selektionen zu bahnen und, so lange wie möglich, zusammen am Leben zu halten. Ihr morgendlicher Kniff in unsere Wangen war in dieser Hinsicht eine schmerzhafte aber existenziell notwendige Maßnahme.

14
BRUTAL

Von Zeit zu Zeit besuchte uns Josef Mengele auch in unserer Baracke. Besuch klingt nach Kaffee und Kuchen, das war es natürlich nicht. Anders als sonst fuchtelte er diesmal nicht mit seinem Stock herum, sondern er hielt eine kleine Rede an uns alle. Er sprach ein auffällig bemühtes Hochdeutsch, wie man uns erzählte. Er verschluckte keine Silbe, kein Dialekt war hörbar, eine präzise, klinische, kalte Hochsprache. Die deutschen Mädchen in unserer Baracke wunderten sich und sagten, so korrekt hätten sie noch niemanden sprechen hören. In direktem Gegensatz dazu standen sein Habitus und seine Intonation. Mengele war ausgesprochen höflich und gab sich mitfühlend. Wenn man sich als Kind einen lieben Onkel Doktor vorstellte, dann war er genau das. »Sollte sich jemand nicht gut genug oder krank fühlen«, begann Mengele einfühlsam seine Ansprache, »dann soll er gerne zu mir in die Krankenstation kommen. Ich habe ganz viel Medizin dort. Ich kümmere mich um jeden von euch und mache euch wieder gesund.« So empathisch klangen typische Mengele-Besuche in der Baracke, der erste hat in mir einen bleibenden Eindruck hinterlassen. Kein Wunder, dass er von Häftlingen, die ihm Glauben schenkten, »Onkelchen« oder »Väterchen Josef« gerufen wurde.

Nach dieser Charmeoffensive fragte er gerne in die Runde, ob es denn nun jemanden gebe, der sich krank fühle, der Hilfe brauche, dann solle diejenige doch bitte die Hand heben. Als ein paar von uns in der Baracke genau das taten, bat er sie zu sich nach vorne und nahm sie beim Hinausgehen mit. Wohin sie gingen, wussten wir damals nicht. Was mit ihnen passiert ist, wussten wir nicht. Was wir aber wussten – diese Mädchen kehrten nie wieder zurück. Keine von uns hat sie je wieder gesehen. Alle, die ihre Hand hoben, besiegelten damit, ohne es zu ahnen, ihr eigenes Todesurteil. Auch deshalb nahmen wir Schwestern uns bei nachfolgenden Mengele-Besuchen gegenseitig an die Hand und hielten uns fest. Keine sollte in die Versuchung geraten, ihre Hand heben zu wollen, und sei es nur aufgrund einer reflexartigen Bewegung. Denn wenn Mengele in die Baracke hineinfragte, wer sich krank und schwach fühlte, hätten wahrheitsgemäß alle die Hand heben müssen. Wir alle fühlten uns schwach und krank und wir alle sehnten uns nach jemandem, der uns Trost spendete, der unsere Sorgen ernst nahm und uns helfen konnte. Mengele aber, der nur so tat als ob, wäre unser sicherer Tod gewesen.

Woher ich das weiß?

Kaum hatte Mengele nach seinem ersten Besuch, den wir Schwestern miterlebt haben, die Baracke verlassen, stieg die Blockälteste auf den Ofen, der in der Mitte des Raums stand, und schrie hysterisch um sich. Mengele hat nie geschrien in Auschwitz, nicht dass ich es je mitbekommen hätte, diese Frau dagegen tat es ständig. Auf den ersten Blick war sie eine brutale, sadistische Frau. Die allermeisten von uns hatten Angst vor ihr. »In meinem Block wird niemand krank! Ist das klar! Habt ihr das verstanden!«, schrie Iriska auf uns ein. Und wiederholte sich noch drei Mal. Wir konnten uns zunächst nicht erklären, warum sie so ausflippte. Wollte sie sich keine Blöße geben, wollte sie dem Lagerarzt vorspielen, dass es in ihrem Block keine Kranken gäbe und sie dort alles unter Kontrolle hätte? Oder hatte es vielleicht mit Mengele selbst zu tun? Tatsächlich traute sich bei seinem nächsten Besuch keine mehr die Hand zu heben, um von ihm angeblich gesund gepflegt zu werden.

Was trieb Iriska an? Wer war diese polnische Jüdin, die es in Auschwitz bis zur Blockältesten gebracht hatte? Und was hatte Auschwitz wiederum aus ihr gemacht? Eine sadistische Frau, die nun genau den richtigen Job hatte, um andere quälen und herumkommandieren zu können? Oder war sie ein vorbildlicher sogenannter Funktionshäftling, der seinen Job ernst nahm und echte Verantwortung für die Mädchen und Frauen in der Baracke übernahm? Einmal verlor sie auch mir gegenüber die Beherrschung und schlug mir mehrfach brutal ins Gesicht, das sofort zuschwoll, ich war derartige Prügel nicht gewöhnt. Sie meinte nur, wenn ich jeden Tag Prügel bekäme, schmerze es nicht mehr so sehr, und dann grinste sie. Meine Schwestern hatten Mühe ihre »Charni Rachel« wiederzuerkennen. Was war passiert? Kurz vor dem Zählappell hatte ich mich von der Gruppe entfernt und war in die Baracke zurückgekehrt. Der Grund dafür war, dass ich im Lager nach den ersten Wochen starke Zahnschmerzen bekommen hatte. An jenem Tag waren die Schmerzen besonders groß und kaum auszuhalten. Zu Hause hätte mein Vater den Zahn mit einem Bindfaden vertäut und herausgezogen. Das versuchten wir auch, doch keines der Mädchen war kräftig genug. Der Zahn ließ sich nicht bewegen, die Schmerzen blieben. Als die Blockälteste mich beim letzten Kontrollgang in der Baracke erwischte, wurde sie jähzornig und hieb auf mich ein.

Es war ein ungeschriebenes Gesetz, dass der Block tagsüber nicht betreten werden durfte, er war nur zum Schlafen da. Einen Zählappell zu verpassen war, wie alles, was man im Lager auf eigene Faust unternahm, strengstens verboten und absolut lebensgefährlich. Ein Mädchen, das den Appell schwänzte, wurde auch für die Blockälteste Iriska zur Gefahr, wenn sich herumsprach, dass sie »ihre Häftlinge« nicht im Griff hatte. Kurz nach diesem Zwischenfall schob mich Sarah auf dem Platz vor unserer Baracke in eine der hinteren Reihen, packte mich unter den Armen und hielt mich so gut es ging fest, sodass ich nicht aus der Reihe fiel. Hätte Mengele mich in meinem zerbeulten Zustand gesehen, bin ich mir nicht sicher, wie er reagiert hätte. Vermutlich hätte er mich mitgenommen und meine Schwestern hätten mich nie wiedergesehen.

Ich kann mich an ein Gespräch mit Iriska erinnern, in dem sie uns Schwestern erzählte, dass sie bereits seit vier Jahren im Lager Dienst schob. Was eine enorm lange Zeit für Auschwitz war, kaum jemand hielt so lange durch, auch nicht als Funktionshäftling. Sie meinte: »Was beklagt ihr euch? Ihr habt es die letzten Jahre doch gut gehabt. Ihr habt *Gefilte Fisch* gegessen, während ich hier drinnen im Lager bei Suppe und Brot gesessen habe.« Sie beneidete uns offensichtlich um die Freiheit, die wir noch hatten, während sie schon im Lager war. Heute bin ich überzeugt: Diese Frau kannte die Auschwitz-Gesetze besser als jede Einzelne von uns. Sie führte deshalb ein so strenges Regiment in ihrem Block, weil sie sich verantwortlich fühlte für die Mädchen und Frauen. Ich bin überzeugt davon, dass sie uns beschützen und niemanden an Mengele verlieren wollte. Schon gar nicht deshalb, weil wir uns nicht an die Regeln hielten, so wie ich, was für gewöhnlich einem Todesurteil gleichkam.

Aber wer weiß schon, was sie wirklich dachte, wer sie wirklich war, tief in ihrem Innern. Die Gegensätze jedenfalls waren verstörend: Der freundliche Herr Mengele lächelte sanft und war ein Massenmörder. Iriska hatte sich im Lager über die Jahre in ein menschliches Ungeheuer verwandelt und rettete dennoch die Leben vieler. Gut und Böse waren an einem Ort wie Auschwitz nicht so fein säuberlich getrennt, wie man das gemeinhin glauben möchte. Entscheidend waren für mich die Beweggründe, warum beide handelten wie sie handelten: Mengele wollte töten, Iriska nicht. Wäre ich Iriska nach meiner Befreiung noch einmal persönlich begegnet, wäre ich ihr um den Hals gefallen und hätte mich bei ihr dafür bedankt, dass sie so war, wie sie war. Sie hat sich eben nicht allen Auschwitz-Gesetzen unterworfen und genau deshalb so viele Leben gerettet. Auch die Leben von uns vieren.

15
GERUCH

Direkt gegenüber dem neuen Frauenlager im Sektor B lag Mitte 1944 das sogenannte »Zigeunerlager«. Ich sage das mit aller Vorsicht und Sensibilität. Natürlich weiß ich, dass »Zigeuner« ein Schimpfwort ist, das Lager hieß damals aber so. Dort waren Sinti und Roma untergebracht, die in unserer Heimat Rumänien eine eigene ethnische Gruppe bildeten. Wir vier jüdische Schwestern beneideten die Sinti- und Roma-Frauen des Familienlagers anfangs darum, wie sehr sie noch sie selbst sein durften. Wir verstanden es einfach nicht. Die Familien wurden dort offensichtlich nicht getrennt, die Frauen durften ihre Haare behalten und ihre eigenen Kleider tragen, keine von ihnen wurde zwangsrasiert, soweit ich das sehen konnte. Zuweilen hatte ich auch den Eindruck, dass sie uns auslachten, weil wir in unseren Anstaltsklamotten ja auch wirklich schäbig und lächerlich aussahen. Wir hatten sie zu früh beneidet, auch weil wir die Auschwitz-Gesetze falsch interpretiert hatten. Eines Nachts hörten wir entsetzliche Schreie von gegenüber, von jenseits des Zauns. Kinderschreie. Frauenschreie. Männerschreie. Panische Schreie. Hysterisches Gewimmer. Flehende Rufe. Dazwischen typisches Nazigebrüll. Es müssen Hunderte gewesen sein, die gleichzeitig geschrien haben. Ihre Pein wollte einfach kein Ende mehr nehmen. Die nackte Angst, die ganze Nacht. Sie breitete sich aus, kroch durch den Zaun zu uns in die Baracke, keine von uns machte ein Auge zu. Wir bibberten auf unseren Planken, niemand wusste, ob wir gleich die Nächsten sein würden, die Grund hätten, um ihr Leben zu schreien. Und irgendwann, als der Morgen graute, wurde es plötzlich ganz still.

Am nächsten Morgen, nach dem Appell, traten wir an den Zaun, der die Lager teilte, und sahen: Das Lager war evakuiert, leer geräumt, niemand war mehr zu sehen. Als hätten sich die Menschen von Gegenüber in Luft aufgelöst. Doch in der Luft hing noch das erstickte, verzweifelte Klagen der vergangenen Nacht. Im Nachhinein habe ich gelernt: Die SS hatte für das, was in der Nacht geschehen war, für das, was wir nur gehört, nicht aber gesehen hatten, ein typisch deutsches Wort: Räumungsbefehl. Das klingt so schön ordentlich und aufgeräumt. Doch die tatsächlichen Geschehnisse jener Nacht waren nicht ordentlich und aufgeräumt gewesen, sondern chaotisch und verzweifelt, brutal und menschenverachtend, daran änderte auch keine Amtssprache etwas, die aus einem Verbrechen einen Verwaltungsakt zu machen versuchte. Wir standen am Begrenzungszaun. Von unserem Platz aus gesehen reichte ein einziger Blick nach links oben, um das Schicksal der Sinti und Roma erahnen zu können. Ich weiß heute, ihr Lager lag direkt neben Gaskammer und Krematorium Nummer 3. Damals sah ich, der Schornstein rauchte an diesem Tag den ganzen Tag hindurch. Wie er immer den ganzen Tag hindurch rauchte, wenn man sich dessen nur bewusst wurde. Ob die Sinti- und Roma-Frauen wussten, dass man ihnen einen Teil ihrer Würde nur deshalb etwas länger gelassen hatte, weil sie schneller als die anderen ihr Leben verlieren würden? Dass es sich, so muss man es sich heute wohl vorstellen, für die SS gar nicht gelohnt hätte, sie der ganzen Aufnahme- und »Sauna«-Prozedur zu unterziehen, weil sie dafür gar nicht lange genug im Lager und am Leben bleiben würden? Als Adolf Eichmann, einem der Hauptverantwortlichen der Vernichtungslogistik, 1961 in Jerusalem der Prozess gemacht wurde, da gruselte sich die Welt über die kalte, nüchterne Effizienz, mit der die Nazis den Massenmord an Juden und »Zigeunern« organisiert hatten. Das war nun ein plakatives Beispiel dafür, was sie unter effizienter Mordverwaltung verstanden. Auch diese Sinti und Roma wurden auf Basis ihrer Kosten-Nutzen-Bilanz vernichtet. Anders als wir rechneten sie sich offenbar nicht mehr. Am Morgen danach hallten die Schreie der Familien, der Frauen und Kinder in meinen Ohren nach und vom verdunkelten Himmel regnete es Asche. Menschliche Asche. Es war ein ganz normaler Tag in Auschwitz im Sommer 1944.

Es hat lange gedauert, bis mir überhaupt aufgefallen ist, dass die Sonne während meines Aufenthalts in Auschwitz von Mitte Mai bis Ende September 1944 so gut wie nie zu sehen war. Zumindest kann ich mich an keinen hellen, sonnigen, warmen Tag erinnern, obwohl ich ja den Sommer hier »verbrachte«. Wie das klingt – Sommer in Auschwitz? Auch an eine sprießende Vegetation kann ich mich nicht erinnern. Es gab keine Sträucher und keine Bäume, die Blüten und Früchte trugen, keine frische Erde, die nach Erde roch, kein duftendes Gras, wie ich es aus meiner Kindheit in Unterwischau kannte, keine Singvögel, die ein Liedchen trällerten, keine Bienen, die summten, keine Rehe, die über das Gelände sprangen. Dabei gab es ausgedehnte Wiesenflächen und zahlreiche Bäume und Sträucher auf dem 136 Hektar großen Areal des Vernichtungslagers. In den Wäldern ringsherum gab es ganz viele Rehe, die ich nahezu bei jedem meiner späteren Besuche auf dem Gelände habe herumspringen sehen. Nur: 1944 habe ich nichts sprießen, singen, summen, herumspringen sehen. Wo war all das Leben hin?

1944 war Auschwitz ein toter Ort. Der Rauch der Schornsteine legte sich wie Smog über das Lager und verdunkelte schon tagsüber den Himmel. Tatsächlich haben die Schornsteine, als ich mir ihrer schließlich nach ein paar Wochen bewusst wurde, während meines Aufenthalts die ganze Zeit geraucht. Die Menschen starben wie die Tiere – und die Tiere wussten das. Sie wussten es früher als wir. Wenn der Himmel erstickt, dann verstummen auch die Vögel. Man kennt das von anderen Katastrophenszenarien, etwa einem Tsunami. Kurz bevor die tödliche Welle an Land aufschlägt und alles zerstört, ergreift die Natur die Flucht. Die Tiere wissen es besser, sie bringen sich in Sicherheit. In den Minuten vor der totalen Zerstörung hält der natürliche Lauf der Dinge wie von Zauberhand an. Es herrscht sprichwörtliche Totenstille. So war es in Auschwitz im Sommer 1944 die ganze Zeit. Es scheint fast so, als ob die Nazis damals sogar in der Lage gewesen wären, die Natur einfach anzuhalten oder auszuschalten. Als ich 1993 mit meiner ersten Auschwitz-Delegation wieder hierherkam, war alles wieder angeknipst. Gräser, Blumen und Pflanzen aller Art blühten, eine Rehfamilie sprang mit ihren Kitzen über die Wiesen des ehemaligen Vernichtungslagers, so, als wäre es eine Wiese wie jede andere.

»Wofür sind die Kamine?«, fragte Sarah eines Tages, die als Einzige von uns etwas Deutsch sprach und sich ab und an mit einer Frau unterhielt, die zum SS-Gefolge gehörte. »Was raucht da so?«, ließ Sarah nicht locker. Die Frau erklärte ihr, dass es sich um die Wäscherei handele.

»Richtig«, erwiderte Sarah ironisch, »das hatte ich ganz vergessen. Wir bekommen ja täglich frische Anziehsachen bereitgestellt.« Wir drei anderen standen dabei und schauten beschämt und ängstlich zu Boden. Die Aufseherin hatte offenbar nicht gemerkt, dass Sarah sich über sie lustig gemacht hatte, und ließ uns stehen. Unser Blick zum Boden, der Blick an unserer völlig verdreckten Häftlingskleidung entlang, offenbarte allerdings, dass sie es war, die sich einen schlechten Scherz erlaubt hatte. Unsere Häftlingskleidung, die in den vier Monaten im Lager kein einziges Mal gewaschen und nie gewechselt wurde, stank nach Dreck, Schweiß und Fäkalien, dass man die eigene Nase am besten ganz weit oben trug. Ich ekelte mich vor mir selbst, und auch wenn mir das heute unbegreiflich erscheint, war es mir möglich, diesen Ekel tagtäglich zu verdrängen.

Diese SS-Aufseherin hatte sich über uns lustig gemacht, nicht umgekehrt. Was war eine Wäscherei in einem Vernichtungslager anderes als ein Ort, an dem alles Lebendige chemisch vernichtet und restlos »gesäubert« wurde? Eine Gefangene, die schon seit einigen Jahren im Lager lebte und immer noch am Leben war, bekam unsere Unterhaltung mit und mischte sich ein. »Seht nur genau hin, hier werden eure Eltern vergast und verbrannt«, sagte sie zu einer Gruppe von weiblichen Häftlingen, die um sie herumstanden. Dabei deutete sie mit der Hand zum Schornstein eines der Krematorien. Ich stand am Rand der Menschentraube und beobachtete, wie die Umstehenden unruhig wurden, zu kreischen anfingen und auf die Frau einschlugen. Die Hand- und Faustschläge wurden immer heftiger, sie wollten ihr den Mund verbieten. Wir alle waren davon überzeugt, dass sie log. Auch Sarah ging auf die Frau los. »Bist du verrückt?«, schrie sie sie an. »Wir leben im

20. Jahrhundert, wir sind keine Barbaren mehr. Das ist unmöglich! Du lügst!« Sarah war außer sich, so in Rage hatte ich sie nie zuvor gesehen. In meiner Erinnerung war dies das einzige Mal, dass unsere Anführerin die Beherrschung verlor.

Auch wir wollten nicht hören, was uns unglaublich erschien. Man glaubt eben gerne das, was man auch glauben will. Und wer will schon hören, dass die Eltern vor den eigenen Augen vergast und verbrannt wurden und im Ascheregen auf uns niedergefallen sind? Und wer weiß, schon bald würde man selbst an der Reihe sein? Niemand wollte sich vorstellen, dass es wahr sein könnte. Mit jedem Schlag mehr hofften diese Frauen, dass sie die Lüge zerstören könnten. Eine Lüge, vor der wir uns so sehr fürchteten als wäre es die Wahrheit, die ganze Wahrheit, so ungeschminkt und brutal, dass sie jedes menschliche Vorstellungsvermögen überstieg. Wie fanatisch schlugen die Umstehenden auf die Frau ein, bis die Blockälteste dazwischenging. Und vom Himmel regnete es Ascheflocken um Ascheflocken. Und die Luft roch nicht nach den blühenden Wäldern jenseits des Lagerzauns, nicht nach frischem Gras, nicht nach dem Duft des Sommers, sondern nach verbranntem Hühnchen. Die Lüge, ob wir sie nun glauben wollten oder nicht, war gar keine Lüge. Das allerdings wurde mir erst viel später bewusst. Die junge Frau hatte die Wahrheit gesagt.

Es gab in Auschwitz diesen ganz bestimmten, eigentümlichen Geruch. Das Verrückte war, als ich da war, habe ich ihn nicht riechen können. Zumindest nicht bewusst. Er war da, aber ich realisierte ihn nicht. Nicht während meiner Zeit im Lager. Da ich alles Sinnliche unterdrückte, war auch mein Geruchssinn wie ausgeschaltet. Das half mir auch dabei, mich selbst nicht riechen zu müssen. Ich atmete, um zu überleben, aber ich roch nichts mehr. Riechen, schmecken, fühlen, das schien mir unangebracht, zu elitär, zu nobel für einen Ort wie Auschwitz. Man geht ja auch auf keine Bahnhofstoilette, um zu riechen. Die menschlichen Sinne sind Luxus, sie machen das Leben erst betörend und intensiv, etwa wenn man den Duft seines Liebsten wahrnimmt, während er einem ein Kompliment ins Ohr säuselt, wenn man sich das Essen in einem guten Restaurant auf der Zunge zergehen lässt oder wenn der Vater einem als Kind über den Kopf streicht. Nur welcher Gefangene wollte Auschwitz noch intensiver erleben, als er es ohnehin musste?

Etwa ein Jahr nach meiner Befreiung, im Sommer 1946, kam mein Geruchssinn wieder. Ich war inzwischen bei Onkel Philip in Budapest untergekommen. Noch immer plagten mich Zahnschmerzen, mit denen ich mich seit Auschwitz herumärgerte und die nicht besser geworden waren. Offenbar waren sie auf meine Mangelernährung zurückzuführen gewesen. Philip hatte genug von meinem Gejammer, gab mir Geld und schickte mich zum Zahnarzt. Der Arzt fing an zu bohren und er bohrte tief. Und wenig später bohrte er in den Knochen meines Unterkiefers. Die Nervenbahnen in Knochen und Zahnfleisch meldeten mir umgehend einen erst stechenden, dann heftig pochenden Schmerz zurück. Ich zuckte zusammen und schrie auf. Ich schreckte vor dem Bohrer zurück und nach dem ersten Schrecken kroch mir ein Geruch in die Nase, der mir allzu bekannt vorkam. Ein angebohrter, angekokelter menschlicher Knochen entwickelt einen übelerregenden, eigenartig süßlichen Geruch, der mich stark an verbrannte Hähnchenknochen erinnerte.

Ich musste nicht lange überlegen, woher ich ihn kannte. Ein Geruch, den ich seit Kriegsende mit allen Sinnen unterdrückt hatte und der jetzt wieder da war. Mit einem Schlag. Der Geruch meines angebohrten Kieferknochens erinnerte mich an den Geruch, der in Auschwitz aus den Schornsteinen kroch. Ein Geruch, der nur dadurch zu erklären war, dass man mit Gas gefüllte menschliche Körper in Hochleistungsöfen hunderttausendfach und im Akkord verbrannte und als Asche auf einen ganzen Landstrich regnen ließ. Auschwitz-Experten sagen, Asche ist grundsätzlich geruchlos, nicht aber die Gase, aus denen der menschliche Körper zu großen Teilen besteht,[1] und die bei der Verbrennung freigesetzt werden. In Auschwitz kam mit Zyklon B noch ein weiteres Gas, ein Giftgas, hinzu. Wenn man es also genau nimmt, sorgte dieses einzigartige Gemisch für die Freisetzung dieses ekelerregenden süßlichen Geruchs im Lager, den man, einmal gerochen, nie wieder aus der Nase bekam. Ein Geruch aus Teufels Küche, den es so nur einmal in der Geschichte der Menschheit gegeben hat, im besetzten Polen zwischen Anfang September 1941 und Mitte Januar 1945. Viele Jahre später hat mir die Auschwitz-Überlebende Judith Leffler-Kohn erzählt, die wie ich zu den 750 Duderstadt-Arbeiterinnen gehörte und mit mir in Theresienstadt befreit wurde, dass sie bis heute immer ein Parfumspray in ihrer Handtasche mit sich herumträgt, aus Angst davor, den Auschwitz-Tod noch einmal riechen zu müssen – so wie ich 1946 in Budapest.

Der Angstschweiß stand mir unmittelbar auf der Stirn. Der Zahnarzt, der wahrscheinlich lange keinen derartig

---

1 Die fünf gasförmigen Stoffe Sauerstoff, Wasserstoff, Stickstoff, Chlor und Fluor.

verängstigten Patienten mehr vor sich auf dem Stuhl sitzen hatte, wollte mich beruhigen und versuchte, mich in den Arm zu nehmen. Ich stieß ihn mit beiden Füßen von mir und rannte hysterisch aus seiner Praxis. Ein Jahr nach meiner Befreiung waren meine betäubten Gefühle und ich das erste Mal wieder nach Auschwitz zurückgekehrt.

16
TOD

Am Tag nach dem Barackenwechsel von Abschnitt A zum Abschnitt B des Lagers in Birkenau, in dem ein neuer Teil des neuen Frauenlagers errichtet worden war, ordnete Josef Mengele eine weitere Selektion an. Wieder mussten sich alle nackt ausziehen und auf ihn warten. Irgendwann kam »Onkelchen« mit seinem besten Freund, dem schwarzen Stock in seiner rechten Hand. Bei Sarah und Riku schwenkte er den Stab nach links, Esther und mich schickte er nach rechts. Von einer Sekunde auf die nächste war, ohne jede Vorwarnung, das eingetreten, wovor wir uns immer so gefürchtet hatten: Eine Mengele-Selektion hatte uns Schwestern getrennt. Aber was genau würde das für uns vier bedeuten? Nur eine räumliche Trennung, verschiedene Baracken, sollten zwei von uns in ein Arbeitskommando? Oder hieße es das Unaussprechliche, das gar nicht Vorstellbare? Sollten zwei von uns in den Tod und die anderen zwei einfach so weiterleben als wäre nichts gewesen? Wie stellte sich Mengele das vor? Esther und ich setzten uns nach der Selektion auf einen nahe gelegenen Stein und streiften unsere Häftlingskleidung wieder über. Esther hatte ihre Zuversicht immer noch nicht verloren, mir aber war nun alles gleichgültig.

Ich erinnerte mich in dem Moment daran, wie viele junge Frauen aus lauter Verzweiflung in den Lagerzaun rannten. Das geschah beinahe täglich. Nachdem im Sommer 1944 immer mal wieder Gerüchte aufgekommen waren, dass die Alliierten das Lager bombardieren würden und eine Befreiung unmittelbar bevorstünde, eine Befreiung, die dann doch nie eingetreten war, hatten es viele einfach nicht mehr ausgehalten. Die endlose Ungewissheit, die tägliche Angst, die Perspektivlosigkeit des eigenen Lebens hatte ihnen jeden Mut genommen. Der 220-Volt-Starkstromzaun verwandelte den Körper eines Menschen in einen schwarzen Klumpen, das konnten wir gerade morgens oft sehen, ehe das Aufräumkommando der Häftlinge die traurigen menschlichen Überreste beseitigen musste. Es war abstoßend und grausam, doch mit der Zeit gewöhnte man sich auch daran. In Auschwitz musste man sich an alles gewöhnen.

Ich war mir vollkommen im Klaren darüber, dass ich nicht mehr leben wollte, sollten wir vier auseinandergerissen werden. Da ich jetzt auch nicht mehr auf Riku aufpassen konnte, wie ich es uns allen, und vor allem mir selbst versprochen hatte, hatte ich nicht nur meine wichtigste Aufgabe im Lager verloren, sondern auch meinen letzten Lebenssinn. Wie wichtig es für mich persönlich war, auf Riku achten zu können, wurde mir jetzt erst so richtig bewusst. Es ging nicht nur darum, selbst zu überleben, ich hatte eine Funktion in Auschwitz. Riku war seit jeher die Fragilste von uns vieren. Die Sorge um sie lag in meinen Händen. Sie war mein Antrieb, die größte denkbare Motivation, die mich alle Entmenschlichungen im Lager irgendwie ertragen ließ. Ich musste funktionieren, um das Leben von Riku retten zu können Aber auch das war jetzt vorbei. Ich konnte Riku nicht mehr retten, um die ich mich in all den Jahren gekümmert hatte. Ich hatte versagt. Ich war an meiner Aufgabe gescheitert und damit war auch mein Überlebenswille wie weggeblasen. Gut zwei Monate nach meiner Ankunft in Auschwitz war ich fest entschlossen: Ich gehe in den Zaun!

Ich erhob mich von dem Stein, auf dem wir saßen, zu Esther sagte ich kein Wort. Es war meine ganz persönliche Entscheidung. Ich sah mich ein letztes Mal um. Ich sah nach rechts, in die Richtung, in die ich loslaufen wollte. Bis zum Zaun war es von hier aus die kürzere Strecke, vielleicht 150 Meter, das konnte ich schaffen. Nach links wäre es viel zu weit gewesen. Ich blickte noch einmal nach rechts auf meine geplante Laufstrecke, als sich mit einem Mal, quer über den Weg, Häftlinge entkleideten und zu einer neuen Schlange von Mädchen und jungen Frauen formierten. Offenbar wurde eine weitere Selektion vorgenommen. Blitzartig stieß ich Esther in die Seite. Wenn ich mich richtig erinnere, sagte ich wörtlich zu ihr: »Die SS braucht immer noch mehr Arbeitskräfte.« Und dann forderte ich sie auf, sich schnell wieder auszuziehen. Instinktiv schlossen wir uns dieser neuen Menschenschlange an, einer Schlange, die auf wundersame Weise dazu bestimmt war, am Leben zu bleiben.

Bis heute ist es mir ein Rätsel, warum wir nicht sofort Richtung Gaskammer eskortiert wurden, warum niemandem auffiel, dass Esther und ich, im allgemeinen Chaos offenbar unbemerkt die Selektionsgruppen wechseln konnten. Ich habe nie von einer vergleichbaren Situation in Auschwitz gehört. In meiner Erinnerung hat es sich aber genauso zugetragen. Das passiert wohl nur an einem Ort wie Auschwitz-Birkenau: In der einen Sekunde wählt man ganz klar und bewusst den eigenen Tod, nimmt den Selbsttod in Kauf, weil die Verzweiflung so groß ist, dass einem das eigene Sterben keinen Schrecken mehr einjagen kann.

Um im nächsten Augenblick, in allerletzter Sekunde, diesen einen, winzigen Funken zuzulassen, doch noch einmal nach dem Leben zu greifen, egal wie schlimm es im Lager auch gewesen sein mochte, egal wie verzweifelt man eben gerade noch war, egal wie klein die Hoffnung auch sein mochte, dass wir alle vier am Leben bleiben und überleben würden. Einfach deshalb, weil das Leben die ungleich stärkere Energie ist im Vergleich zum Tod. Das galt für mich damals, als junges Mädchen im Lager, und das gilt erst recht heute als über 90-Jährige in der Rückschau auf mein gelebtes Leben. Die Sehnsucht nach Leben ist die stärkste Energie überhaupt, stärker als jede andere Emotion, als jeder andere Seelenzustand. Spürbar wird das vor allem dann, wenn man nicht nur im Leben selbst, sondern auch im Leiden einen Sinn entdecken kann, so hat es der Psychologe Viktor E. Frankl beschrieben. Solange wir vier am Leben waren, so lange war mein Leiden sinnvoll. So sah ich das.

In der neuen Baracke fielen wir vier Schwestern uns vor Erleichterung in die Arme. Wir haben nicht gejubelt oder geschrien vor Glück, wir haben uns fest aneinandergedrückt und lange innegehalten. Ein tiefes, langes Schluchzen ging durch uns hindurch – in aller Stille. Wir hatten nur einen einzigen, weiteren Tag in Auschwitz geschafft, schon morgen konnte alles anders, schon morgen konnte alles vorbei sein. Doch diesen Tag hatten wir alle vier überlebt und darauf waren wir stolz. Unser geschwisterlicher Mut auf Hoffnung war zusammen so viel stärker als jede Einzelne von uns ihn hätte aufbringen können. Ich fürchtete mich vor dem Gedanken, aber ich konnte ihn jetzt nicht mehr verdrängen: Wir würden es nur gemeinsam schaffen oder gar nicht.

Als Folge unserer lebensrettenden Selektion wurden

Esther und ich in unser erstes Arbeitskommando eingeteilt. Ich weiß nicht warum, aber bis dahin war uns jede Arbeit im Lager untersagt gewesen, wie übrigens vielen Frauen in unserer Baracke. Das Einzige, was wir zu tun hatten, war, die beiden stundenlangen Zählappelle zu überstehen, die zusammengenommen auch einen rund achtstündigen Arbeitstag ergeben hätten. Erst gegen Ende des Krieges wurden in Auschwitz auch die Frauen zu schwerer körperlicher Arbeit gezwungen. So wie wir jetzt. Esthers und meine Aufgabe bestand nun darin, mit unseren kleinen Händen Bauziegel von Birkenau in das etwa drei Kilometer entfernte Stammlager Auschwitz I zu schleppen – und wieder zurück. Eigentlich eine typische Männerarbeit, aber, soweit ich mich erinnere, störte ich mich wenig daran. Das abgemagerte Mädchen Rachel, das die Nazis aussortieren wollten wie einen abgelaufenen Joghurt, fühlte sich zu der Zeit immer noch in einer akzeptablen körperlichen Verfassung. Wahrscheinlich aber war es eher so: Ich weigerte mich von nun an wahrzunehmen, wie schlecht es mir wirklich ging. Nach meiner Todessehnsucht und der nicht mehr geglaubten Errettung aller vier Schwestern war ich nicht mehr bereit, mich immer noch weiter erschüttern und erniedrigen zu lassen. Realitätsverweigerung als Überlebenstechnik. Wenn man so weit war, dann schien alles aushaltbar, egal was noch kommen sollte.

Um arbeiten und das Lager verlassen zu dürfen – und, vor allem darum ging es der SS, um nicht davonlaufen zu können – bekamen wir Cahana-Schwestern nach dieser Selektion vier fortlaufende Häftlingsnummern auf die Innenseiten unserer linken Unterarme tätowiert. Sarah A-13559; Riku A-13560; Esther A-13562 und ich davor die A-13561. Eine Nummer, die seitdem zu mir gehört und die ich mir auch nicht habe wegmachen lassen, wie viele andere Überlebende. Eine Nummer, die mich, in meinen Augen, heute nicht mehr stigmatisiert, die mich nicht mehr entstellt, die mich nicht mehr diskriminiert, eine Nummer vielmehr, die zeigt aus welchem Holz ich geschnitzt bin. A-13561 ist der Beweis, dass ich überlebt habe. Meine Nummer für das Universum: Hallo, es gibt mich noch!

17
SCHMUTZ

Ende September 1944 sollten wir Auschwitz verlassen. Die viereinhalb Monate dort kamen mir vor wie vier endlose Jahre, in denen die Jahreszeiten ausgelöscht waren. Der Himmel zeigte sich in einer einzigen konturlosen Graustufe, es fehlten Licht und Farbe, jede Helligkeit und Wärme, es fehlten jeder Sinn und Inhalt. In den letzten Wochen unseres Aufenthalts sahen wir immer wieder Flugzeuge über dem Camp kreisen und wir Schwestern wandten uns flehentlich nach oben: »Bitte, bitte, lasst Bomben auf diesen Platz regnen!« Wir wären alle gestorben, es wäre uns egal gewesen. Auschwitz musste zerstört werden, dafür hätten wir unser Leben gern gelassen. Es wäre ein Schlussstrich gewesen, der Klarheiten geschaffen hätte. Lieber ein Schrecken mit Ende ..., Sie kennen den Spruch. So aber wusste auch weiterhin keine von uns, was als Nächstes kommen würde. Keine wusste, ob sie den Nachmittag, den Abend, den nächsten Tag überstehen würde oder die nächste Woche. Jede Selektion konnte unsere letzte sein. Ein Leben wie Malen nach Zahlen, man bewegte sich von einem Punkt zum nächsten, nur dass am Ende das große Bild nie erkennbar wurde, weil von vornherein jeglicher Sinnzusammenhang fehlte, da das Ziel ausschließlich in unserer Vernichtung bestand.

Wenn dem Menschen jegliche Perspektive fehlt, auf die er hinarbeiten, hinleben kann, für die sich zu leben lohnt, dann beginnt er zu resignieren. Das, was ihn ausmacht, was ihn ausfüllt, wird zur bloßen Fassade; der innere Kern, sein Herz, sein Verstand, in Summe seine Menschlichkeit beginnt zu verfaulen. Er lebt wie ein Tier, nur mit ein paar letzten Restfunken Reflexion versehen, die ihn am Ende noch schmerzlicher stürzen lassen als jedes Tier. Einfach weil er tief in sich weiß, was noch möglich gewesen wäre. Tiere sind Instinkt-, aber keine reflexiven Wesen, sie haben schlicht keine Ahnung, keine Vorstellung von sich selbst, von ihrer »Persönlichkeit«, ihren Talenten, ihren Grenzen. Der Mensch im Konzentrationslager gibt auf, er lässt sich gehen, er vegetiert vor sich hin. Der österreichische Psychoanalytiker Viktor E. Frankl hat das nach seiner Auschwitz-Erfahrung genauso beschrieben, wie ich es selbst auch erlebt habe: Wie ich mich nach einiger Zeit in Auschwitz nicht mehr gefühlt habe. Ich habe nicht einmal mehr gespürt, dass ich nichts mehr fühlen konnte. Heute in der Rückschau wundere ich mich selbst, dass ich all das mitgemacht habe, dass ich einfach alles erduldet habe, ohne Widerrede, ohne Trotz, ohne Wut, aber es war so. Verstehen kann das nur, wer selbst im Lager war. Die Nazis haben sechs Millionen Juden getötet, aber davor haben sie sie zermürbt und zerrieben wie in einem riesigen Mörser. Ein Menschenmörser, nichts anderes war Auschwitz, dort haben sie uns unsere Würde, unsere Fantasie, unser Aufbegehren genommen, die uns doch erst zu Menschen machen und vom Tier unterscheiden.

Nach der Befreiung gab es Ende der 1940er-, Anfang der 1950er-Jahre im neu gegründeten Israel immer wieder Diskussionen darüber, warum wir uns nicht gewehrt haben, warum wir so mutlos gewesen waren, warum wir uns wie Schafe zur Schlachtbank haben führen lassen. Die Kritik richtete sich in erster Linie an die Überlebenden, aber auch unseren ermordeten Vater hat man persönlich dafür verantwortlich gemacht, seine Familie nicht besser geschützt und verteidigt zu haben. Wie konnten sie ihm nur so unsinnige Vorwürfe machen? Ich war wütend über diejenigen, die nicht dabei gewesen waren und sich dennoch ein Urteil erlaubten. Es waren unsere eigenen Leute, die uns Nachlässigkeit und Schwäche vorwarfen, ohne die Situation auch nur im Ansatz zu verstehen, ohne zu begreifen, wie unentrinnbar wir in der Falle saßen. Sie hatten keine Ahnung und sie beschämten uns ein weiteres Mal, so als hätte das, was die Nazis uns angetan hatten, noch nicht gereicht. Die Nazis hatten die Vorstellungskraft derer manipuliert, die von Krieg und Lagern verschont geblieben waren, und noch schlimmer, sie hatten sogar unsere eigene Vorstellungskraft manipuliert. Wie oft habe ich mir in den Jahren danach selbst gedacht, sie müssen uns ein Beruhigungsmittel in die Suppe getan haben, sonst hätten wir ja aufbegehrt und eine Revolte vom Zaun gebrochen. Warum haben wir nicht?

Eines Morgens, Ende September, wurde uns befohlen, den Viehzug an der Rampe in Auschwitz-Birkenau zu besteigen. Wir wurden nicht gefragt, ob wir das wollten, niemand sagte uns, wohin man uns bringen würde, wir hatten nichts zu packen, weil wir nichts weiter besaßen als das, was wir am Körper trugen. Den Mann mit dem schönen Gesicht und den täglich neu polierten schwarzen Lederstiefeln ließen wir zurück. Mengele hatte uns persönlich nichts getan, keine Experimente an uns durchgeführt wie an so vielen anderen, wie ich später erfuhr, uns am Ende nicht in den Tod geschickt, aber seine ausgefeilte Freundlichkeit an einem menschenverachtenden, todbringenden Ort wie diesem hier, musste jeden frösteln lassen, in dessen Brust noch ein Rest an Gefühl bestehen geblieben war. Ich war froh, endlich von ihm weg zu sein. Als Essensration für die, wie sich herausstellen sollte, mehrere Tage dauernde Zugfahrt Richtung Deutschland bekamen wir, die Auschwitz-Ausgehungerten, ungekochte Reiskörner, etwas Kaffeepulver und Zucker zugesteckt, jeweils in der Mengengröße eines Teelöffels. Viel mehr musste man über die Grausamkeit der SS nicht wissen. Offenbar machten sie sich einen Spaß daraus, dass wir Hunger litten und unser »Proviant« ohne heißes Wasser im Zug völlig nutzlos war. Zwischendurch hielten wir einmal kurz an einem deutschen Bahnhof. Das Wachpersonal im Zug waren SS-Leute, die uns provozierten und beschimpften. Einer bedrohte uns mit seiner Pistole. Daraufhin forderte er Sarah auf, ihm ein Lied zu singen. Sarah war sehr hübsch, offenbar gefiel sie ihm. Wenn sie es täte, würde er uns in Ruhe lassen, behauptete er. Und tatsächlich kannte Sarah ein deutsches Volkslied, das sie in Munkatsch öfter im Radio gehört hatte, und begann zu singen. Der Soldat war sichtlich überrascht, damit hatte er wohl nicht gerechnet. Um sich vor seinen feixenden Kameraden nicht zu blamieren, ließ er irgendwann von ihr ab. Wieder einmal hatte Sarah uns Schwestern aus einer brenzligen Situation gerettet.

Am Zielbahnhof angekommen, mussten wir das letzte Wegstück durch einen kleinen Wald zu Fuß gehen. Wie sich nun zeigte, waren wir zum Konzentrationslager Bergen-Belsen transportiert worden. Bergen-Belsen war erträglicher als Auschwitz, aber ein »Erholungslager«, wie manche es nannten, so weit würde ich dennoch nicht gehen. Das Lager galt Mitte 1944 als Verteilerstation für arbeitsfähige weibliche Häftlinge. Damals wusste ich das nicht, auch wenn es immer wieder Andeutungen vonseiten der SS gab, dass das Deutsche Reich auf unsere Arbeitskraft nicht verzichten konnte. In Bergen-Belsen war es deutlich kälter als in Polen, trotzdem wurden wir nicht in einer Baracke, sondern in einem riesigen Schützenzelt untergebracht, in dem es rein gar nichts gab. Kein Licht, keine Waschräume, keine Toiletten, dafür Löcher im Boden als Latrinenersatz. Ein Dutzend solcher Volksfestzelte standen dicht an dicht nebeneinander, nur dass sie diesmal eben nicht das Volk beherbergten, sondern den Volksfeind: uns Juden. In meiner Erinnerung mussten wir im Lager klammes Stroh sammeln, auf dem wir schlafen konnten, es hatte offensichtlich seit Tagen nachts draußen gelegen. Allerdings, und das war ein großer Unterschied zu Auschwitz, in Bergen-Belsen konnte man den Himmel sehen, er war blau und das Gras war grün und nicht grau und es stank auch nicht nach verkohlten Hähnchenknochen.

Auch Bergen-Belsen war ein typisches deutsches Konzentrationslager, allerdings eines, in dem zivilisatorische Errungenschaften vorkamen, die Auschwitz völlig fremd waren. Löffel und Geschirr zum Beispiel. Außerhalb des Zelts gab es einen Wasseranschluss, an dem ein Schlauch befestigt war. Drehte man den Hahn auf, kam kaltes, sauberes Wasser heraus. Eine Fata Morgana mitten in der deutschen Wüste. Sauberes, fließendes Wasser, auch das hatte es in Auschwitz nicht gegeben. Das fiel mir aber auch jetzt erst auf, wo ich wieder darauf zugreifen konnte. Ich fühlte mich wie im Hilton und wusch mir, gefühlt stundenlang, Gesicht und Hände. Tatsächlich war das streng reglementiert. Noch Jahre später fragte ich mich selbst: Wie hatte ich mich in Auschwitz ohne fließend Wasser überhaupt waschen können? Wie ging das? Es gab, natürlich, auch kein Toilettenpapier im Lager. Zur Säuberung nach

Verrichtung unserer Notdurft mussten wir uns an unseren Häftlingsuniformen schadlos halten. Ein Experiment, das ich nicht zur Nachahmung empfehlen kann. Wer sich tagtäglich derart schmutzig machen muss, dass er sich vor sich selbst ekelt, ist der noch Mensch? Fühlt er sich noch so? Ist die Scham darüber der Grund dafür, dass ich mich überhaupt nicht erinnern kann, in Auschwitz auch nur ein einziges Mal auf der Toilette gewesen zu sein? Ich weiß, es gab in unserem Block am hinteren Ende einen Raum mit Latrinen, aber war ich da auch nur ein einziges Mal drin? Kann man die Erinnerung an ein solch existenzielles, unleugbares menschliches Bedürfnis wie eine Toilette einfach so ausradieren? Auschwitz konnte.

Wenn mich meine Schwestern nach unserer Ankunft in Bergen-Belsen suchten, war die Wahrscheinlichkeit groß, dass ich am Wasserschlauch hing, um mich zu waschen. Ich wollte den Auschwitzdreck und den Auschwitzgestank von mir abwaschen. Es war in etwa so wie man das aus Hollywoodfilmen kennt, wenn sich das Opfer nach einer erlittenen Vergewaltigung stundenlang duscht, um in größter Verzweiflung seine Schändung und Beschmutzung abzuwaschen, in der Hoffnung, danach sei alles wieder so wie es vorher war. Doch auch den Auschwitzdreck konnte ich nicht abwaschen, das Erlebte blieb an mir haften und kleben wie ein eingetretener Kaugummi an der Schuhsohle. Ich wusch und wusch mich und blieb doch schmutzig und voller Scham.

Unser Schlafplatz war das auf Holzplanken verstreute Heu. Wir mussten ihn uns diesmal zu viert teilen, was uns Schwestern entgegenkam. Zu den vier jungen Frauen, die den Platz neben uns besetzten, gehörte Eva, mit der ich mich in den ersten Tagen im neuen Lager angefreundet hatte. Die aufgeweckte Eva kam ebenfalls aus Rumänien, war etwa gleich alt wie ich und wir verstanden uns auf Anhieb. Wir machten uns gegenseitig Mut und träumten davon, endlich nach Hause zu dürfen. Bei aller Gewalt, die auch sie erlebt hatte, war sie ein ebenso freundlicher wie liebenswerter Mensch geblieben. An einem Morgen kam eine der Frauen, mit denen Eva sich den Schlafplatz teilte, auf die Idee, das Handtuch, das man zu viert benutzen musste, in vier etwa gleich große Stücke zu zerschneiden. Niemand dachte sich groß etwas dabei, es war nur ein Handtuch. Als ein SS-Offizier ins Zelt kam und das zerschnittene Stück Stoff sah, brüllte er sich auf der Stelle in Rage. »Ihr habt das Eigentum des Deutschen Reichs zerstört!«, bellte der SS-Mann, als hätten sie ein Kapitalverbrechen begangen. Dann nahm er ohne weitere Vorwarnung seine Pistole aus dem Halfter und richtete sie aus allernächster Distanz auf die Köpfe der vier Frauen. Der letzte Schuss traf Eva mitten ins Gesicht. Blutüberströmt sackte sie vor mir zusammen. Es war das erste Mal, dass ein Mensch unmittelbar vor meinen Augen ermordet wurde. Es war nichts anderes als das: eine Hinrichtung. Für den SS-Mann schien es offenbar Routine zu sein, er verließ den Ort des Verbrechens, als wäre nichts weiter geschehen. Ich beugte mich zu Eva hinunter, berührte sie an den Armen, sie war noch ganz warm, womöglich atmete sie noch. Aber ich wusste nicht, ob sie tatsächlich noch am Leben war und was ich für sie tun konnte. Ich flüsterte ihren Namen: »Eva«, »Eva«, die Tränen schossen mir aus den Augen und fielen auf ihren leblosen Körper. Tränen sind Leben, aber meine Tränen konnten sie nicht mehr zum Leben erwecken. Als der Schock eintrat, trennte er mich und meine Gefühle von der Außenwelt. Gerade hatten wir uns noch unsere Zukunft in Freiheit ausgemalt, schon jetzt hatte Eva keine mehr. Keine Freiheit mehr und keine Zukunft.

Etwa zum gleichen Zeitpunkt knackte und dröhnte die Lautsprecheranlage. Eine männliche Stimme forderte alle Frauen im Befehlston auf, sich für den nächsten Zählappell aufzustellen. Sarah zerrte mich am Arm und redete auf mich ein. »Rachel, wir müssen los! Vergiss nicht, was wir Mutter versprochen haben. Du erinnerst dich?« Natürlich erinnerte ich mich, wie hätte ich das vergessen können. Es war das Letzte, was Mama zu uns gesagt hatte, bevor sie ins Gas ging. Damals hatte ich nicht verstanden, was sie damit meinte, aber hier und jetzt ergaben ihre Worte plötzlich Sinn: »Wenn sie dir sagen, du sollst arbeiten, dann wirst du freiwillig und gerne arbeiten. Du tust, was sie dir sagen!« Das waren ihre Worte. In Bergen-Belsen gab es keine Arbeit für uns, aber wir mussten funktionieren. Wir mussten tun, was sie uns sagten, sonst würden wir sterben. Mama hatte das früher verstanden als jede Einzelne von uns.

Und dennoch: Wie konnte ich Eva, meine neue Freundin, einfach so zurücklassen? Ich schrie jetzt hysterisch herum, ich schrie Sarah und meine Schwestern an. »Wir können sie doch so nicht liegen lassen! Wir müssen ihr helfen!« Immer wieder: »Wir müssen ihr helfen!« Sarah packte mich an den Schultern, wir waren spät dran, ihre Worte überfuhren mich regelrecht, wie so oft: »Wir können ihr nicht mehr helfen! Es ist zu spät! Denk jetzt an Mama, sie hat es so gewollt.« Dann zog sie mich aus dem Zelt hinüber zum Appellplatz. Hätte uns ein SS-Mann länger als erlaubt im Zelt angetroffen, hätte uns allen Evas Schicksal blühen können. Wieder einmal hatte Sarah gewusst, was richtig für uns war, wieder einmal hatte sie uns rechtzeitig in Sicherheit gebracht und unser Leben gerettet. Aber der Verlust dabei war gewaltig. Der Verlust eines geliebten Menschen, der Verlust der eigenen Menschlichkeit ist ein großes Opfer.

18
WUNDER

Nach gut einem Monat, es war Anfang November 1944, brachte uns die SS mit einem Güterzug nach Duderstadt, einer Außenstelle des Konzentrationslagers Buchenwald. Wir vier waren zur Arbeit in der Munitionsfabrik »Polte« vorgesehen. Unser Leben unterschied sich nun deutlich von dem Leben, das wir in Auschwitz gewohnt waren. Wir waren insgesamt 750 Frauen, die in einem Barackenlager auf dem Grundstück einer Möbelfabrik am Stadtrand untergebracht wurden. Die zwei Baracken, die offenbar extra für uns gebaut worden waren, waren von einem etwa zweieinhalb Meter hohen, elektrisch geladenen Stacheldrahtzaun und einem Bretterverschlag umgeben, sodass man von außen nicht sehen konnten, was sich dahinter verbarg. Die Backsteingebäude waren in Zimmer unterteilt, jede von uns bekam zum Schlafen eine eigene Pritsche mit einem Strohsack und einer Decke, es gab auch eine eigene Baracke mit fließend Wasser, in der wir uns waschen konnten. Welch eine Wohltat! Ich selbst kann mich nicht mehr daran erinnern, aber nach unserer Befreiung haben andere Duderstadt-Arbeiterinnen erzählt, dass einmal, zum Jahreswechsel 44/45, in den Baracken sogar ein kleines, improvisiertes Fest stattgefunden haben soll. Man habe getanzt und gesungen, Gedichte seien vorgetragen worden, auch die Aufseherinnen sollen mitgeklatscht haben. Ich selbst habe wohl nicht mitgetanzt, aber auch Unmenschlichkeit auf Befehl hatte offenbar ihre schwachen Momente, an denen sie einfach pausierte.

Ich erinnere mich, dass ich einen langen Mantel bekam für den kalten deutschen Winter und neue Schuhe, Holzpantinen mit Lederriemen, für die Arbeit in der Fabrik. Jedes neue Kleidungsstück, das einem zugeteilt wurde, war mit roter Ölfarbe und dem Judenstern markiert. Gegen die Kälte wickelte ich mir Lappen um die Füße, bevor ich sie in die Clogs steckte. Das half auch gegen die offenen, sehr schmerzhaften Druckstellen nach Wochen und Monaten in den harten Holzschuhen. Auch das Essen war besser als in Auschwitz oder Bergen-Belsen, es gab ein größeres Stück Brot und eine heiße Gemüsesuppe, in der nicht, wie in Auschwitz, nur ein paar Erbsen und vergammelte Kartoffelstücke am Topfboden klebten, die wir sowieso nie bekommen hatten, weil die Wassersuppe immer von oben abgeschöpft wurde. Hier war die Suppe mit Erbsen, Bohnen und Karotten gut bestückt, dafür jedoch so heiß, dass wir nicht genug Zeit hatten, sie auch essen zu können. Wir arbeiteten bis zu 12 Stunden täglich. Auch sonntags, auch am Sabbat, was für mich als gläubiger Jüdin einem Frevel gleichkam. Die Mittagspause wurde mit 15 Minuten so kurzgehalten, dass man sich entweder den Mund an der Suppe verbrannte oder sie, weil zu heiß, stehen ließ und weiter Hunger litt. Nichts durfte die Produktion aufhalten, ein grausames Spiel mit den Bedürfnissen der körperlich und seelisch erschöpften Zwangsarbeiterinnen nach monatelanger Gefangenschaft. »Vernichtung durch Arbeit«, so nannte es die SS. Und das traf es auf den Punkt.

Gearbeitet wurde in zwei Schichten rund um die Uhr. Für die Tagesschicht wurden wir um sechs Uhr morgens von der Wachmannschaft, unter den Augen der SS, in Fünferreihen vom Lager zur Fabrik geführt. Abends gegen 18 Uhr, wenn die Nachtschicht begann, ging es wieder zurück ins Lager. Die Polte-Aufseherinnen waren oft brutale Frauen, die uns lauthals herumkommandierten – »Macht schneller, ihr Schweine« – und auch mal mit einer Peitsche zuschlugen, die sie mit sich führten. Der größte Unterschied zu Auschwitz oder Bergen-Belsen aber war sicher der, dass wir nicht mehr unmittelbar durch den Tod bedroht waren, wenn man die zunehmende Erschöpfung einmal ausklammerte. Man spürte deutlich, dass die SS in der Fabrik nicht das alleinige Sagen hatte. Die Waffenfabrik war ein Familienunternehmen, das in erster Linie Geschosshülsen und Patronen produzieren wollte und keine toten Jüdinnen. Doch davon einmal abgesehen: Dass wir die Munition, die uns vernichten sollte, selbst herstellten, war ohnehin von besonderer Perfidie.

Jede von uns vier Schwestern bekam in der Fabrik eine andere Arbeit zugewiesen. Ich war in der sogenannten »Hülsenproduktion« in Halle 17, was den Vorteil hatte, dass dort während der Arbeitszeit oft gar keine Aufseherinnen waren. Offenbar gab es nicht genügend. Meine Aufgabe war die einer menschlichen Harke. 13 Stunden täglich zog ich mit bloßen Händen fertig gebrannte Patronenhülsen aus einem 90 Grad Celsius heißen Ofen, vor dem ich den ganzen Tag kniete. Für mich war es ein Ofen, auch wenn der Vorarbeiter stolz von der »Munitionsmaschine« sprach. Mein Arbeitssoll waren 2000 Patronen am Tag, waren es weniger, wurde mir damit gedroht, meine spärlich nachgewachsenen Haare wieder abzuschneiden. Später mussten meine Schwestern die Munition abmessen und abschleifen, damit sie in den Waffenzylinder passte. Die Wochen in der Munitionsfabrik haben die Nervenbahnen an meinen Fingerspitzen beschädigt und dort Hornhaut wachsen lassen, die mich unempfindlich gemacht hat gegen jede Form von Hitze. Bis heute kann ich mit bloßen Händen Fleischbällchen in der Pfanne wenden. Meinen Enkeln habe ich, als sie noch Kinder waren, weißgemacht, ich hätte magische Hände und könnte zaubern. Tatsächlich sind meine tauben Fingerspitzen das Ergebnis meiner Zwangsarbeit für die deutsche Rüstungsindustrie.

Bei allen Vorzügen, ungefährlich war die Arbeit in der Fabrik dennoch nicht. Eine Arbeiterin, von der ich nur wusste, dass sie vor dem Krieg als Ärztin gearbeitet hatte, starb mitten in einer Schicht an Erschöpfung. Wie sich herausstellte, hatte sie ihre Essensration immer wieder an ihre beiden Töchter im Teenageralter abgetreten, die ebenfalls in der Fabrik arbeiten mussten. Die Frau starb buchstäblich an Hunger. Eine andere Frau fantasierte kurz vor ihrem Hungertod laut von köstlichen Rezepten aus ihrer Heimat und tat das selbst nachts, während sie schlief. Wir versuchten sie zu wecken, weil wir kein Auge zutaten und sich prompt unser Hungergefühl wieder meldete, das ebenfalls ruhen sollte. Dass der Mensch vom Essen träumt, während er Hunger leidet und kurz bevor er an Hunger stirbt, ist eine dieser absurden Erkenntnisse, die man in einem Konzentrationslager gewinnt. Ihre Lieblingsgerichte, von denen die Frau halluzinierte – ich erinnere mich an gebratenes Lammfleisch – waren ihr selbst nicht mehr vergönnt. Eines Morgens lag sie tot auf ihrer Pritsche. Trotzdem, auch das muss man sagen, hatten wir es in Duderstadt über Monate besser als in den Lagern zuvor.

Doch auch damit war es von einem Tag auf den nächsten vorbei. Im März 1945 stockte die Produktion, der Materialnachschub verzögerte sich, der Ausschuss nahm zu.

Soweit ich mich heute erinnere, habe ich gegen Ende meiner Zeit bei Polte vor allem aufgeräumt und die Maschinen gereinigt. In der Zeit wurde die Produktion immer öfter auch durch Fliegeralarm unterbrochen. Da wir von der Außenwelt abgeschnitten waren, wussten wir nicht, wie sich der Krieg entwickelt hatte. Immer mal wieder hörten wir Flugzeuge über der Stadt kreisen, unklar, was es zu bedeuten hatte. Waren es die Geschwader unserer Befreier oder die Luftwaffe der Nazis? Einen Schutzraum, in dem wir uns hätten verstecken können, gab es in der Fabrik nicht. Aber dass von oben eine Bombe fallen würde, die uns erlösen würde, daran glaubten wir nach all der Zeit nicht mehr.

Es war Anfang April 1945, früher Abend, gegen Schichtende, als die SS aufgebracht in die Fabrikhalle platzte und uns in einen nahe gelegenen Wald führte. Dort standen Busse für uns bereit. Wir fuhren eine Weile durch die Nacht und wurden dann an einer Scheune herausgescheucht, in der wir die Nacht verbringen sollten. Am nächsten Morgen das Bild, das wir schon kannten. An einem Güterbahnhof auf dem Land[2] trieb uns die SS mit lautem Gebrüll der Reihe nach in bereitstehende Viehwaggons. Aus der Fabrik hatte ich für uns vier kleine Brote herausgeschmuggelt, die ich mir mit Schnürsenkeln unter den Oberarmen festband. Es war Sarahs Idee, sie sprach von einer Reserve für den allerletzten Notfall. Und wer sie kannte, wusste, dass sie das genauso meinte und dabei keinen Spaß verstand. Wir wurden in ein Waggonabteil gedrängt, das sich ziemlich in der Mitte der Zugreihung befand.

---

2 Tatsächlich war es der Güterbahnhof Seesen im Harz, wie Götz Hütt dokumentiert; siehe Literaturhinweis.

Eine schier endlos lange Zeit blieben wir in diesem dunklen, schmutzigen, rollenden Verließ eingesperrt. Was auch immer die Welt da draußen aufführte, wir bekamen nur die Geräuschkulisse und den Lärm mit, tieffliegende Kampfjets, unmenschliches Geschrei und immer mal wieder Detonationen. So also hörte sich Krieg an. Wenn die Flugzeuge besonders laut zu hören waren, zog ich unmerklich den Kopf ein, unser Zug war zur Zielscheibe geworden, so viel war klar. Nach etwa zwei Tagen hielt der Transport an einem Bahnhof irgendwo in Deutschland[3] und blieb einfach stehen. Keinen Millimeter bewegte er sich mehr. Wie sich später herausstellte, war die Lokomotive defekt und kein Ersatz aufzutreiben. Einmal wurde das Abteil geöffnet, man brachte uns einen Eimer Wasser und wir, völlig ausgehungert, stürzten uns auf die bahnhofsnahe Wiese, die wir nach Essbarem absuchten: Grasbüschel, Wurzeln, Klee. Nach vier Tagen ging es weiter. Der Zug fuhr quer durch Deutschland Richtung Theresienstadt in der Tschechoslowakei, so viel glaubten wir zu wissen. Die Existenz von Häftlingstransporten wie dem unsrigen hatte sich herumgesprochen. Immer wieder trafen wir auf Menschen, die an den Bahnhöfen, an denen wir kurz hielten, versuchten, kübelweise Kartoffeln oder Brot durch die Luftschlitze der Waggons zu werfen. Wenn es gelang, teilten wir das Brot dutzendfach, wirklich jede bekam einen Bissen ab. Insgesamt waren wir wohl rund drei Wochen unterwegs, wir wurden mehrfach bombardiert und fuhren dennoch immer weiter. Was dann am Ende unserer Irrfahrt passierte, hat sich mir über so viele Jahre und Jahrzehnte als ein beson-

---

3 Genauer hinter Magdeburg und Dessau, wie Götz Hütt dokumentiert; siehe Literaturhinweis.

deres, beinahe metaphysisches Ereignis eingeprägt, das womöglich nicht mehr mit allen gängigen Sinnen zu erklären ist, das ich aber genauso erinnere.

Unser Zug war von einem alliierten Bombengeschwader getroffen worden, das auch unseren Waggon teilweise schwer beschädigt hatte, allerdings nicht auf der Seite, auf der wir saßen. Ein Umstand, der uns das Leben rettete. Die Mädchen, die mit uns in einer Reihe saßen, nur eben auf der gegenüberliegenden Seite, wurden alle unmittelbar getötet oder so schwer verletzt, dass keine von ihnen überleben sollte. Überall um uns herum Verwundete und Tote, viele davon Mithäftlinge aus der Polte-Fabrik. Der Zug war durch die Bombardierung vorne entgleist und irgendwann mit einem riesigen Getöse zum Stehen gekommen. Wie sich zeigen sollte, waren wir bereits auf tschechoslowakischem Boden. Außer ein paar Kratzern haben wir Schwestern kaum etwas abbekommen, das war der Beginn unserer wundersamen Rettung.

Ganz vorne im ersten Zugwaggon war eine Frau von einem Splitter am Kopf getroffen worden, die wir noch von Polte her kannten. In der Munitionsfabrik war sie eines Tages nahezu völlig erblindet, das hatte uns der Fabrikleiter erklärt, der ihr daraufhin eine neue Arbeit geben musste, was er auch tat. Es hieß, die Mangelernährung sei schuld daran gewesen, andere Mithäftlinge sagten, es habe einen Arbeitsunfall in der Fabrik gegeben, genau konnte das nie geklärt werden. Wir alle wussten, dass wir in der Fabrik giftigen Dämpfen und Stoffen ausgesetzt waren, das konnte man auch an den Pigmentverfärbungen unserer Haut an Armen und Beinen erkennen. Ich weiß, es klingt abenteuerlich und fantastisch, aber durch die Kopfverletzung, die sich die Frau während des Bombardements zugezogen hatte, konnte sie auf einmal wieder sehen. Ich habe keine Ahnung, ob es dafür eine natürliche oder eine medizinische Erklärung gibt, vielleicht war es eine psychosomatische oder neurologische Reaktion des Körpers, jedenfalls hat genau diese Frau zusammen mit anderen Überlebenden versucht, alle von der SS verschlossenen Türen des zerstörten Zuges zu öffnen, um die Verletzten aus den Abteilen zu befreien. Denn noch waren in den Trümmern viele Mädchen und Frauen gefangen, die sich nicht selbst hätten helfen können – so auch wir. Es war die blinde Frau, die plötzlich wieder sehen konnte, die unsere Waggontüre öffnete und uns herausholte. Das ist die Geschichte, wie ich sie erinnere. Und auch wenn sie wundersam klingen mag, will ich dennoch nichts hinzuerfinden, um sie glaubwürdiger zu machen. Wie auch immer es genau gewesen sein mag, Tatsache ist, überall lagen Tote und Schwerverletzte, doch wir vier Schwestern haben die Zerstörung des Zuges nahezu unverletzt überlebt.

Die SS-Leute, die sich zu unserer Bewachung im Zug befanden und die das Bombardement überlebt hatten, waren unmittelbar nach dem Halt des Zuges vor dem Feind geflohen. Auch von den russischen Kriegsgefangenen aus dem vorderen Zugteil, in der Mehrzahl Frauen, war nichts mehr zu sehen. Auch sie waren buchstäblich auf und davon. Wer sollte es ihnen verdenken. Und was war mit uns? Warum sind wir nicht weggelaufen? Einfach fort von hier? Wir waren an der Unglücksstelle immer noch in höchster Gefahr, gleichzeitig konnten wir niemandem vertrauen. Wir wussten nicht einmal, wo wir waren. Wohin sollten wir also? Wohin wollten wir? Wir konnten es nicht sagen. War unsere Angststarre einfach nur töricht oder sogar verständlich und logisch? Bevor wir vier uns zu einer gemeinsamen Entscheidung durchringen konnten, befahl uns eine

Einheit von gewöhnlichen Wehrmachtssoldaten, die in der Nähe stationiert war und unmittelbar nach der Bombardierung zum Zug geschickt worden war, Richtung Theresienstadt weiterzumarschieren. Wir alle waren wieder einmal mit dem Schrecken davongekommen, doch gerettet waren wir noch lange nicht, wir waren immer noch in Gefangenschaft, hungrig und erschöpft. Sarah aber erlaubte uns immer noch nicht, an unsere Reserve zu gehen, die unter meinen Armen angebunden war. Sie wusste genau, dass unsere Not noch immer nicht groß genug dafür war.

Auch die Soldaten waren erschöpft und frustriert, das merkte man ihnen schnell an. Die zum Teil älteren Reservisten hatten nichts mehr von der Arroganz, von der Skrupellosigkeit und der Brutalität der SS-Leute, die ihr »Heil Hitler« in der Flucht gesucht hatten. Endlich keine SS mehr, das beruhigte mich ein bisschen. Diese Wehrmachtssoldaten waren Menschen in Uniform, aber keine Ungeheuer mehr. Sie bemühten sich sogar darum, uns das Leben nicht noch schwerer zu machen als es eh schon war. Während wir marschierten, kam es vor, dass ihr Anführer das Gespräch mit uns suchte, vor allem mit Sarah, unserer Anführerin, die ja ein paar Brocken Deutsch konnte. Er erklärte uns offen, dass sie uns nichts tun würden und sie nur den Befehl hätten, uns nach Theresienstadt zu bringen. Er war offenbar der Ranghöchste und bat uns, den Alliierten später zu bestätigen, dass seine Einheit uns nichts angetan hätte. Das war ganz erstaunlich und ließ uns vollkommen perplex zurück. Diese deutschen Soldaten glaubten offenbar nicht mehr an ihren Sieg, sie hatten vor dem was kommen würde schlicht genauso viel Angst wie wir, obwohl oder vielleicht auch, weil sie eine Uniform trugen. Die Frage war, wem wir als Nächstes in die Hände laufen würden: SS-Offizieren und Nazi-Kommandeuren, die im Angesicht eines zu verlierenden Krieges gegenüber uns Gefangenen jede Beherrschung verlieren konnten oder alliierten Truppen, deren wichtigste Aufgabe es sein würde, die Soldaten zu töten oder gefangen zu nehmen? In gewisser Weise teilten wir von nun an ein ähnliches Schicksal, obwohl sie Soldaten waren und bewaffnet und wir immer noch ihre wehrlosen, ihnen ausgelieferten Gefangenen.

Unsere Erschöpfung nahm jetzt immer dramatischere Ausmaße an. Das Frühjahr 1945 war in der böhmischen Provinz kalt und regnerisch, nachts kehrte der Winter immer wieder zurück. Wenn wir die Dörfer auf dem Weg nach Theresienstadt passierten, kam es vor, dass Bewohner, die von den Todesmärschen erfahren hatten, uns am Dorfeingang erwarteten und uns Brot, Speck und Kekse zuwarfen. Da sie sich nicht trauten, direkt auf uns oder die Soldaten zuzugehen, fiel davon regelmäßig etwas in den Matsch und wurde ungenießbar. Ansonsten suchten wir nach allem Essbaren, das die Natur von sich aus hergab. Beeren von Sträuchern, die trotz der Kälte schon Früchte trugen, Blätter von Bäumen, wir steckten uns sogar Grasbüschel in den Mund, wenn sie nicht gefroren waren, so verzweifelt waren wir. Nachts suchten wir Unterschlupf in Rohbauten, eingefallenen Scheunen oder verlassenen Hütten und Häusern. Um nicht zu erfrieren, pressten wir vier uns nachts neben- und aufeinander und wärmten uns mit unseren Körpern. Der lange graue Mantel aus der Polte-Fabrik war jetzt so wertvoll wie nie zuvor. Zeitweise regnete es so viel, dass wir durch den Matsch wateten, ich mit meinen Füßen im kalten Schlamm stecken blieb und die Holzclogs aus dem Dreck wieder freibuddeln musste. Wir wankten etwa zwei Wochen lang durch Frost und Kälte, wir traten unsere Schmerzen und unsere Erschöpfung mit Füßen, es war unendlich beschwerlich. Auf dem letzten Wegstück gingen meine Holzschuhe ganz kaputt und ich musste, als wäre das alles nicht schon mehr als genug gewesen, barfuß weiter. Meine Füße waren schwarz vor Dreck und kalt gefroren, noch Jahre später kämpfte ich deshalb mit steifen Zehen. Jetzt ging es nicht mehr darum, dass ich nicht mehr wollte, jetzt konnte ich einfach nicht mehr. Sarah erlaubte uns trotzdem noch nicht, das Brot unserer Notration zu essen, da war sie eisern. Ich verstand sie nicht mehr, aber um richtig wütend zu werden, war ich viel zu erschöpft. Sarah wusste, der Weg bis zu unserer endgültigen Rettung konnte noch lang sein.

Ende April 1945 erreichten wir schließlich das Konzentrationslager Theresienstadt. Anders als die klassischen Todesmärsche der SS, endete die Evakuierung aus Duderstadt für uns glimpflich. Wir hatten sehr viel Unmenschliches erlebt, Missbrauch, Freiheitsberaubung, Körperverletzung, Zwangsarbeit, Verbrechen gegen die Menschlichkeit, um die grausam unterkühlten, formalen juristischen Begriffe zu benennen, aber: Wir waren immer noch am Leben. Einer der deutschen Soldaten, der uns am Eingangstor in Empfang nahm, erlaubte sich einen Scherz und sagte: »Willkommen in Palästina.« Ob er es sarkastisch meinte oder schon wusste, dass der Krieg für ihn verloren war, darüber habe ich lange gerätselt. In Theresienstadt wurden wir vom Roten Kreuz, das mit einigen Mitarbeitern bereits im Lager war, auf Holzbaracken verteilt. Und endlich, endlich erlaubte Sarah mir, das Brot von meinen Armen »abzuschnallen« und an meine Geschwister zu verteilen. War es nach so vielen Wochen überhaupt noch genießbar oder bereits vergammelt? All das spielte jetzt keine Rolle mehr.

Wir fielen über den steinharten Teig her als wäre er frisch gebacken, zum Glück hatte sich kaum Brotschimmel gebildet. Ich habe im Leben kein schmackhafteres Stück Brot gegessen als dieses. Wir ließen keinen Krümel zurück.

Seit jenem Tag habe ich eine tiefe, persönliche Beziehung zu Brot. Brot ist für mich wie ein guter Freund in der Not, an den ich mich klammern kann, der mir Mut macht, der mir Rettung verspricht. Ich habe seitdem immer ein Stück davon bei mir, wenn schon nicht im Mund, dann in der Hand, in der Hosentasche, in der Handtasche. Wenn bei Familienfeiern und Geburtstagen die anderen heute Torte essen, dann esse ich hauptsächlich trockenes Brot. Nie würde ich altes Brot wegschmeißen, ein Frevler, wer so was tut. Ein einziges Mal ist es mir trotzdem passiert. Vor vielen Jahren bin ich mit der Familie in die Ferien gefahren. Dort angekommen fiel es mir wieder ein: Ich hatte Brot im Brotkorb liegen gelassen und nicht eingefroren, wie ich es sonst üblicherweise tat. Nach meiner Rückkehr wäre es gewiss verschimmelt und ungenießbar. Ich war richtig wütend auf mich selbst. Den ganzen Urlaub über fiel es mir schwer an etwas anderes zu denken. Ich machte mir Vorwürfe, mein Mann Shlomo und meine Kinder verstanden die Aufregung nicht, sie wollten mich beruhigen, aber es gelang ihnen nicht. »Brot«, sagte ich zu ihnen, »Brot ist Leben.« Sie verstanden kein Wort, vermutlich hielten sie mich für neurotisch und hysterisch. Das alles passierte lange bevor ich anfing über meine Erlebnisse in den Lagern zu sprechen. Wann immer meine Söhne heute zu Besuch kommen, bringen sie mir ungefragt frisches Brot mit, brechen ein Stück davon ab, platzieren es auf einem kleinen Teller und stellen es direkt zu mir an den Couchtisch. Heute hält mich keiner mehr für hysterisch. Ich esse Brot, ich trinke Wasser, ich lebe.

Nach der Befreiung: Diese drei Bilder haben wir nach unserer Rückkehr im geplünderten Elternhaus im Staub gefunden, sie sind der einzige Beweis, dass unsere Eltern je gelebt haben: Mama Ethel (links) und Papa Fivish (rechts) und im Bild oben zusammen mit unseren ältesten und jüngsten Geschwistern: Chaya (hinten Mitte) und Meir (vorne Mitte); Zvi und Yehuda (links und rechts vorne).

Das Leben danach: Während eines Erntedankfestes Ende der 1940er Jahre im Kibbuz Mizra stehe ich (vorne links) neben gefüllten Milchkannen auf einem Kutschenwagen. Rechts unten: Esther, Sarah und ich (von rechts nach links) bei Onkel Philip in Budapest im Herbst/Winter 1945/46. Rechts oben: Als Philip (Bild Mitte) Jahre später in Israel seine zweite Frau Hertha heiratete, waren auch Sarah (zweite von rechts hinten, mit Ehemann Aryeh und Sohn Amir) und ich (links, neben Philips Bruder Jakob) dabei.

Endlich wehrhaft! Beim Palmach wurde ich 1947/48 auch an der Waffe ausgebildet und erlebte als Sanitäterin den Unabhängigkeitskrieg. Über 60 Jahre später besuchte ich 2011 mit General Amikam Norkin, einem engen Freund der Familie, das Palmach-Museum in Tel Aviv. (Das Foto von uns beiden wurde in Yad Vashem aufgenommen.)

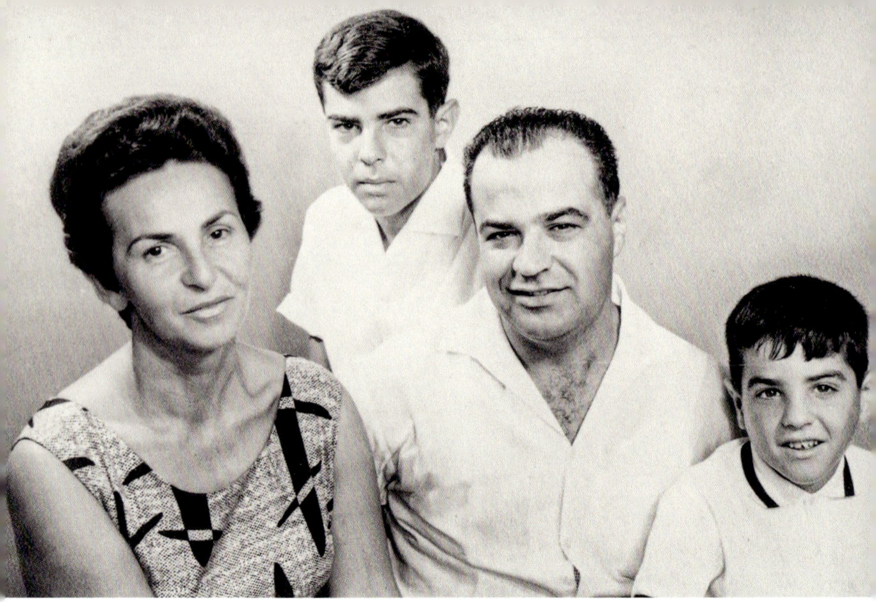

Meine eigene Familie: Shlomo und ich heirateten 1950 und bekamen zwei Söhne: Doron (Zweiter von links) und Yaron (rechts). Die Schwarzweißbilder zeigen unsere Familie Anfang der 1960er Jahre in Akko bei Haifa. 1982 tanzten Shlomo und ich auf der Hochzeit unseres jüngsten Sohnes Yaron mit seiner Verlobten Orly (Foto rechts).

Das Cahana-Kleeblatt: Alle vier Schwestern in Israel, aufgenommen 1982 auf der Hochzeit von Yaron mit Orly (Bild Mitte): In der vorderen Reihe sitzen Riku (ganz links), Sarah (Dritte von links), ich (Zweite von rechts), direkt hinter mir Esther. Daneben Shlomo, hinter Esther mein Sohn Doron mit Ehefrau Aviva. Zwischen uns Schwestern sitzt noch Ila, die Frau meines großen Bruders Meir (vordere Reihe, Zweite von links).

Meine Rückkehr nach Auschwitz: Mit israelischen Schülern und Schülerinnen 2004 vor und in einer Baracke des Frauenlagers in Auschwitz-Birkenau. Und 2012 vor dem Stammlager Auschwitz, es war mein letzter Besuch. Ich stehe zwischen meinem Sohn Yaron (links) und Brigadegeneral Uri Oron (rechts), heute Direktor der israelischen Weltraumagentur.

Back to my Roots: Im Sommer 2014 reiste ich mit meiner ganzen Familie in meine rumänische Heimat. Auf dem Weg nach Unterwischau entstand dieses Foto. Neben mir (vordere Reihe, Zweite von links) von links nach rechts: Dorons Kinder Guy, Hadas und Ben und Yarons Tochter Hila. In der hinteren Reihe Doron, Yaron und Orly (v. l.). Kleines Foto: Hand in Hand mit Ben, Pilot der Luftwaffe, auf einer Gedenkveranstaltung des israelischen Militärs für Holocaust-Überlebende in Tel Aviv.

19
FREISEIN

Im Konzentrationslager Theresienstadt herrschte bereits ein großes Chaos. Von überall her gab es Gefangenentransporte, die Häftlinge vor den anrückenden Alliierten nach Theresienstadt evakuierten. Es müssen Tausende gewesen sein. Das Lager selbst war in einem schlimmen Zustand, Flecktyphus grassierte, überall lagen Leichen herum. Diejenigen, die noch halb am Leben waren, prügelten sich wie Wilde um ein Stückchen Zucker. Die Auflösungsanzeichen waren unübersehbar. Aus der Gruppe der Wehrmachtsoldaten, mit denen wir hierher marschiert waren, erfuhren wir, dass der Lagerkommandant von Theresienstadt den Befehl bekommen hatte, alle Insassen zu exekutieren. Soweit ich die Worte des deutschen Soldaten verstand, war das Problem, dass es in Theresienstadt zwar ein Krematorium gab, aber keine Gaskammer. Wie also sollte man auf die Schnelle Abertausende Häftlinge töten? Zumal bekannt war, dass die Rote Armee direkt auf das Lager vorrückte. Der deutsche Soldat erzählte uns, dass der Lagerkommandant den Russen eine Nachricht übermitteln ließ, wonach sie vier Tage Zeit hätten, das Lager zu befreien, danach würde er den Befehl geben, alle Insassen erschießen und verbrennen zu lassen. Uns wurde klar, wir waren immer noch in allerhöchster Gefahr. Daran hätten auch die Wehrmachtsoldaten, die es offenbar gut mit uns meinten, nichts geändert. Dass sie uns zuliebe desertieren und ihre standrechtliche Erschießung in Kauf genommen hätten, das glaubten wir dann doch nicht. Die bange Frage also lautete: Wie lange würde die Rote Armee brauchen, bis sie endlich hier wäre, um uns zu befreien? Um uns unser Leben, unsere Freiheit, um uns das, was von uns übrig geblieben war, wiederzugeben?

Am späten Nachmittag des übernächsten Tages und innerhalb des Ultimatums des Lagerkommandanten befreite die Rote Armee das Konzentrationslager Theresienstadt. Niemand wurde mehr erschossen und verbrannt. Stattdessen gab es etwas Warmes zu essen für die ausgehungerten, kranken, verelendeten Insassen: einen russischen Bohneneintopf und frisches Brot. In der Einheit der Roten Armee, die das Lager befreite, war auch ein tschechoslowakischer Soldat, der am zweiten oder dritten Tag der Befreiung auf Sarah zuging und sie umarmte. Ich wusste nicht, wie ich das zu deuten hatte. Sarah stellte ihn uns drei Schwestern vor, sie kannte den jungen Mann noch aus Munkatsch. Unser Onkel Philip hatte in der Stadt eine Möbelfirma geführt, in der bis zum Ausbruch des Krieges auch jener Tscheche gearbeitet hatte, ehe er sich den Russen anschloss. Sarah und er waren sich in Munkatsch einige Male über den Weg gelaufen und gut miteinander bekannt. Von ihm erfuhren wir auch das Datum unserer Befreiung: Es war der 9. Mai 1945, genau eine Woche vor meinem 16. Geburtstag.

Wie sich in Theresienstadt herausstellte, war er ein wirklich netter Kerl, der sich fortan um uns kümmerte. Er fühlte sich der Familie verpflichtet, die ihm einst Arbeit gegeben hatte. Auch wusste er viel mehr über den Verlauf des Krieges als wir, die wir seit einem Jahr in Gefangenschaft und somit von der Außenwelt abgeschnitten waren. Er erzählte uns, dass die ungarischen Faschisten Philip enteignet und die Möbelfabrik in Munkatsch übernommen hatten. Sie hatten von ihm verlangt, die Produktion auf die Bedürfnisse der deutschen Kriegswirtschaft umzustellen, so sollten etwa Holzskier für Spezialeinheiten der Wehrmacht in Russland produziert werden. Mit der Zeit schöpften die neuen deutschen Inhaber den Verdacht, dass die Fabrikarbeiter auf Philips Befehl hin die Qualität der Produktion sabotierten. Daraufhin sollte er verhaftet und beseitigt werden. Das Letzte, was der Soldat gehört hatte, war, dass unser Onkel sich gerade noch rechtzeitig über die Grenze nach Rumänien absetzen konnte, den Teil des Landes, der nicht von den Nazis kontrolliert wurde. Anschließend wollte er nach Budapest fliehen, um sich dort zu verstecken.

Natürlich wollten wir auch unbedingt erfahren, was aus unseren Eltern geworden war, wir fragten ihn also, ob er mehr darüber wisse. Er formulierte sehr vorsichtig, auch er wisse nichts Genaues, sagte er. Er war sichtlich darum bemüht, uns nicht den allerletzten Lebensmut zu rauben, andererseits wollte er es auch vermeiden, uns falsche Hoffnungen zu machen. Eine schier unlösbare Aufgabe. Bei allem, was er wisse, meinte er mit einer für einen Soldaten ungeheuren Sensibilität, wurden Alte und Kinder nach der Ankunft in Auschwitz von den Arbeitsfähigen getrennt und sofort getötet. Wir sollten uns keine allzu großen Hoffnungen machen, dass unsere Eltern und die Jungs davongekommen wären, das sei sehr unwahrscheinlich. Dem Hoffnungsschimmer der Befreiung folgte damit der nächste Tiefschlag.

In den Jahren danach, in denen ich mit offiziellen Delegationen in die Konzentrationslager zurückgekehrt bin, um jungen Menschen von meiner Geschichte zu erzählen, wurde mir diese eine Frage immer wieder gestellt: »Rachel, wie hast du dich bei der Befreiung gefühlt? Warst du glücklich?« Ich kann verstehen, dass die Menschen das wissen möchten, aber sie müssen dann auch mit der Antwort leben können, die ich ihnen gegeben habe und die die meisten schockiert hat. Zum Glücklichsein war einfach zu wenig von mir übrig geblieben. Unser tschechoslowakischer Soldat, dessen Namen ich über die Jahrzehnte leider vergessen habe, hatte das ganze Lager nach einer Waage abgesucht, um unseren Gesundheitszustand besser einschätzen zu können. Nacheinander stellten wir uns darauf. Bei mir blieb der Zeiger auf einer Zahl stehen, die ich selbst nicht glauben konnte: 25. Im Mai 1945 wog ich 25 Kilogramm! Daran kann ich mich noch gut erinnern. Für mich ein ungeheurer Schock. Heute weiß man, dass der durchschnittliche Häftling in Auschwitz, ohne selektiert zu werden, aufgrund von Unterernährung, Erschöpfung und Krankheiten nicht länger als sechs Monate überlebt hat. Bei mir waren es rund viereinhalb Monate, sehr viel länger hätte ich auch sicher nicht mehr durchgehalten.

Ich war zum Zeitpunkt meiner Befreiung fast 16 Jahre alt. Das, was man heute einen Teenager nennt, aber anstatt mich vom Mädchen in eine junge, heranwachsende Frau zu verwandeln, mitten in der Pubertät, mit allen Attributen einer aufblühenden Weiblichkeit, war meine persönliche Lebensuhr auf null zurückgestellt. Ich war ein Nullmensch. Eine Hülle aus Haut und Knochen, mein ganzer Körper ein einziger Abszess. Übersät von Infektionen, Eiter, Narben, Furunkeln, Wunden. Läuse und Flöhe knabberten an mir und fanden doch nicht genügend zu beißen, es war einfach nicht mehr genug Fleisch dran an mir. Es juckte und brannte höllisch. Erst jetzt, in den Tagen und

Wochen nach der Befreiung, als das Adrenalin und der Stress des täglichen Überlebenmüssens, des täglich neu angekündigten Todes nachließ, und ich Zeit hatte, mir über mein Wohlergehen und meine Gesundheit Gedanken zu machen, brach der körperliche Schmerz so richtig durch. Viele der Frauen, die ich in dem Jahr meiner Gefangenschaft kennenlernte, hatten nach der Befreiung große Angst, dass sie ihre Fruchtbarkeit verloren haben könnten. Sie klagten darüber, dass in Auschwitz ihr Menstruationszyklus ausgeblieben war. Ich erinnere mich nicht, dass meine Schwestern und ich auch solche Ängste hatten, allerdings weiß ich noch, wie überrascht ich war, als meine Menstruation, nicht lange nach meiner Befreiung, wieder einsetzte als wäre nichts geschehen. Ein Moment, der mich sehr rührte. Nun war klar, Auschwitz hatte sein monströses Werk an meinen Schwestern und mir nicht vollenden können. Wir hatten überlebt und konnten weiterhin Leben schenken. Damit war das eigentliche Ziel der sogenannten Endlösung am Beispiel unserer Familie eindeutig verfehlt: uns vollständig auszurotten.

Wenn man im Lager tagtäglich Hunger leidet und Todesangst aussteht, dann wird das eigene Bewusstsein ganz eng. Erst vertunnelt man sich, dann kappt man sein Bewusstsein von seiner inneren Welt, so würde ich das beschreiben. Als würde man alle seine tragenden Gefühle einzeln in Zellophan einwickeln, um sie nicht mehr fühlen zu müssen. Angst. Wut. Verzweiflung. Trauer. Einsamkeit. Sehnsucht. Heimweh. Liebe. Alles in Zellophan verpackt. Einzeln, luftdicht, steril. Gefühle bleiben in einem Konzentrations- und Vernichtungslager als Erstes auf der Strecke. Gefühle sind das Kostbarste, das ein Mensch besitzt, auch deshalb kosten sie so viel Energie. Energie, die ich in

Auschwitz irgendwann nicht mehr hatte und die ich deshalb früh eingespart habe. Das normale Leben draußen ist pure Qualität, das Überleben im Lager nur noch Quantität. Die Frage ist also nicht mehr: Wie schön mache ich es mir? Sondern: Wie lange habe ich noch? Sind es Stunden, Tage, Wochen? Im existenziellen Überlebenskampf gegen Hunger und Angst neutralisiert der Kopf deinen größten inneren Feind, deine Gefühle, die dich um den Verstand bringen würden, und der menschliche Körper bündelt die letzten freien Ressourcen. Ein Akt finaler Selbstermächtigung im auf Autopilot gestellten Energiesparmodus. Vielleicht ist es das, was Viktor E. Frankl meinte, wenn er davon sprach, dass man als Häftling im Lager irgendwann nur noch dahinvegetiere: Ein Leben, das durch Gefühle nicht mehr warm gehalten wird, ist ein erkaltetes Leben. Leer und sinnlos.

Ob ich also bei meiner Befreiung glücklich war? Die Wahrheit ist: Am 9. Mai 1945 und den Tagen danach wusste ich nach vielen Monaten, in denen ich gezwungen war, mich vom direkten Zugang zu meinen Gefühlen abzukoppeln, mit den Begriffen der Freiheit und des Glücks nichts mehr anzufangen. Viel zu groß, viel zu abstrakt, einfach zu theoretisch, um sie begreifen geschweige denn spüren zu können. Am Tag der Befreiung konnte ich funktionieren, ich konnte logisch abarbeiten, dass der Krieg vorbei war, aber ich konnte nichts fühlen. Rein gar nichts. Schon gar nicht etwas so Großes wie Freiheit, Freude oder Glück. Und später, als die Gefühle wiederkamen, da waren es zuerst auch gar keine Glücksgefühle, die mich berauschten, sondern massive Schuldgefühle, die mich plagten, gerade weil ich überlebt hatte. Wie konnte es ein Glück sein, dass ich am Leben war, während Mama, Papa, ein Großteil der

Familie sterben musste? Heute bin ich wieder eine glückliche Frau, weil ich mit viel Mühe gelernt habe, dem Glück meines Lebens auf die Schliche zu kommen. Aber damals?

Jetzt, da wir befreit waren, waren wir frei, nur was bedeutete das? Wir hatten kein Zuhause mehr und keinen Ort, den wir Heimat nannten. Auch gab es niemanden, der uns erwartete, davon mussten wir ausgehen. Im Lager liefen die Überlebenden hektisch umher, suchten nach Essbarem, nach Kleidung, nach medizinischer Hilfe, nach einer Idee, wie es jetzt weitergehen konnte. Sarah fand in einem SS-Lager Säcke voller Anziehsachen, aus denen wir uns bedienten. Mir nähte sie, aus Dank für meine erfolgreiche Arbeit als »Brotministerin«, ein eigenes Kleid aus altem Sackleinen. Wir vier blieben zunächst im Lager zusammen, die ersten drei, vier Wochen bestimmt, obwohl wir überall hätten hingehen können. Wir aßen ausschließlich Bohnensuppe und versuchten, wieder zu Kräften zu kommen. Ich war abgemagert und schwach und trotzdem verzichtete ich in der Situation auf den Verzehr von nicht koscherem Fleisch. So war ich erzogen worden. Im Rückblick kann ich es selbst nicht glauben, dass mein Glaube, selbst in einer solchen Extremsituation, immer noch mein Tun beeinflusste, obwohl es gegen jegliche Vernunft erschien. Unmittelbar nach dem Erlebten stellte ich meinen Glauben zu Gott nicht infrage, noch nicht, das sollte sich später erheblich ändern.

Der tschechoslowakische Soldat hatte uns eindringlich davor gewarnt, aus dem Lager in die Stadt zu gehen, um uns endlich mal wieder so richtig satt zu essen. Er hatte zuvor mit dem Roten Kreuz über uns gesprochen, die genau das für gefährlich hielten. Wir glaubten ihm, obwohl sich unser Hungergefühl kaum stillen ließ. Viele ehemalige

Häftlinge ließen sich dennoch nicht davon abbringen und mussten es bitter bereuen. Mehr als das bisschen Suppe und Brot war unser Organismus nach einem Jahr hungern nicht mehr gewohnt. »Refeeding-Syndrom« nannte sich das Phänomen, das mir zu diesem Zeitpunkt völlig unbekannt war. Nach der monatelangen Mangelernährung in den Lagern konnten unsere Organe die Nahrung gar nicht mehr aufnehmen und verarbeiten. Diejenigen, die nach der Befreiung den Fehler begingen, viel zu schnell wieder normal essen zu wollen, bekamen aus dem Nichts zahlreiche Ödeme, die Blutwerte spielten verrückt, Toxine wurden freigesetzt, der Stoffwechsel kollabierte, oft versagte innerhalb weniger Tage danach das Herz.

Mein Brieffreund, der Schwarm meiner Jugend, hatte den gleichen Fehler begangen. Monate nach meiner Befreiung lebte ich für eine Zeit bei meinem Onkel Philip in Budapest. Also begab ich mich im Herbst 1945 auf die Suche nach dem Jungen, dessen liebevolle Postkarten mich während meiner Deportation so herzlich getröstet hatten. Bis zum Krieg hatte er in Budapest gewohnt, das wusste ich, aber wie mochte es ihm danach ergangen sein? Lebte er noch? Ich fragte mich durch die Behörden und Ämter und fand ihn schließlich in einem städtischen Krankenhaus wieder. Auch er hatte den Krieg, mehrere Arbeitslager und den Hungertod nur knapp überstanden. Er war fast nicht wiederzuerkennen, abgemagert, krank und kaum ansprechbar. Es ging ihm sichtlich schlecht, es fiel ihm schwer, die Augen zu öffnen, trotzdem versuchte er, mich anzulächeln, so wie er mich immer angelächelt hatte, wenn er am Bahnhof von Unterwischau aus dem Zug gestiegen war. Hier im Krankenhaus sah ich ihn zum ersten Mal nach dem Krieg wieder – und gleichzeitig zum letzten Mal. Am Morgen darauf wachte er nicht mehr auf. Es war fast so, als hätte er nur darauf gewartet, mich noch einmal zu sehen, um sich von mir zu verabschieden.

Es klingt paradox: Viele starben nach ihrer Befreiung aus dem KZ nicht an Unterernährung, sondern an ihrem ersten Festtagsschmaus, mit dem sie ihre neu gewonnene Freiheit und ihr neues Leben feiern wollten. So auch mein Freund aus Budapest. Offenbar hatte ich einen weiteren Schutzengel gehabt, der mich vor diesem Fehler bewahrte. Dabei half mir sicher auch, dass ich selbst nach der Befreiung immer noch kein Fleisch aß, das bekanntlich schwer verdaulich war. Damit war ich also unbewusst sehr vernünftig gewesen, so kurz nach der Gefangenschaft, immer noch auf meinen koscheren, vegetarischen Essensregeln zu bestehen. Vielleicht habe ich, ob der besonderen Tragik der Geschichte, auch deshalb seinen Namen aus meinem Gedächtnis gelöscht, den Namen meines allerersten Freundes, des jungen Mannes aus Budapest mit seinen wunderschönen Postkarten: Um den Schmerz darüber zu verdrängen, dass wir trotz Auschwitz und Krieg eine gemeinsame Zukunft hätten haben können.

20
ZUHAUSE

Nach etwa vier Wochen im Lager kam der tschechoslowakische Soldat auf uns zu, er hatte eine Zugverbindung ausfindig gemacht, mit der wir von Theresienstadt nach Unterwischau kommen konnten. Täglich um Mitternacht, so erzählte er uns, ging ein Zug, den das Rote Kreuz als Hilfstransport organisierte, zuerst nach Prag. Später gab es auch Züge nach Bratislava, Wien oder Budapest. Manche der ehemaligen Häftlinge legten sich Stunden vorher auf die Dächer der völlig überfüllten Züge, um ja die Abfahrt nicht zu verpassen. Der Soldat, der inzwischen unser Freund geworden war, nahm Fronturlaub und wollte uns in die Heimat begleiten. Es sei ihm ein persönliches Anliegen, uns sicher nach Hause zu bringen, sagte er. Unser Zug war zunächst nur halb voll, je länger wir unterwegs waren, desto mehr russische Soldaten stiegen zu, manche von ihnen sichtlich alkoholisiert. Irgendwann war es rappelvoll. Unterwegs fuchtelten die betrunkenen Russen vor unseren Augen mit ihren Waffen herum, sie hatten offenbar Lust uns zu quälen. Unser tschechischer Soldatenfreund versuchte, seine Armeekollegen zu beschwichtigen – vergebens. Zunächst hatten wir Angst, dass die Soldaten uns etwas antun oder uns gar vergewaltigen könnten, was im Lager in den Tagen nach der Befreiung offenbar häufig passiert war, zumindest hatte es sich wie ein Lauffeuer unter den befreiten weiblichen Häftlingen in Theresienstadt herumgesprochen. Während eines Haltestopps an einem Bahnhof öffnete ein sehr aggressiv auftretender russischer Soldat ein Abteilfenster und forderten uns auf, sofort auszusteigen. Wir sollten uns der Reihe nach durch die Öffnung zwängen, und als es ihm nicht schnell genug ging, schubsten sie uns der Reihe nach hinaus. Ich stürzte auf den Bahnsteig und schürfte mir die Knie auf, aber kriegsentscheidend war das schon lange nicht mehr. Warum diese Russen, immerhin unsere Befreier, sich so verhielten und wir in ihrem Verhalten kaum einen Unterschied zu deutschen Nazis erkennen konnten, auch das bleibt mir ein Rätsel. Am Ende dieses Krieges war jegliche Humanität großflächig und auf allen Seiten verwüstet worden. Nur Einzelne, wie unser tschechischer Freund, gaben mit ihrem Großmut und ihrer Herzlichkeit ein Vorbild dafür ab, dass der Mensch auch ganz anders kann. Tatsächlich mussten wir vier Schwestern froh sein, dass es nicht noch schlimmer gekommen war. Ich persönlich glaube, dass wir vier abgemagerte Knochenständer selbst diesen berauschten russischen Soldaten viel zu hässlich waren, als dass sie noch auf die Idee gekommen wären, sich an uns zu vergehen. Ich danke Gott dafür, dass uns wenigstens das erspart blieb. So warteten wir also auf die nächste Verbindung. Nach einem Jahr in Gefangenschaft und fern der Heimat, was machte es da jetzt noch für einen Unterschied, ob wir unser einstiges Zuhause einen Tag früher oder später erreichen würden.

Insgesamt waren wir vier Tage unterwegs, ich habe nicht mitgezählt, wie oft wir umgestiegen sind. Im Nirgendwo, im Grenzgebiet irgendwo zwischen Ungarn und Rumänien, warteten wir spät nachts an einem Bahngleis auf unseren Anschlusszug und erreichten am Nachmittag darauf den Bahnhof von Unterwischau. Mir kam mein erster Freund aus Budapest wieder in den Sinn, dem ich hier so oft in die Arme gefallen war und von dem ich zu jenem Zeitpunkt noch nicht wusste, dass ich ihn noch ein allerletztes Mal sehen würde. Auch die Bilder unserer furchtbaren Deportation schossen mir durch den Kopf. Der Bahnhof war nicht weit von unserem Haus entfernt, wir vier und unser Begleiter gingen den Weg zu Fuß. Bedächtig und vorsichtig, so als wollten wir, die Cahana-Schwestern, niemandem verraten, dass wir heimlich und in aller Stille in unser Dorf zurückgekehrt waren. Als hätten wir immer noch Angst vor den ungarischen Polizisten, die hinter der nächsten Straßenecke auf uns lauern könnten, um uns postwendend wieder ins Lager zurückzuschicken. Aber hinter der nächsten Ecke warteten keine Polizisten mehr. Und doch war es eben kein Rennen und Schreien vor Glück, weil das Wiedersehen mit den geliebten Eltern in greifbarer Nähe gewesen wäre, sondern ein in sich gekehrtes Anschleichen von hinten an unsere Vergangenheit. Was wäre überhaupt noch so, wie wir es einst kannten und in Erinnerung hatten? Was genau hatten wir realistischerweise zu erwarten? War es völlig ausgeschlossen, dass Mama und Papa nicht vielleicht doch überlebt haben könnten? Gab es unser Elternhaus noch? Wohnte jemand anderes darin oder war es geplündert oder gar abgerissen worden? Und wenn es kein Haus mehr gab, das nach Leben duftete und in dem italienische Arien erklangen, die über die Lippen meiner Mutter kamen, was dann? Wie groß würde die Leerstelle sein, mit der die Gegenwart unsere Vergangenheit überschreiben würde? Die Angst davor, endlich alles zu erfahren, nahm unserem letzten Weg nach Hause jede Freude und Leichtigkeit. Und dann, ein paar Ecken weiter, ein paar Gedankensprünge später, standen wir endlich doch vor unserem geliebten Elternhaus.

Es war noch da!

Ich holte tief Luft, dann klopften wir an der Haustür, die beinahe gleichzeitig aufging. Wie aus dem Nichts stand unser ältester Bruder Meir vor uns. Meir, der neben Papa unserer Familie immer Halt und Trost gewesen war. Der stets zu wissen schien, was zu tun war. Gott sei Dank, auch er hatte überlebt. Meir hatte uns bereits durch das Fenster beobachtet und die Straße herunterkommen sehen. Ein Cousin unseres Vaters stand neben ihm. Wir umarmten uns, wir wollten uns gar nicht mehr loslassen. Wir waren nicht die Einzigen, die davongekommen waren.

Meir war nur wenige Stunden vor uns im elterlichen Haus angekommen. Er hatte den Krieg in diversen Arbeitsbataillonen in Ungarn und Deutschland überlebt und war im KZ Buchenwald befreit worden. Danach hatte er sich einem Transport befreiter Häftlinge der Alliierten angeschlossen, der ihn zurück in seine Heimat nach Rumänien bringen sollte. In Budapest legte er einen Zwischenstopp ein, um sich in ein zentrales Register für die Opfer des Holocaust einzutragen. Er wusste nicht, ob er der einzige Überlebende seiner Familie war und suchte deshalb nach unseren Eltern Fivish und Ethel, vor allem auch nach seiner innig geliebten Schwester Chaya, nach Sarah, Riku, Esther und mir, sowie Zvi und Yehuda. Die Registrierungsstelle hatte ihm offiziell bestätigt, dass unsere Eltern in Auschwitz getötet worden sein mussten, ebenso die Jungs. Von Chaya und ihrem Baby Etia fehlte jede Spur, aber wir, seine vier anderen Schwestern, so die Auskunft der Behörden, wären in Theresienstadt als Überlebende registriert worden und auf dem Weg zurück nach Hause. Meir wollte uns zuvorkommen, was ihm auch gelang.

Wir waren nach Hause zurückgekehrt und mussten

doch endgültig jede Hoffnung begraben, dass wir noch eine Heimat haben würden: Unsere Eltern waren nicht mehr am Leben. Sie waren es nun nachweislich nicht mehr, obwohl wir für ihren Tod, ihre Ermordung nie einen handfesten Beweis in Händen gehalten haben. Die SS hat im Laufe ihrer Schreckensherrschaft fast alles haarklein dokumentiert, nur über die in den Gaskammern von Auschwitz Ermordeten sollte irgendwann nicht mehr Buch geführt werden. So gibt es bis heute kein Schriftstück, keinen einzigen handschriftlichen Vermerk, dass Fivish und Ethel Cahana und ihre Söhne Zvi und Yehuda in den Morgenstunden des 15. Mai 1944, an meinem 15. Geburtstag, vergast und verbrannt worden waren und ihre Asche über den Wiesen von Auschwitz-Birkenau verstreut worden ist. So musste es nach Lage der Dinge gewesen sein. Und natürlich, man müsste es gar nicht extra erwähnen, gab es damit auch keine sterblichen Überreste, die wir hätten betrauern und zu Grabe tragen können. Nur das wunderschöne Holzhaus in Unterwischau war der sichtbare Beweis, dass diese vier wunderbaren Menschen hier einmal gelebt haben mussten. Für ihren gewaltsamen Tod aber wollte niemand die Verantwortung übernehmen.

Die Nazis hatten eine perfekt geölte Mordmaschinerie aufgebaut, aber zur perfektionierten Logistik des Massentötens gehörte in den letzten Monaten des Krieges, dass eben gerade nicht mehr akkurat Buch geführt wurde. Schon das Eintragen von vier Namen in eine Liste hätte offenbar zu viel kostbare Zeit gekostet, eine Liste, die uns jetzt Gewissheit gegeben hätte. So aber ging es nur darum, das Morden um des Mordens willen weiter zu beschleunigen. Sie wollten töten, so schnell es ging, so viele wie möglich. Zeit war Tod. Man stelle sich heute eine Liste mit sechs

Millionen und mehr Namen vor, dicker als Tora, Bibel und Koran zusammen. Dann hätte man wenigstens erfahren, wer und wie viele genau es waren. Ein Beweisbuch zum Abschiednehmen, zum Gedenken und Erinnern. Ein Buch mit über sechs Millionen Toten und doch ein Buch voller gelebter Leben. Aber genau das wollten die Nazis natürlich nicht. Zumindest nicht mehr, als sie den Krieg zu verlieren drohten, dass man ihre logistischen Meisterleistungen des Massenmordens auch noch haarklein hätte nachlesen und beweisen können.

Ganz leise, so als wollten wir niemanden aufwecken, schlichen wir durch alle acht Zimmer unseres leeren Elternhauses und suchten nach Mama, Papa, unseren Brüdern, so, als hätten sie sich irgendwo versteckt und wir müssten sie nur finden, dann wären sie wieder da und alles so wie früher. Tatsächlich konnte man sich im Haus gar nicht verstecken, es war leer geräumt, das fiel mir jetzt erst auf. Es gab keine Möbel mehr, auch persönliche Dinge, Familienalben, Briefe, Bilder, selbst Mamas gehäkelte Tischdeckchen – alles war weg. Offenbar hatten die Faschisten das mitgenommen, keiner rechnete mehr mit unserer Rückkehr. Bei unserer Abreise Tage später entdeckte ich im Fenster eines Nachbarhauses eine gestickte Decke, wie sie meine Mama gerne als Dekoration gefertigt hatte. War es denkbar, dass ausgerechnet unsere Nachbarn, mit denen wir über viele Jahre freundschaftlich verbunden waren, uns beklaut und womöglich unser Haus leer geräumt hatten? Die Vorstellung machte mich wütend. Aber so schockierend sie war, war das jetzt noch wichtig?

In einer Ecke in einem Zimmer im zweiten Stock lagen drei Familienfotos auf dem Boden, so als wären sie beim Abtransport der Möbel aus einer Schublade gefallen. Da lagen sie nun offenbar seit Monaten im Staub, keiner interessierte sich dafür und doch waren diese Fotos der Beweis, nach dem wir gesucht hatten: Mama und Papa und unsere Brüder Zvi und Yehuda auf einem Bild! Es hat sie wirklich gegeben! Wir setzten uns in den Staub, reichten die Bilder immer wieder im Kreis herum, erinnerten uns an die unzähligen Stunden, die wir hier gemeinsam verbracht hatten, jede von uns konnte eine andere Geschichte erzählen, die ihr wichtig war, und allmählich kamen die Gefühle zurück, die wir in Auschwitz und den anderen Lagern aussortiert hatten wie Kleider, aus denen wir herausgewachsen waren. Es war der Moment, in dem sich vier Überlebende wieder in vier Lebende zurückverwandelten, in menschliche Wesen, die fühlen und spüren konnten, was ihnen wichtig war. Wir saßen da, erzählten und weinten und schluchzten und die Tränen wollten gar nicht mehr versiegen. Drei Tage lang, so habe ich das in meiner Erinnerung abgespeichert, weinten wir um ihr Sterben und unser Überleben. Und als wir die Fassung irgendwann wiedergefunden hatten, da war klar, dass wir hier nicht mehr wohnen und weiterleben konnten, in einem Haus ohne die geliebten Menschen und voller sentimentaler Erinnerungen. Wir begriffen, dass von jetzt an jede von uns vier stark genug sein musste, ihr Leben selbst in die Hand zu nehmen. Ich umarmte den mir namenlos gebliebenen tschechoslowakischen Soldaten der Roten Armee, er war unser Retter, der uns befreite, der uns sicher nach Hause zurückgebracht hatte und der uns erst jetzt, wo er uns bei unserem großen Bruder Meir in Sicherheit wusste, allein zurücklassen würde. Solange es Menschen wie ihn gab, dachte ich, war noch nicht alles verloren auf dieser Welt.

Von den rund 1000 Mitgliedern der jüdischen Gemeinde

Unterwischau sollten 25 den Holocaust überleben. Fünf davon aus der Cahana-Familie. Die Allermeisten kehrten, so wie wir, wenigstens ein letztes Mal zurück, um Abschied zu nehmen von ihrer Heimat, ehe sie in Israel ein neues Zuhause fanden. Außer Meir war die gesamte Kernfamilie vernichtet worden. Meir trauerte auch um seine Schwester Chaya, über deren Verbleib zunächst niemand etwas wusste. Chayas Ehemann Yosef war zeitgleich mit Meir in ein Arbeitslager verbracht worden und ist, anders als Meir, nie wieder zurückgekehrt. Bis heute ist ungeklärt, was ihm zugestoßen ist. Chaya hatte bis zuletzt allein mit ihrer sechs Monate alten Tochter Etia in Großwardein gelebt, dem heutigen Oradea in Transsilvanien. Als Chayas Onkel Philip die Möbelfirma im nahen Munkatsch an die Faschisten übergeben musste, handelte er mit einem der neuen Besitzer, einem Deutschen, zu dem er einen besonderen Draht hatte, ein zusätzliches Geschäft aus. Im Frühjahr 1944, als die Massendeportationen der rund 440.000 ungarischen Juden nach Auschwitz begannen und man sich nicht mehr verstecken konnte, sollte der Deutsche Chaya und Etia über die Grenze in den unbesetzten Teil Rumäniens bringen. Meir hatte Philip für den Schmuggel der beiden eigens Geld geschickt. Zunächst lief an der Grenze alles glatt, aber dann, es war schon dunkel, bekam Etia Angst und fing an zu weinen. Die Sache flog auf, die Flucht scheiterte. Chaya und Etia wurden zusammen mit den anderen aus Oradea unmittelbar darauf nach Auschwitz deportiert.

Während der Selektion an der Rampe, das wurde Meir später von einem gemeinsamen Bekannten aus Munkatsch erzählt, der im gleichen Transport gewesen war, hatte ein SS-Mann Chaya ihr Kind aus den Armen gerissen und einer älteren Frau in die Hände gedrückt. Chaya sollte in die Gruppe der Arbeitsfähigen eingereiht werden. Etia weinte bitterlich und Chaya wollte sich unter keinen Umständen von ihrem verzweifelten Baby trennen lassen. Der Bekannte erzählte Meir, wie sehr die Umstehenden auf Chaya eingeredet hätten, ihr Kind gehen zu lassen und sich selbst zu retten. »Wir bettelten sie an«, erzählte er Meir. »Rette dich selbst!« Das Kind wäre sowieso verloren gewesen. Es war vergebens. Chaya wollte nicht leben, wenn Etia sterben musste. Sie griff nach ihrem Baby, nahm es in ihre Arme und beruhigte Etia. Beide wurden unmittelbar in die Gaskammer geführt, so erzählte der Bekannte, der selbst überlebt hatte. Etias Schrei nach Leben beim Grenzübertritt entpuppte sich als ihr gemeinsames Todesurteil. Meir brauchte lange, um den Tod seiner geliebten Schwester akzeptieren zu können.

21
DANACH

Auch jetzt, an der Schwelle zu unserem neuen Leben in Freiheit, übernahm Sarah die Führungsrolle. Sie hatte die Idee, zu Onkel Philip zu ziehen, der für sie in ihrer Zeit in Munkatsch wie ein Ersatzvater gewesen war. Am Ende kam es so: Sarah sollte mit Esther und mir nach Budapest gehen, während Riku mit Meir in Rumänien bleiben und nach Sighet ziehen wollte, das etwa 60 Kilometer von Unterwischau entfernt lag. Meir war vor dem Krieg dort am Gymnasium gewesen und hatte aus dieser Zeit immer noch viele Kontakte, die beiden bei einem Neustart behilflich sein konnten. Sarah, Esther und ich waren geschockt ob ihres Entschlusses. Doch Riku war sehr heimatverbunden und konnte sich ein nochmaliges Weggehen, zumal so schnell, nicht vorstellen. Über ein Jahr lang hatten wir jeden einzelnen Tag zusammen verbracht, wir hatten uns gegenseitig umsorgt und beschützt, waren mehrfach gemeinsam dem Tod von der Schippe gesprungen, nie waren wir uns so nah gewesen wie in jener Zeit. Und auch wenn unser großer Bruder auf Riku aufpassen würde, konnten wir drei Schwestern kaum akzeptieren, dass sie uns nicht nach Budapest begleiten würde. Die Trennung von ihr nahm uns schwer mit. Philip wiederum besaß in Budapest eine große Wohnung und hatte uns Mädchen angeboten, zu ihm zu kommen und bei ihm zu leben. Im September 1945, vier Monate nach unserer Befreiung, kam ich mit

Sarah und Esther dort an. Als unser Zug im Hauptbahnhof einfuhr, wartete Philip bereits am Bahnsteig auf uns, um uns in Empfang zu nehmen. Wir hatten noch keine genaue Idee, wie unser Leben jetzt weitergehen würde. Am Ende blieben wir rund eineinhalb Jahre bei ihm. Es war die Zeit, die wir brauchten, um uns unmittelbar nach der Haft über unsere Zukunft Gedanken machen zu können. Was sollte jetzt aus uns werden? Wo wollten wir leben? Von was wollten wir leben? Derartige Überlegungen, die in einem normalen Leben in der Schule reiften und zu Hause mit den Eltern besprochen wurden, gab es in Auschwitz logischerweise nicht. Nach der Internierung in einem Vernichtungslager wird man in aller Regel auch nichts mehr. Für unsere jetzige Situation bedeutete das: Wir Schwestern mussten im Eiltempo erwachsen werden.

Philip hatte sich nach der Flucht in Budapest ein neues Leben aufgebaut. Er war der geborene Geschäftsmann. Er verkaufte keine Möbel mehr, dafür Perserteppiche und Artefakte aller Art – und das sehr erfolgreich. Philip war es wichtig, dass wir Englisch lernten, deshalb organisierte er uns schon bald einen Lehrer, der uns privat unterrichtete. Er dachte weiter und sprach davon, dass wir irgendwann nach England oder Amerika auswandern sollten. Die Länder der alliierten Kriegsgewinner, mit ihren großen jüdischen Communitys, boten seiner Meinung nach die größten Chancen für uns. Als Gegenleistung dafür, dass wir bei ihm wohnen durften, fühlten wir uns verpflichtet, ihm den Haushalt zu führen und für ihn zu kochen. Er hatte es nicht ausdrücklich verlangt, aber es schien ihm ganz recht so, auch wir fühlten uns dadurch besser. Philip war Witwer, seine erste Frau war mit dem gemeinsamen Sohn und ihren Eltern in Munkatsch geblieben und später mit der gesamten jüdischen Gemeinde der Stadt nach Auschwitz deportiert worden. Mit uns war Philip weniger allein, das genoss er sichtlich, aber auch wir waren ihm sehr dankbar, dass er uns, die wir nichts mehr besaßen, einen Platz zum Leben gab.

Er teilte Taschengeld an uns aus, damit konnten wir in unserer Freizeit mit der Straßenbahn durch die Stadt fahren, Süßigkeiten kaufen – wir drei liebten Süßigkeiten aller Art – oder ins Kino gehen. Der erste Film, den ich überhaupt auf einer großen Leinwand sah, war *Vom Winde verweht*. In Budapest liefen Filme im englischen Original, was meinen Sprachkenntnissen zugutekam. Ich habe den Film bestimmt viermal gesehen, diese unmögliche Liebesgeschichte konnte mein Herz wieder berühren, was mich selbst überraschte. Fast noch mehr ist mir der Film *Gilda* in Erinnerung geblieben, mit Rita Hayworth in der Hauptrolle. Gilda ist eine Frau unter Männern, auch sie ist als Sängerin und Tänzerin in einem Spielcasino auf den ersten Blick eine Gefangene. Und trotzdem war Gilda für mich ein Feenwesen aus einer fernen Galaxie. Keine Muselfrau, wie in Auschwitz üblich, sondern eine elegante, emanzipierte, moderne Frau, die sich von den Männern nicht herumkommandieren ließ. Ganz im Gegenteil: Gilda begehrte auf, gab den Männern die Schuld an den Katastrophen der Welt und offenbarte ihnen damit die weibliche Macht, die sie über sie besaß, weil sie schön war, blond und begehrenswert. Und ganz anders als die Männer glaubten, war sie eben nicht die Betrügerin oder Ehebrecherin, sondern eine Frau, die wahre Liebe suchte. Ich war fasziniert von dieser Gilda und konnte nicht glauben, dass auch sie eine Frau des Jahres 1946 war. Eine Frau wie Gilda, dachte ich im Kinosessel, hätten die Nazis nie und nimmer deportieren und gefangen halten können, eine Frau wie Gilda hätten sie nie entmenschlichen können, so weit hätte ihre Macht gar nicht gereicht. Das Kino war für mich der Raum, in dem ich mir wieder eine andere Realität vorstellen konnte als die, die ich gerade hinter mich gebracht hatte. Die Realität meiner Träume. Natürlich war *Gilda* kein Film, den mein Vater mir aus religiösen Gründen empfohlen hätte, aber es war ein Film, von dem ich mir für mein neues Selbstbewusstsein, das ich in Zukunft brauchen würde, einiges abschauen konnte. Sarah, Esther und ich mochten unser neues Leben in Budapest.

Eines Tages im Frühjahr 1946 kam Philips Cousin Yosef zu Besuch, der genau wie Philips Bruder Jakob bereits im damals noch britischen Mandatsgebiet Palästina lebte. Beide waren rechtzeitig vor dem Krieg aus Europa geflohen. Als Yosef sah, wie ich Philips Schuhe polierte und die Zimmer sauber machte, wurde er wütend. »Du hältst die Mädchen wie bessere Zimmermädchen. Warum lässt du sie nicht nach *Eretz Israel* gehen?«, griff er Philip an. Yosef lebte in einem Kibbuz namens Kfar Masaryk im Norden des Landes und schwärmte uns von dem typischen Kibbuzleben vor, in dem es keine Bediensteten gab, sondern alle gleich verantwortlich waren und sich jeder und jede für den anderen in den Dienst stellte. Yosef glaubte, dass auch wir diesen Schritt tun und in das Land gehen sollten, das in den biblischen Schriften als Ursprung des jüdischen Volkes beschrieben wird. Nach dem Krieg aber stand das »Land Israel« als UN-Mandatsgebiet Palästina noch unter britischer Herrschaft und war für Jüdinnen wie uns nicht ohne Weiteres erreichbar. Ich erinnerte mich: Der traditionelle Vers »Für das nächste Jahr in Jerusalem«, ein Wunsch, den jeder Jude, jede Jüdin im Exil am Sederabend, zu Beginn des Pessachfestes, spricht, war auch Papas große Sehnsucht gewesen. Bis zu seinem Tod träumte er vergeblich davon. Und so gab es in den Tagen, in denen Yosef in Budapest zu Besuch war, etliche Diskussionen mit seinem Cousin Philip, der uns – im Gegensatz dazu – immer noch von Amerika vorschwärmte.

Wir Schwestern waren der Meinung, auch weil wir nicht undankbar sein wollten, Philip sollte die Entscheidung über unsere Zukunft treffen. Sarah, die in Munkatsch auf eine zionistische Schule gegangen war, machte allerdings keinen Hehl daraus, wohin sie am liebsten wollte. Nun gab es im Prinzip zwei Möglichkeiten: Entweder wir schlössen uns einer der großen politischen Jugendorganisationen an oder der »Jüdischen Brigade«, einer jüdischen Kampfeinheit innerhalb der britischen Armee, die im Krieg an der Seite der Alliierten kämpfte. Da wir politisch niemandem nahestanden, schien uns der Weg über die Brigade geeigneter zu sein. Jüdischen Überlebenden war es unmittelbar nach dem Krieg und vor der offiziellen Staatsgründung Israels 1948 zwar verboten nach Palästina zu reisen, die »Jüdische Brigade« störte das allerdings wenig und sie hielt zu der Zeit nach Überlebenden des Krieges Ausschau, die in das Gelobte Land wollten. Wie uns drei Schwestern zum Beispiel.

Für 400 US-Dollar würde jede von uns von einem Offizier der Brigade adoptiert oder geehelicht oder sonst wie zu einem Teil der Familie gemacht werden und könnte so die Reise nach Palästina antreten. Älteren Frauen wurden fiktive Eheurkunden ausgestellt, junge Männer und junge Frauen wurden als Kinder der Brigadesoldaten registriert. 400 US-Dollar waren damals sehr viel Geld, doch Philip, der uns die Reise bezahlen würde, überlegte nur kurz. Er konnte es sich leisten und war nun selbst davon überzeugt, dass Palästina die richtige Entscheidung für seine Nichten sein würde. Und so wurde ich innerhalb von wenigen Wochen die Tochter des Militärrabbiners der Brigade, amtlich bestätigt durch einen gefälschten britischen Reisepass mit Palästina-Stempel. Ich durfte damit aufs Schiff, Sarah und Esther wurden mit ihren eigenen Legenden auf andere Schiffe verteilt und kamen etwas später nach. So schnell wie ich war eine Auschwitz-Überlebende nur selten zur Passfälscherin avanciert. Es zeigte aber auch, wie schwierig es war, sich nach dem Krieg als Holocaust-Überlebende legal eine neue und sichere Existenz aufzubauen.

Kurz vor meiner Abreise gingen wir drei Schwestern noch ein letztes Mal zusammen in die Stadt und besuchten den damals so genannten »Zigeunermarkt« im Stadtzentrum von Budapest. Während wir herumschlenderten, griff eine vermeintliche Wahrsagerin ungefragt nach meiner Hand und wollte mir meine Zukunft voraussagen. Ich wollte nicht, ich glaube nicht an derlei Schnickschnack, und zog meine Hand zurück. Die Frau ließ nicht locker und griff wieder nach ihr. Sarah und Esther amüsierten sich, weil ich mich so anstellte. Ich gab schließlich nach. Die selbst ernannte Hellseherin schaute auf die Linien meiner Handinnenflächen und sprach davon, dass ich schon bald eine weite Reise übers Meer antreten würde und dass ich in einem neuen Land einen dunkelhäutigen Mann kennenlernen und mich in ihn verlieben würde. »Du wirst diesen Mann heiraten und Kinder mit ihm bekommen«, das sagte die Hellseherin wörtlich zu mir. Das mit der Reise war in der Tat verblüffend, weil ich ihr nichts von meinen Israel-Plänen erzählt hatte, den Rest hielt ich für das übliche Liebesgefasel, was sollte eine Wahrsagerin auch schon anderes erzählen, als dass man bald die Liebe seines Lebens finden würde. Ich glaubte ihr nicht, sollte aber feststellen, dass es genauso kommen würde.

Auf hoher See, Richtung Israel, wurde ich sehr schnell seekrank. Es war meine allererste »Kreuzfahrt«. Der alternde, ehemals zivile Dampfer namens »André-Panama«, der von der Brigade in ein Flüchtlingsschiff umfunktioniert worden war, schwankte in den Wellen wie ein betrunkener Seemann. Unsere Schiffsroute führte vom Hafen von Marseille über Beirut im Libanon bis nach Haifa. Ein einziges Mal legten wir während der mehrtägigen Überfahrt in einem Hafen an, um aufzutanken. In Beirut kamen Menschen in farbenprächtigen orientalischen Gewändern an Bord, die ich so nie zuvor gesehen hatte. Die fliegenden Händler verkauften Kleidung, Gewürze und Essen, einer trug einen ganzen Bananenstrauch in seinen Händen. Ich war fasziniert und staunte, ich hatte in meinem Leben noch nie Bananen gegessen. Selbstredend, dass es in Auschwitz und den anderen Lagern kein Obst zu essen gegeben hatte. Von meinem letzten Taschengeld, das mir Philip für die Reise zugesteckt hatte, kaufte ich mir zwei Bananen, die so intensiv cremig schmeckten, dass meine Übelkeit mit einem Mal verflogen war. Dieses Menschen-, Farben- und Duftgewirr am Hafen von Beirut machte einen bleibenden Eindruck auf mich, ich war schwer begeistert. Im Fahrtwind vermischte sich der süßlich-würzige Duft des Orientalischen mit der salzigen Luft auf hoher See und kündete von einer Freiheit, die ich mir in den Lagern so sehr ersehnt hatte.

Wenn ich heute zurückdenke an das, was die Wahrsagerin in Budapest 1947 zu mir sagte und daran, dass ich meinen zukünftigen Ehemann Shlomo, der tatsächlich aus Beirut kam und dunklere Hautfarbe besaß, bereits drei Jahre später heiraten sollte, kann man alles dem großen Glück des Zufalls zuschreiben, oder man glaubt an so etwas wie ausgleichende Gerechtigkeit oder an eine schicksalhafte Wiedergutmachung, die nicht von dieser Welt ist. Diese Schiffsreise über das Mittelmeer war für mich der Aufbruch in mein neues, ein besseres Leben, ein Leben jenseits des Stacheldrahtzauns. Alles, was jetzt noch kommen konnte, musste besser sein als das Erlebte, das hinter mir lag, auch wenn es noch in mir war.

22
HEILUNG

Im Juni 1947 kam die »André-Panama« im Hafen von Haifa an. Ich war die Erste von uns Schwestern in der neuen Heimat, die unter Führung der britischen Mandatsregierung stand. Mein Onkel Jakob, Philips Bruder, erwartete mich am Hafen. Jakob war 1938 auf einem Kohleschiff ausgewandert und lebte jetzt mit seiner Frau und seinen zwei kleinen Kindern im Ort Kiryat Motzkin nahe Haifa. Jakob wollte uns alle drei aufnehmen, wobei sich die Sache mit Sarah vor Ort plötzlich zu verkomplizieren drohte. Sie war zum Schein eine Ehe mit einem jungen Brigadesoldaten eingegangen, der sich auf diesen Deal eingelassen hatte. Bei der sehr nüchternen »Eheschließung« in Budapest trafen sich die beiden zum zweiten Mal in ihrem Leben, man konnte also nicht ernsthaft von der großen Liebe sprechen. Allen Beteiligten schien klar zu sein, worum es eigentlich ging. Nach der Ankunft in Palästina aber war auf einen Schlag alles anders, der Soldat war nicht mehr bereit sich von ihr zu trennen. Während der Überfahrt hatte er sich unsterblich in Sarah verliebt. Als er ein Jahr später endlich in die Scheidung einwilligte, nahm er sich kurz darauf das Leben. Erst später erfuhren wir Schwestern von Sarah, dass der junge Soldat an einem kriegsbedingten Belastungstrauma litt. Niemand ahnte damals, wie verzweifelt er offenbar war und dass er so weit gehen würde. Es war schlimm. Nicht in erster Linie, aber eben auch für Sarah. Wir Schwestern mussten lernen, dass uns der Tod Zeit unseres Lebens nicht mehr aus den Augen lassen würde.

Nach meiner Ankunft wohnte ich also zunächst bei Philips Bruder Jakob. Noch war ich nur die Vorhut, aber die Wohnung war viel zu klein, als dass wir alle drei dort hätten leben können. Als Sarah ins Land kam, schloss sie sich früh der »Hebrew Defense Organisation« an, einer jüdischen Militärorganisation, und zog aus. Jakob brachte Esther und mich in der Familie einer Schwester unseres Vaters Fivish unter. Sie lebten in der Nähe von Tel Aviv und waren streng religiöse ultraorthodoxe Juden. Jakob dachte, dass wir bei unserer Tante am besten aufgehoben seien, zumal auch wir religiös erzogen worden waren. Es kam dann aber doch ganz anders. Da wir mittellos waren und kein Geld hatten, weigerte sich der Ehemann unserer Tante uns dauerhaft aufzunehmen. Stattdessen sollten wir, so sein Vorschlag, auf ein streng religiöses Internat. Das aber ging dem moderaten Jakob viel zu weit, noch dazu hatte er gar nicht das Geld, die Kosten dafür zu übernehmen. Was also tun? Es gab noch eine allerletzte Option …

Jakob kannte eine Agentur, die junge Immigranten aus Europa, die den Holocaust überlebt hatten, in Kibbuzen unterbrachte. Wir sprachen beim »Büro für Jugendimmigration« vor. Sie boten Esther und mir daraufhin schnell und unbürokratisch einen Platz im Kibbuz Mizra an, der südlich von Nazareth im Jesreel-Tal lag. Wir überlegten nicht lange, was wir gehört hatten, gefiel uns. Und dennoch: Das Leben in einem »linken« Kibbuz war für mich, in Rumänien aufgewachsen, auf dem Land groß geworden und konservativ-religiös erzogen, ein echter Kulturschock. Im Kibbuz wurde nicht koscher gekocht, sogar Schweinefleisch stand auf dem Speiseplan. Ich kann mich nicht erinnern, jemals zuvor Schwein gegessen zu haben. In Mizra gab es ein Gemeinschaftsleben, in das sich jeder nach seinen Möglichkeiten und Talenten einbringen musste. Morgens wurden wir zur Arbeit auf den Feldern eingeteilt und bewirtschafteten das Land, Schule war immer erst nachmittags. Was mir vom ersten Tag an auffiel: Die Apfelbäume und die Äpfel waren hier viel kleiner als die, die ich aus meiner rumänischen Heimat kannte und mit denen mein Vater gehandelt hatte.

Die Schule im Kibbuz war sehr gut organisiert. Motivierte, gut ausgebildete Lehrer kümmerten sich um die etwa 40 Teenager aus ganz Europa, die in den Wirren des Krieges alle ähnlich traumatische Erfahrungen gemacht hatten. Und obwohl sich der Kibbuz sehr bemühte, trennte ein unsichtbarer Korridor diejenigen Familien, die schon vor dem Krieg hierher ausgewandert waren, von denjenigen, die erst nach dem Krieg dazukamen. Einmal bekam ich mit, wie der Rektor der Schule die anderen Kinder vor uns »Holocaust-Überlebenden« warnte, sie sollten vorsichtig sein im Umgang mit uns und am besten Abstand halten, wir könnten krank sein und schwere Krankheiten übertragen. Das stimmte zwar nicht, auch, weil wir alle bei der Aufnahme in den Kibbuz medizinisch untersucht worden waren. Wären wir nicht vollkommen gesund gewesen, hätten wir gar keinen Platz in Mizra bekommen. Solche Gerüchte hielten sich dennoch lange und beschämten uns immer wieder aufs Neue. Doch alles in allem erinnere ich mich sehr gerne an die schöne Zeit dort zurück. Wir waren von Liebe und Zuneigung umgeben, was mir, nach den Erfahrungen in der Gefangenschaft, Linderung verschaffte. Ich holte meinen Schulabschluss nach und wollte mich damit an der Universität bewerben. Als die Zulassung zum Studium endlich eintraf, musste ich meine Ausbildung jedoch einmal mehr hinten anstellen. Es herrschte wieder Krieg.

Der Kibbuz Mizra gehörte der linkssozialistischen »Hashomer Hatzair«-Bewegung an und unterhielt enge Verbindungen zu politischen Jugend- und Militärorganisationen, darunter auch dem »Palmach«. Der Palmach war, vor der offiziellen Gründung Israels 1948, eine paramilitärische jüdische Untergrundorganisation, deren hauptsächliches Ziel darin bestand, Jugendliche für den Freiheitskampf in eigener Sache zu mobilisieren und auszubilden. Seine fähigsten Mitglieder sollten in naher Zukunft Führungspositionen im neuen Staat übernehmen und eine Infrastruktur für eine geordnete, demokratisch legitimierte Armee aufbauen. Der Palmach, der sich etwa zur Hälfte aus Überlebenden des Holocaust rekrutierte, sprach auch mich an und bot mir eine Ausbildung zur Rettungssanitäterin an, die ich im Herbst 1947 absolvierte. Ich war sehr stolz darauf, das weiß ich noch. Danach wurde ich in ein Camp in die Negevwüste verlegt. Wir lebten in kleinen Holzbaracken auf dem sogenannten »Skorpionshügel«, südöstlich von Be'er Scheva, der nur über steile Serpentinen und die Passhöhe Ma'ale Akrabim erreichbar war. Unsere Aufgabe bestand darin, die Straße nach Eilat zu kontrollieren, mit dem Ziel, Be'er Scheva von den arabischen Einheiten zu befreien, die von Ägypten aus unterstützt wurden. Ich kümmerte mich in erster Linie um die medizinische Versorgung der Verletzten aus den eigenen Reihen. Dabei erinnere ich mich an ein Gefecht entlang der ägyptischen Grenze Anfang 1948, bei dem sieben Palmachkämpfer aus unserer Einheit ihr Leben verloren. Schon wieder Krieg, schon wieder Tod. Es ließ mich nicht los.

Und wieder wanderten meine Gedanken zurück nach Auschwitz. Diesmal aber gab es einen großen Unterschied: Diesmal waren wir in der Lage, uns selbst zu verteidigen, anders noch als im Zweiten Weltkrieg, als wir dem schrecklichen Treiben der Nazis hilflos ausgeliefert waren. Für mich bestand kein Zweifel an der Tatsache, dass unsere Hilflosigkeit in den Lagern vor allem auch darauf zurückzuführen war, dass wir keine eigenständige und anerkannte Nation im eigentlichen Sinne waren, weswegen uns auch niemand zu Hilfe kam. Wenn einem also selbst in unserer neuen Heimat, im neuen Staat vorgeworfen wurde, wir hätten uns nicht gewehrt und wie Lämmer zur Schlachtbank führen lassen, dann konnte diese Lehre für mich jetzt nur heißen, mutig zu sein, mich wehren zu wollen, mich wehrhaft zu machen. Natürlich hofften wir, nicht kämpfen zu müssen, aber Lämmer auf der Schlachtbank wollten wir auch keine mehr sein.

Zu Beginn meiner Zeit beim Palmach ließ ich mich deshalb auch an der Waffe ausbilden. Und auch wenn ich nie auch nur ein einziges Mal selbst geschossen habe, die Fähigkeit, mich selbst verteidigen zu können, veränderte für mich persönlich eine ganze Menge. Ich war nicht mehr das junge, naive Ding und Opfer meiner Umstände, ich wollte überhaupt kein Opfer mehr sein. Zumindest betrachtete ich mich selbst nicht mehr als solches. Die Frage, die aber blieb, sie beschäftigte mich damals und sie tut es bis heute: Warum lösen wir Juden überall in der Welt so viel Hass aus? Warum müssen wir Juden uns, selbst in unserem eigenen Land, ständig bewaffnen, warum müssen wir uns immer wieder wehren, immer kämpfen? Natürlich kenne ich die religiösen, historischen Hintergründe, ich kenne alle bekannten Erklärungsmuster, überzeugen konnten sie mich alle nicht. Ich warte also immer noch auf die eine vernünftige Antwort, die dieses große Rätsel der Welt für mich lösen kann. Warum müssen wir uns ständig verteidigen?

Meine Zeit im Palmach stieß bei mir den Beginn eines Heilungsprozesses an. Die Sicherheit, mich selbst verteidigen zu können, machte mich als junge Frau insgesamt selbstbewusster und stärker, auch weil ich meinen Teil zur Verteidigung unseres Platzes in der Welt beitragen konnte. Wenn man selbst aktiv etwas für die gemeinsame Sache tun kann, in meinem Fall war es vor allem meine Arbeit als Sanitäterin, dann hilft das dabei, die eigenen Ängste abzubauen. Das Tragen einer geladenen Waffe tat sein Übriges. Ich erlebte mich nicht mehr als ohnmächtig wie noch in Auschwitz, sondern zunehmend als tatkräftig und auch wirkmächtig. Meine Rehabilitation machte Fortschritte, so glaubte ich. Während es etliche junge Frauen in unserem Bataillon gab, die aufgrund ihrer Kriegserlebnisse sehr schreckhaft und ängstlich waren und nachts bereits beim kleinsten Geräusch panisch zusammenzuckten, fühlte ich mich geradezu ermutigt mich zu melden, wenn nachts ein Wachposten für unser Camp gesucht wurde. Ich war eine der wenigen Frauen, die in unserer Einheit Dienst schoben, wenn es dunkel war.

Schon als Kind war ich wenig schreckhaft gewesen. Ich sah in mir selbst ein mutiges junges Mädchen, das in den Wäldern rund um Unterwischau nach immer neuen Abenteuern suchte. Ich hatte keine Angst vor der Dunkelheit oder dass mir etwas passieren könnte draußen in der Natur. Das lag vielleicht auch an meinem Gottvertrauen. Ich ging einfach nicht immer gleich vom Schlimmsten aus. Mit der Erfahrung in den Lagern und dem Schwinden dieses Gottvertrauens hat sich meine Haltung im Laufe der Jahre allerdings sehr gewandelt. Mit jedem Jahr, das ich älter wurde, verschwand auch meine furchtlose Art Stück für Stück. Ich habe über die Jahre Ängste entwickelt, die ohne Auschwitz in dem Maße wohl nie aufgetreten wären. Auschwitz entfaltete seine volle Wirkung erst mit der Zeit. Wie ein schleichendes Gift, das erst ganz allmählich und dann immer stärker in das Bewusstsein einsickert und die eigene Wahrnehmung manipuliert und trübt. Und damit meine ich nicht nur die Albträume, die mich plagten.

Wenn sich heute jemand heimlich an mich heranschleicht, mich ungefragt von hinten berührt oder umarmt, weil er mich überraschen will, sollte er auf einen hysterischen Schrei gefasst sein. Der Schrecken fährt mir augenblicklich wieder in die Glieder und ich empfinde Todesangst. Jeder, der mich kennt, weiß das und würde es nie tun. Genauso wenig mag ich das Bellen von Hunden, das können auch ganz kleine Hunde sein, irgendwelche Pudel, die an mir vorbeilaufen, völlig egal. Kläffende Hunde sind für mich automatisch deutsche Schäferhunde, die die SS-Wachen in Auschwitz auf uns hetzten. Wenn man nicht weiß, was im nächsten Augenblick passiert, ob der nächste Augenblick vielleicht schon der letzte sein wird, führt das zu einer kontinuierlichen Angefasstheit und Ängstlichkeit, die mit dem Alter sehr viel schlimmer wird.

Während ich damals ohne Ziel und Perspektive war, plane ich heute jedes private Treffen bis ins Detail. Meine Söhne müssen das dann ausbaden. Ich notiere mir jeden Termin, jedes Spazierengehen und jedes Kaffeetrinken mit genauer Uhrzeit in meinem Kalender. Und wehe, wir sind verabredet und die Jungs kommen nicht auf die Minute pünktlich. Wenn ich sie dann anrufe und nicht erreiche, fährt mir der Schrecken prompt wieder in die Glieder. Wie kann das sein? Ist ihnen etwas zugestoßen? Warum sind sie nicht pünktlich? Sie wissen doch, wie wichtig mir das ist. Warum rufen sie nicht an, warum gehen sie nicht ans Telefon? In meinem Kopf spielt die Angst Domino und stößt eine Befürchtung nach der anderen an. Dann kann es schon mal passieren, dass ich mich aufgeregt ins Auto setze oder ins Taxi, zu ihnen nach Hause fahre und nachsehe, ob auch wirklich alles gut ist. Natürlich geht es ihnen gut. Und wenn ich sie zu Hause nicht antreffe, dann deshalb, weil sie zur gleichen Zeit in meiner Wohnung stehen und sich wundern, wo ich geblieben bin. Jetzt machen sie sich wiederum große Sorgen und rufen mich aufgeregt am Handy an. Und alles nur deshalb, weil sie im Stau gestanden haben, das Handy keinen Empfang hatte und ich sie deshalb nicht erreichen konnte. Sie mögen mich für verrückt halten, aber genau so bebt Auschwitz bis heute in meinem Alltag nach.

Ich blieb insgesamt fast ein Jahr beim Palmach. Noch bevor David Ben-Gurion mit der Staatsgründung Israels 1948 alle paramilitärischen Organisationen offiziell auflöste, kehrte ich in meinen Kibbuz nach Mizra zurück. Auch das ist eine Parallele, die mir erst viele Jahre später aufgefallen ist. Die Gründung des Staates Israels datiert auf den 14. Mai 1948, einen Tag vor meinem 19. Geburtstag. Exakt vier Jahre zuvor, in der Nacht des 14. auf den 15. Mai 1944 kam ich in Auschwitz an. Dass sich alles um meinen Geburtstag herum abspielte, mochte purer Zufall sein und dennoch: Innerhalb von nur vier Jahren hatten sich die Bedingungen meines Lebens radikal geändert. Gerade noch war ich das ausgelieferte, entmenschlichte, entrechtete und namenlose Wesen, das nur über seine Lagernummer identifizierbar war. Jetzt war ich im Begriff eine Staatsbürgerin zu werden, ich würde eine Passnummer erhalten, die mir mein verbrieftes Recht auf meine Existenz garantierte.

Jetzt war ich endlich bereit, den Krieg hinter mir zu lassen. Ich war bereit für die Liebe.

23
VORURTEIL

Meinen Ehemann Shlomo lernte ich in Mizra schon vor meiner Zeit beim Palmach kennen. Zunächst waren wir beide sehr gute Freunde und wussten nicht so recht, ob es vielleicht auch mehr sein könnte. Jedenfalls war Shlomo von Anfang an sehr angetan von mir, das merkte ich natürlich. Ich erinnere mich an einen Fronturlaub während des israelischen Unabhängigkeitskrieges im Jahr 1948. Damals trampte ich aus dem Kriegsgebiet zurück nach Mizra. Shlomo war die ganze Zeit in großer Sorge um mich, während ich an der Grenze zu Ägypten stationiert war. Zurück im Kibbuz zeigte ich ihm die Drills, die ich beim Palmach durchlaufen und die Selbstverteidigungsübungen, die ich gelernt hatte. Bei einer der Übungen legte ich ihn, obwohl er viel größer und stärker war als ich, ziemlich spektakulär aufs Kreuz. Shlomo war sehr beeindruckt. Danach aber klagte er über Schmerzen im Arm, auf den er sich im Fallen abgestützt hatte. Später stellte sich heraus, dass er sich dabei unglücklicherweise die Handwurzel gebrochen hatte. Das war der Knackpunkt, der aus besten Freunden ein Liebespaar werden ließ. Von da an war ich im Kibbuz als die Frau bekannt, die ihrem Freund, als Zeichen ihrer Liebe, die Hand gebrochen hatte.

Ich erzählte Onkel Jakob in Haifa von meinem neuen Freund und sagte ihm auch, dass er ein Jude aus dem Libanon sei. Jakob fragte, ob er ein »farbiger Jude« sei. Wenn ja, dann sei Shlomo in seinem Haus nicht willkommen. Ich war wie vor den Kopf gestoßen und konnte mir sein Verhalten nicht erklären. So hatte ich Jakob nie zuvor kennengelernt. Ich erklärte meinem Onkel, dass ich sein Haus dann ebenso nicht mehr betreten würde. »Ich werde Shlomo deinetwegen nicht verlassen«, erklärte ich ihm und meinte das auch so. Ich war sehr enttäuscht. Keine drei Jahre zuvor war ich selbst Opfer einer perfiden, rassistischen Ideologie geworden und jetzt würden wir selbst andere diskriminieren, nur weil sie anders aussahen? Was sollte das? Jakob wollte mir weismachen, die »farbigen Juden« seien anders, sie hätten ein hitziges Temperament und einen falschen Charakter, man könne ihnen nicht trauen. Tatsächlich, so glaube ich, störten sich gläubige aschkenasische Immigranten wie Jakob vor allem daran, dass Menschen wie Shlomo, nachweislich jüdisch, doch in einem arabischen Land geboren, auch in Israel ganz bewusst ihre arabische Mentalität leben wollten. Meiner Meinung nach war das, gerade für einen so starken Charakter wie Shlomo, völlig richtig. Warum hätte er die Bräuche und Lebensweisen aus seinem Geburtsland Libanon leugnen und aufgeben sollen? Mit welchem Recht hätte man das von ihm verlangen dürfen? Später, als Jakob Shlomo persönlich kennenlernte, mochte und schätzte er ihn sehr. Die eigenen Vorbehalte spielten auf einmal keine Rolle mehr. Sie waren ihm im Nachhinein auch sehr unangenehm, besser, man sprach ihn gar nicht erst darauf an. Diese kleine Geschichte belegt einmal mehr, was wir heute schon lange wissen, eine Binsenweisheit, die wir dennoch immer noch viel zu selten in die Tat umsetzen: Wenn ich nur einen von ihnen persönlich kennenlerne, vielleicht sogar mit einem oder einer von ihnen befreundet bin, dann gibt es plötzlich nicht mehr »die Juden« und auch nicht »die Araber« oder »die Palästinenser«, es gibt dann nur noch Shlomo oder Rachel oder Jakob. Und auf einmal fließen Vorurteile, Ablehnung, vielleicht sogar Hass ab wie schmutziges Badewasser aus einer Wanne, deren Stöpsel man gezogen hat. Ist das denn so schwer?

Shlomo war in Beirut geboren und drei Jahre älter als ich. Sein Vater Simon war Vorstand der jüdischen Gemeinde der Hauptstadt, seine Mutter Jamila stammte ursprünglich aus Damaskus. Shlomo war der vierte von insgesamt sieben Brüdern. Ihr Vater Simon sammelte Geld für die Synagoge in Beirut und unterhielt enge Kontakte zur »Hagana«, der bedeutendsten und größten zionistischen, paramilitärischen Untergrundorganisation in Palästina vor der eigentlichen Staatsgründung. Simon war, unter seinem arabischen Namen Aref, eine Art Geheimagent für die Aktivitäten der Hagana in Beirut. Wenn jüdische Agenten von Palästina aus in den Libanon geschickt wurden und spurlos verschwanden, wurde Simon aktiviert, um sie zu suchen. Wie dem Palmach ging es auch der Hagana darum, immer noch mehr Juden in das Land ihrer Vorväter zurückzuholen. Mit der zunehmenden jüdischen Besiedelung, so die Idee dahinter, würde man den Druck auf die konkreten politischen Vorbereitungen einer Staatsgründung erhöhen und gleichzeitig die Gegenwehr im Unabhängigkeitskrieg von 1948 stärken.

Drei von Simons Söhnen traten später in die Fußstapfen ihres geheimnisumwitterten Vaters und spionierten in den umliegenden arabischen Hauptstädten Beirut, Amman und Damaskus für den Nachrichtendienst der Hagana wichtige Informationen über die militärischen Pläne des Feindes aus. Shlomo war einer der drei. Mit 14 Jahren kam er das erste Mal aus Beirut nach Israel und schmuggelte, im Auftrag einer zionistischen Jugendbewegung, die im Untergrund agierte, Juden aus Syrien und dem Libanon ins Land, ebenso Holocaust-Überlebende, die auf ihrer Flucht vor den Nazis im Libanon hängen geblieben waren. Mit 17 zog er ganz nach Israel und brachte auch seinen jüngeren Bruder David mit. Noch vor der Staatsgründung siedelten alle seine Brüder nach Israel über. David, der Shlomo auch in den Kibbuz nach Mizra gefolgt war, verlor 1962 sein Leben, als er östlich des Sees Genezareth für Israel gegen die syrische Armee kämpfte. Shlomo war ein Abenteurer und Tausendsassa, der sich beruflich immer wieder neu erfand. Ob als verdeckter Hagana-Ermittler, Kurier oder »Judenschmuggler« (wie er sich selbst nannte) entlang der Staatsgrenzen oder später, nach der offiziellen Gründung Israels, als er mehrere Jahre als Guide für junge Immigranten aus arabischen Ländern arbeitete. Eine Zeit lang züchtete er sogar Kälber auf einem Bauernhof, er hatte ein Händchen für Tiere. Wie gesagt: Shlomo war ein echter Tausendsassa. Einmal bekam er das Angebot, eine Polizeilaufbahn einzuschlagen. Das aber wollte ich wiederum nicht. Die Polizei galt zu jener Zeit als besonders gewalttätig, mir zuliebe verzichtete er. Stattdessen wurde er Leiter einer Abteilung des israelischen Gewerkschaftsbundes »Histadrut«, die sich im Norden des Landes um die Rechte von arabischen Arbeitern kümmerte, die gewerkschaftlich organisiert waren. Dabei war er nicht nur sehr erfolgreich, sondern auch bei allen gleichermaßen beliebt, egal ob bei Arabern, Juden oder Drusen, die in Israel eine eigene Religionsgemeinschaft bilden.

Wie sehr sich meine Verwandten zu Beginn in Shlomo irrten, zeigte die Tatsache, wie wichtig ihm das Andenken an meine Familie war. »Wenn du willst, nehme ich deinen Namen an«, meinte er eines Tages, als wir über unsere bevorstehende Hochzeit sprachen. Ein Vorschlag, der absolut untypisch war für die damalige Zeit und für ein so religiöses, traditionelles Land. Es war ihm ein persönliches Bedürfnis, dass mein Familienname weitergeführt wurde, nachdem fast meine gesamte Familie, vor allem die namensgebende männliche Seite, in Auschwitz ausgelöscht worden war. Ich selbst, religiös erzogen, konnte mich jedoch nicht damit anfreunden, meine Schwestern bei ihren Eheschließungen übrigens auch nicht. Und einen Feminismus, auf den ich mich hätte berufen können, den gab es zu der Zeit in Israel noch nicht. Also nahm ich seinen Familiennamen an: Aus Rachel Cahana wurde Rachel Hanan.

24
SCHWEIGEN

Shlomo und ich heirateten 1950, ziemlich genau fünf Jahre nach meiner Befreiung. Es gab im ganzen Kibbuz einen einzigen goldenen Ring, den sich alle Frauen, die heiraten wollten, für die Hochzeit ausleihen konnten. Shlomo und ich wollten eine jüdische Trauung wie Papa sie sich für mich gewünscht hätte. Wäre er noch am Leben gewesen, wäre es ihm ein Herzensanliegen gewesen, für mich eine große, traditionelle Hochzeit zu organisieren. Noch war von meiner Abkehr vom Glauben nicht viel zu sehen. In einem säkularen Kibbuz wie Mizra wurde unser Wunsch eher argwöhnisch beäugt. Ich ließ mir eine weiße Bluse und einen weißen Rock maßschneidern und musste meinen Kopf mit einem Tuch bedecken, genau wie Shlomo, der aus Mangel an Alternativen auf eine Polizeikappe zurückgriff. Der Kibbuz besaß eine Kutsche mit zwei Pferden, die wir uns ausleihen durften und die uns zur nächsten Siedlung außerhalb brachte. Dort wartete der Rabbi, der uns trauen würde. Auf dem Weg zur Trauung wäre ich dabei fast aus der Kutsche gefallen. Im Überschwang der Gefühle war ich während der Fahrt vor Aufregung einfach aufgesprungen und verlor auf den holprigen Wegen prompt das Gleichgewicht. Gott sei Dank hat mich Shlomo, mein Kutschenkavalier, im letzten Moment noch am Arm gepackt und festgehalten. Nach der Hochzeit zimmerte er uns mit Unterstützung des Kibbuz ein kleines Holzhaus, wunderschön zwischen Olivenbäumen gelegen, in das wir nun als Familie Hanan einzogen. Das Holzhaus in Mizra war zwar viel kleiner, aber es erinnerte mich an mein geliebtes Elternhaus in Unterwischau. Einen liebevollen Ehemann, ein eigenes Heim, viel mehr konnte ich mir mit meinen 21 Jahren, nach allem was passiert war, nicht erträumen.

Da auch im Kibbuz niemand genau nachfragte, was eigentlich in Deutschland und den Lagern vor sich gegangen war, machte ich es mir zur Angewohnheit, nur dann über das Vergangene zu sprechen, wenn ich direkt darauf angesprochen wurde. Da niemand fragte, sprach ich auch nicht. In Israel herrschte nach der Staatsgründung ein gesellschaftliches Klima, in dem man nicht mehr einfach so über die Vergangenheit reden wollte – Holocaust inklusive. Israel wollte Anschluss finden an die internationale Gemeinschaft, mit einer Generation, der man ihre Verunsicherung und ihre Verwunderung nicht mehr anmerken sollte. Das Bohren in den Wunden sah man innen- wie außenpolitisch nur als hinderlich an. Zunehmend wurden auch solche Stimmen lauter, die anzweifelten, dass es die Gräuel des Holocaust in der Art und Weise überhaupt gegeben habe. Und das nicht nur in Deutschland, dem Land der Täter, sondern eben auch hier bei uns, im jungen Staat Israel, dem Land der sechs Millionen Opfer und der zig Millionen Familien, die davon betroffen waren. Auch bei uns gab es die, die nicht glauben wollten, dass alles genauso passiert war.

Wenn man sich das heute noch einmal vor Augen führt, mag es paradox, ja sogar vollkommen verrückt erscheinen, dass die Situation in beiden Ländern, so vergleichbar anmutete. In Deutschland schwiegen die Täter, in Israel die Opfer. In Deutschland konnten diejenigen, die schwiegen, womöglich einer strafrechtlichen Verfolgung entgehen und in der neuen Bundesrepublik unmittelbar wieder Karriere machen. In Israel konnten diejenigen, die schwiegen, ihre Traumata nicht bearbeiten und übertrugen sie auf die nachfolgenden Generationen. In beiden Fällen schwiegen die Menschen aus Scham, in beiden Fällen wollte man nicht mehr an die Gräuel der Vergangenheit erinnert werden, was hier und dort über die Jahre zwangsläufig zu großen gesellschaftlichen Verwerfungen führen musste. In beiden Fällen profitierten die Täter vom Schweigen – und nicht die Opfer. Aber: Konnte ein Land, ein Staat sich der Schuld eines von ihm begangenen Verbrechens überhaupt bewusst werden, konnte dieser Staat das Verbrechen aufarbeiten, wenn nicht darüber gesprochen wurde? Und wir, konnten wir einen resilienten Staat gründen auf der Basis eines Traumas, über das kein Wort verloren und das demzufolge auch nicht gelöst wurde? Wenn man genauer darüber nachdenkt, eine höchst irritierende Parallele.

Natürlich wusste Shlomo, dass ich in Auschwitz war. Aber es stimmt, wir haben in der Zeit unserer 38 Ehejahre nie in allen Einzelheiten darüber gesprochen. Ich mache ihm heute gar keinen Vorwurf, das lag an uns beiden. Shlomo war ein Mann seiner Zeit und seiner Herkunft. Ein Jude aus einem arabischen Land, der nie die Chance hatte, mein Geburtsland Rumänien kennenzulernen, geschweige denn das kriegerische Europa der Konzentrationslager. In Shlomos Kultur sprach der Mann nicht über Befindlichkeiten und Gefühle, schon gar nicht mit der eigenen Frau, das hatte er nie gelernt, es wäre ihm auch als Schwäche ausgelegt worden. Shlomo war kein Mann, der zurückblickte, er lebte das Leben mit offenem Visier, den Blick nach vorne gerichtet. Er glaubte, dass auch ich auf diese Weise das Vergangene am besten bewältigen könnte. Nicht in der Trauer und im

Schrecken zu verharren, sondern sich auf das konzentrieren, was das Leben für mich noch alles an schönen, positiven, glücklichen Erfahrungen bereithalten würde. Dass Shlomo nicht nachhakte, kam mir sehr gelegen. Denn das große Trauma meines Lebens beim Namen zu nennen, dazu war ich die längste Zeit meines aktiven Lebens gar nicht bereit.

Leider kam es mit meinen positiven, glücklichen Erfahrungen anders als Shlomo sich das ausgedacht hatte. Während ich nach vorne zu schauen versuchte, bohrte Auschwitz in den Wunden der Vergangenheit. Alles Positive, alles Lebendige, alles Zukünftige war mit den Erfahrungen eines Vernichtungslagers in den Knochen, das Morden, Vergasen, Verbrennen, Auslöschen wollte, im Grunde nicht zu vereinbaren. Konzepte wie »Liebe«, »Kinder«, »Familie«, ja »Glück« lagen jenseits von Auschwitz. Der Erlebniskorridor eines Vernichtungslagers ist das Töten, nicht das Lieben. Diese existenzielle Erfahrung offenbart ihre monströsen Auswirkungen noch Jahre, Jahrzehnte danach. Nach unserer Hochzeit 1950, nach der Geburt unserer Söhne Doron und Yaron eine Weile später, nahmen meine Albträume spürbar zu und wurden mit der Zeit immer heftiger. Die Mauer des Schweigens, die in Israel stillschweigend errichtet worden war und die erst mit dem Eichmann-Prozess Anfang der 1960er-Jahre zu bröckeln begann, belastete nicht nur die Opfer, die sich nicht zu erklären trauten, sondern traumatisierte auch die Familien der Opfer über Generationen hinweg. Mein Ehemann Shlomo war der Held meiner schlaflosen Nächte, er war derjenige, der neben mir lag und mich jede Nacht in Schutz nahm vor den bösen Geistern der Vergangenheit. Es stimmt, Shlomo hat nicht nachgefragt, aber er war derjenige, der jede Nacht für mich in den Kampf zog.

25
SCHATTEN

Noch bevor die Kinder kamen, verließen wir Mizra und zogen nach Haifa in eine Stadtwohnung. Anders als Shlomo tat ich mich beruflich zunächst nicht leicht. Erschwerend kam hinzu, dass sich in der Schule in Mizra eine Lese- und Schreibschwäche gezeigt hatte, die ich nicht von mir kannte, als ich noch in der Volksschule in Unterwischau gewesen war. In Mizra wurde offiziell Legasthenie diagnostiziert. Auf der Suche nach einer Beschäftigung stieß ich eines Tages auf eine Zeitungsanzeige, in der eine Witwe eine Nanny auf Vollzeitbasis für ihre zwei kleinen Kinder suchte. Während des Bewerbungsgesprächs sah die Frau auf meinem Unterarm meine eintätowierte Lagernummer A-13561. Sie reagierte beschämt. Was würden nur die Nachbarn denken, wenn sie sähen, dass sie eine Shoa-Überlebende für sich arbeiten ließe? Das sagte sie auch genauso. Trotzdem bekam ich den Job. Zudem hätte die Witwe wohl kaum weniger Scham empfunden, hätte sie mir den Job allein deshalb nicht gegeben, weil ich Auschwitz überlebt hatte. Zumal ich ihn wirklich dringend brauchte, damit wir uns in der Stadt eine Existenz aufbauen konnten. Junge Frauen, die in einem Kibbuz gelebt und gelernt hatten, waren im jungen Israel gefragt. Sie galten als gut erzogen, gebildet und gewöhnlich auch im Umgang mit Kindern sehr erfahren. Mizra hatte mir meinen ersten bezahlten Job verschafft.

Meine Arbeitgeberin war in zweiter Ehe mit einem südafrikanischem Schönheitschirurgen verheiratet. Mehr als einmal bot sie mir an, dass ihr Mann die Häftlingsnummer auf meinem Unterarm wegmachen könne, das sei heute mit moderner Technologie kein Problem mehr, sagte die Frau. Ich lehnte dankend ab. Wenn sie mich fragte, warum ich nicht wollte, wusste ich zunächst noch keine konkrete Antwort. Die fünfstellige Nummer hat mich als junge Frau nicht gestört und ich habe sie auch gar nicht mehr bewusst wahrgenommen, es sei denn, ich wurde von Fremden darauf angesprochen. Sie gehörte inzwischen zu mir wie meine Reisepassnummer, warum sollte ich das, was mir im Leben zugestoßen war, mutwillig wieder ungeschehen machen und tilgen wollen, so, als wäre es nie geschehen? Es war ja tatsächlich passiert. Es war Teil meines Lebensweges! Hätte mir der Schönheitschirurg die Erinnerung an das Geschehene, die Albträume, mein Trauma weglasern können, hätte ich auf der Stelle zugesagt, das aber konnte er natürlich nicht. Das konnte niemand. So schien es sich lediglich um eine oberflächliche, kosmetische Korrektur zu handeln, die keinerlei größere Bedeutung für mich besaß. Meine *Eidelkeit*, wie es im Jiddischen heißt, hielt sich in Bezug auf meine Häftlingsnummer in Grenzen.

Nach zwei Monaten war mein Job, wie zuvor vereinbart, wieder beendet. Etwa zeitgleich verlor auch Shlomo seine Arbeit, das Einwanderungsprogramm für Immigranten aus arabischen Ländern war eingestellt worden. Als 1952 unser erster Sohn Doron zur Welt kam – auf Hebräisch bedeutet sein Name »Geschenk«, was er für mich auch war, da ich bis zuletzt nicht sicher sein konnte, nach Auschwitz noch Kinder bekommen zu können – plagten uns große Geldsorgen. Trotzdem suchten wir ein Haus für unsere größer werdende Familie. Wir wandten uns an eine Immobilienagentur, die Wohnungen und Häuser speziell an junge Immigranten aus Europa vermittelte. Dort bewarben wir uns und bekamen eine nagelneue eineinhalb Zimmer große Studiowohnung in Akko nahe Haifa zugeteilt. So neu, dass die Kabel für die elektronischen Anschlüsse noch gar nicht verlegt worden waren. Gut vier Jahre später kam unser zweiter Sohn Yaron zur Welt. Solange sie klein waren, blieb ich der Jungs wegen zu Hause. Ich war gerne Mama und wollte das Heranwachsen der Kinder auf keinen Fall verpassen. Ein bisschen Geld konnte ich uns dadurch hinzuverdienen, dass ich mich um die Kinder der Immigranten kümmerte, die in unserem Viertel neu angesiedelt wurden. Mehr und mehr unterstützte ich den zuständigen Supervisor des staatlichen Wohnungsbauprogrammes, einen studierten Sozialarbeiter, der die neu ankommenden Familien aus aller Welt zunächst auf Übergangswohnungen aufteilte, ehe sie eine dauerhafte Bleibe zugewiesen bekamen. Jeden Freitag überprüfte ich, ob dort ausreichend Nahrungsmittel in den Kühlschranken vorrätig waren und ob die Menschen die zum Leben notwendigen Dinge vorfinden würden.

Etliche Wochen später saß ich in Akko wegen eines Bluttests beim Frauenarzt, als ich im Wartezimmer mit einer Frau ins Gespräch kam, die meinem Leben eine neue Richtung geben sollte. Die Frau erzählte mir, dass auf dem Sozialamt gerade eine Stelle frei geworden sei und sie ermunterte mich, umgehend ein Vorstellungsgespräch zu vereinbaren, da die Stadt noch Bewerber suche. Die Frau erzählte auch, sollte ich genommen werden, würde ich umgehend einen Ausbildungsplatz an einem neuen Institut für Sozialarbeit bekommen und könnte dort studieren. In der Stadt wie im ganzen Land gab es einen enormen Bedarf an gut ausgebildeten Sozialarbeiterinnen und Sozialarbeitern, die die verschiedenen kommunalen und staatlichen Programme zur Eingliederung von Einwanderern in dem neu gegründeten Staat begleiteten und organisierten. Dabei ging es in erster Linie um die Betreuung von Familien. Ich war sofort angetan von der Idee, andererseits war ich schon 28, ich hatte ewig nicht mehr die Schulbank gedrückt, auch meine Legasthenie ließ mich zweifeln, ob ich das schaffen würde. Wo war plötzlich mein Mut geblieben? Doch diese Chance konnte ich nicht verstreichen lassen. Noch am gleichen Tag suchte ich die Stadtverwaltung auf und bat um ein Bewerbungsgespräch, das dann auch unmittelbar mit mir geführt wurde. Die Frau, die mich interviewte, wunderte sich zunächst, warum ich so blass aussah, und fragte mich, ob es mir nicht gut gehe. Tatsächlich wurde mir mitten im Gespräch übel, mein Kreislauf sackte zusammen. Ich hatte meine Blutprobe am Morgen auf nüchternen Magen abgegeben und den ganzen Tag noch nichts gegessen, das kam mir jetzt erst wieder in den Sinn. Man gab mir Wasser und ein Stück trockenes Brot. Ich erholte mich schnell wieder und konnte das Bewerbungsgespräch erfolgreich hinter mich bringen. Ausgerechnet beim Arzt hatte ich eine klare Vorstellung von meiner beruflichen Zukunft bekommen: Ich wollte jetzt Sozialarbeiterin werden.

Als ich mein Studium am »Trainingsinstitut für Sozialarbeit« begann, das vom Arbeits- und Wohlfahrtsministerium in Haifa als Berufsfachschule geführt wurde, saß ich mit zehn weiteren neugierigen Studentinnen und Studenten des ersten Semesters gespannt im Hörsaal. Wichtigster Dozent des neuen Instituts war der erfahrene Sozialarbeiter Pinhas Frank, der bereits zahlreiche Bücher über erfolgreiche Sozialarbeit geschrieben hatte und zu meinem großen Mentor werden sollte. Das Unterrichtsniveau war sehr hoch und das Studium interdisziplinär angelegt, es setzte sich neben praktischen Fähigkeiten und der Methodik der Sozialarbeit aus weiteren Fächern wie Psychologie, Soziologie und Betriebswirtschaft zusammen. Eine nachhaltig gute Sozialarbeit sei mehr als nur dafür zu sorgen, dass Kinder und Familien nicht mehr Hunger leiden würden, das war so ein typischer Pinhas-Frank-Satz. Ein guter Sozialarbeiter, eine gute Sozialarbeiterin mussten wissen, wie man Familien Orientierung gibt im Dschungel der staatlichen Behörden und der kommunalen Hilfsorganisationen und ihrer Programme. Sozialarbeit ist dabei immer beides: die Unterstützung von sozialen und finanziellen Bedürfnissen der Menschen und damit eine lebenspraktische und zugleich psychologische Begleitung. Vom Ende her gedacht gehe es vor allem darum, so Franks zentraler Gedanke, die Strukturen zu verändern, die Ungleichbehandlungen hervorbringen würden. Dafür brauche man Geld, das die Gesellschaft bereitstellen müsse. Die Ausbildung zur Sozialarbeiterin wurde für mich zu einer Lebensschule, die mich noch einmal nachhaltig prägen sollte. Und in vielerlei Hinsicht gab mir dieses Institut Antworten auf die Rätsel, die Auschwitz mir aufgegeben hatte.

Insgesamt dauerte die Ausbildung am Institut drei Jahre, danach absolvierte ich weitere Kurse an der Universität in Haifa, etwa zu Themen wie positiver Psychologie, Familienrecht oder auch eine Fortbildung in Logotherapie, die von Viktor E. Frankl entwickelt wurde, den ich hier schon mehrfach erwähnt habe. Während des Studiums mussten wir immer wieder Praktika absolvieren und persönlich in die betroffenen Familien gehen. Einer meiner ersten Fälle, den ich in meinem ersten Jahr als Sozialarbeiterin in Akko betreuen durfte, war ein aufgebrachter Metzgermeister, der mit einem Messer bewaffnet ins Rathaus gestürmt war und den Bürgermeister bedroht hatte. Der Metzger war außer sich, weil die Stadt ihm in der Hauptstraße keinen Laden genehmigen wollte, den man ihm angeblich versprochen hatte. Ich sollte mich um den Mann kümmern, ihn beruhigen und mit ihm Alternativen besprechen. Wenn ich heute zurückschaue, wundere ich mich, woher ich mit Anfang 30 den Mut hatte, zu glauben, dass ich derart schwierige Konstellationen tatsächlich lösen könnte. Ich nahm gegenüber dem Metzger kein Blatt vor dem Mund: »Sie können nicht mit dem Messer durch die Stadt laufen und andere bedrohen. Jedes Mal, wenn Sie wütend sind, fuchteln Sie mit dem Messer herum. Das geht so nicht«, sagte ich ihm klipp und klar. Ich machte ihm keine falschen Versprechungen, die ich später womöglich nicht halten konnte, aber er verstand mit der Zeit, dass er so seinen ersehnten Laden nie bekommen würde.

Natürlich würde ich ihm helfen, sagte ich ihm, und wechselte das Thema. Ich fragte ihn nach seinen Lebensumständen und er erklärte mir, ohne zu zögern, dass er fünf Kinder habe, auf die er sehr stolz sei. Warum ich das wissen wolle? Ich zeigte mich weiter interessiert und wollte mehr erfahren, um ihn und seine Situation besser einschätzen zu können. So begann der Mann von seiner Familie zu erzählen, die er über alles liebte, das konnte man sofort spüren. Sein Ton mir gegenüber veränderte sich merklich. Er war immer noch aufgeregt, aber nicht mehr wegen seines Ladens, sondern in Sorge um die Zukunft seiner Kinder. Seine älteste Tochter würde am liebsten Ballett tanzen, erzählte er, aber er könne sich den Unterricht nicht leisten.

Bei aller Erregung sprach aus dem wütenden Metzger jetzt der liebevolle Vater. Da ich selbst Kinder hatte, konnte ich seine Sorgen sehr gut verstehen. Am Ende bekam er zwar das Ladengeschäft nicht, das er sich erträumt hatte, dafür hatte er in der Stadtverwaltung bereits zu viel Porzellan zerschlagen, aber wir konnten ihn bei der Erziehung seiner Kinder unterstützen. Wir halfen ihm bei der Nachmittagsbetreuung der Jüngeren und bezahlten der ältesten Tochter den Ballettunterricht. Der Metzger ist danach nie wieder mit dem Messer auf den Bürgermeister losgegangen und auch aus allen fünf Kindern ist später etwas geworden, was den Papa sehr stolz gemacht hat. Woher ich das weiß? Der einst wütende Metzger hat mir jedes Jahr einen Brief geschrieben, um mich über die Entwicklung seiner Kinder auf den neuesten Stand zu bringen. Nicht immer läuft Sozialarbeit allerdings so reibungslos, dass am Ende auch alle Probleme gelöst werden können. Und auch in dieser neuen Rolle meines Lebens begegnete mir meine Vergangenheit in neuem Gewand.

Einmal wurde ich zu einer Frau gerufen, die in einen Dauerstreit mit ihren Nachbarn verwickelt war. Mehrmals täglich klopfte sie mit dem Gehstock an die Decke ihrer Wohnung. Sie war der Überzeugung, dass die Menschen im Stockwerk über ihr sie und ihre Kinder absichtlich terrorisieren und mit ihrem Lärm belästigen würden. »Ihr lasst meine Kinder nicht schlafen«, schrie sie in einem fort. Als ich mich in der Wohnung umschaute, sah ich, die Frau hatte gar keine Kinder. Wie sich herausstellte, war sie eine Auschwitz-Überlebende, die ihre Kinder dort verloren hatte. Wir suchten eine Traumatherapeutin für sie, die sich nun intensiv um die Frau kümmerte. Das Klopfen wurde weniger.

Nach den ersten zweieinhalb Jahren in Akko, wurde ich, auf Empfehlung von Pinhas Frank, Direktorin der Sozialbehörde in Safed, ganz im Norden Israels. Obwohl das nicht mehr zu meinen täglichen Aufgaben gehörte, war ich auch dort vor Ort im Einsatz. Man rief mich zu einem Appartement, von dem eine starke Geruchsbelästigung für das ganze Haus ausging. Das Appartement war Teil einer Wohnanlage, in der ältere, alleinstehende Frauen untergebracht waren. Viele davon hatten Krieg, Lager und Gefangenschaft überlebt. Ich bat das Gesundheitsamt der Stadt, mich zu begleiten. Als wir die Wohnung betraten, war der Gestank kaum auszuhalten. Mitten im Raum stand eine Holzbox, offenbar ein Hundezwinger. Drumherum herrschte das reinste Chaos, es roch nach Urin und Verfaultem. »Passt auf meine Kinder auf! Passt auf meine Kinder auf!«, sagte die ältere Frau immer wieder, die aufgeregt durch das Zimmer irrte. Doch Kinder fanden wir auch diesmal nicht. Mit Kinder meinte sie ihre vier Hunde, mit denen sie seit Jahren in der viel zu engen Wohnung zusammenlebte, offensichtlich überfordert und unter katastrophalen hygienischen Bedingungen. Auch diese Frau war eine Überlebende, wie sich herausstellen sollte. Auch sie hatte in Auschwitz ihre vier Kinder verloren und nach ihrer Befreiung Trost bei ihren Ersatzkindern gefunden – ihren Hunden. Ich nahm die verwirrte Frau in den Arm, führte sie aus ihrer Wohnung heraus und suchte einen Platz für sie in einem gut geführten Seniorenheim, das sich um sie kümmern konnte. Für die Hunde fanden wir einen neuen Besitzer. Dreimal die Woche konnte die Frau ihre Hunde sehen und unter Aufsicht mit ihnen Gassi gehen.

Die Schatten der Vergangenheit waren zum ständigen Begleiter meiner Arbeit geworden. Im Studium war der Holocaust und seine psychologischen Folgen für die Überlebenden kein Thema gewesen. Doch jetzt stellte sich heraus, dass diejenigen, die das Grauen überlebt hatten und nach Israel ausgewandert waren, Hilfe brauchten im tagtäglichen Kampf mit den Verletzungen und Verwüstungen, die ihre Seelen erlitten hatten. In einer Zeit, in der das Land den Holocaust endlich vergessen wollte, brachen nach und nach die Traumata der Überlebenden durch. Natürlich auch bei mir selbst. Doch wie konnte ich stark genug sein für diesen doppelten Kampf gegen die inneren und äußeren Dämonen der Vergangenheit? Das machte mir Angst und ich wusste nicht, ob ich dem standhalten würde.

26
VERLETZLICH

Vier Jahre blieb ich in Safed, bis ich mich mit dem Bürgermeister der Stadt überwarf. Wie jedes Jahr mussten wir über das Budget für die Abteilung sprechen, das wieder einmal hinten und vorne nicht ausreichte. Diesmal wollte er sogar Gelder kürzen, was ich unter allen Umständen verhindern wollte. »Gute Sozialarbeit kostet gutes Geld«, diesen Satz von Pinhas Frank schmiss ich dem Bürgermeister so oft an den Kopf, bis er ihn nicht mehr hören konnte. Alles entzündete sich am Fall eines behinderten Mädchens, das von seinen Eltern hinter ihrem Haus in einem besseren Hühnerstall gehalten wurde. Als ich das Mädchen in seinem Käfig zum ersten Mal sah, wurde ich wütend und ungehalten. Die Tränen liefen mir über das Gesicht, ich sah mich selbst in ihr. Der Maschendrahtzaun von Auschwitz legte sich imaginär über meine Pupillen und meine Gedanken. Wie konnte man so mit seinem eigenen Kind umgehen, ich verstand es nicht. Das Mädchen wurde, man konnte es gar nicht anders sagen, wie ein Tier gehalten. Ich stellte die Eltern zur Rede und wollte vom Bürgermeister Geld, um das Kind von den Eltern wegzuholen und ihm eine Pflegefamilie zu suchen. Ich will nicht sagen, ich wollte es ihnen abkaufen, man kauft niemandem einen Menschen ab, schon gar nicht den eigenen Eltern. Aber auf legalem Weg wäre es die schnellste Rettung für das bemitleidenswerte Mädchen gewesen.

Der Bürgermeister von Safed sah den Fall völlig anders. Er sprach dem Mädchen ein eigenständiges Recht zu leben ab. Da sie selbst keine Entscheidungen treffe könne, müssten das ihre Eltern übernehmen, so seine Argumentation. Ich war geschockt. Für mich war eine Grenze überschritten, die mit keinem Gesetz Israels auch nur annähernd in Einklang stand. So durfte kein Mensch »gehalten« werden, auch behinderte Menschen hatten im Israel jener Jahre ihre unumstößlichen Rechte. Ich schlug buchstäblich mit der Faust auf den Tisch des Bürgermeisters und schrie ihm ins Gesicht: »Das hat Hitler auch gesagt und alle Behinderten töten lassen!« So sehr ich mich im Recht fühlte, so sehr hatte ich eine rote Linie übertreten. Hitlervergleiche ließ sich kein jüdisches Stadtoberhaupt an den Kopf werfen. Ich kam ihm zuvor, kündigte noch am gleichen Tag und wechselte danach nach Nescher, einem sozialen Brennpunkt außerhalb von Haifa. Ich informierte die Polizei über die unmöglichen Zustände des Mädchens. Ob sie ihr Martyrium beenden konnten, ich hoffe es sehr, aber ich kann es nicht mehr mit Gewissheit sagen.

Das Geheimnis erfolgreicher und wertschätzender Sozialarbeit ist ein großes Maß an »common sense« in jeder einzelnen Situation und Aufgabe. Das macht den Gegensatz zu einem Vernichtungslager wie Auschwitz nur allzu deutlich, in dem jeglicher gesunde Menschenverstand vernichtet werden sollte. In der Sozialarbeit gibt es einen Sinn und einen Raum für Menschlichkeit und Moral, eine Form der Lebensbejahung, die selbst unter schwierigsten Bedingungen nicht totzukriegen ist. Ich habe heute in der Rückschau das Gefühl, dass das, was ich meinen Klienten gegenüber ausstrahlte, mein besonderes Talent war, das ich zu Hause von meinem Vater und meiner Mutter in die Wiege gelegt bekommen habe. Ein Talent, das durch Auschwitz nicht zerstört, sondern in gewisser Weise sogar noch verstärkt worden sein könnte. Mit meiner Mischung aus Offenheit, Neugierde und einer Sensibilität und Verletzlichkeit, die ursächlich auf meine eigene Verletztheit zurückging, konnte ich die mir zugewiesenen Menschen erreichen und für mich einnehmen – nicht trotz der gemachten Schreckenserfahrungen, sondern vielleicht gerade deshalb. Pinhas Frank meinte einmal zu mir, ich könne Menschen beseelen, das sei eine sehr seltene Gabe. Ich habe lange nicht verstanden, was er damit meinte. Aber es war wohl genau das.

Lange vor unserer Deportation, ich war noch ein Kind, saß ich auf den Stufen unseres elterlichen Hauses in Unterwischau und meine deutlich ältere Schwester Chaya, damals etwa 20 Jahre alt, erzählte mir von ihren Sorgen. Davon, dass sie sich als Halbschwester von ihrer Stiefmutter Ethel nicht so angenommen fühlte, zurückgesetzt gegenüber uns leiblichen Kindern. Ethel war eben nicht ihre Mutter. Ich habe es damals zwar nicht so wahrgenommen, dass Mama einen Unterschied zwischen ihren eigenen und ihren Stiefkindern machen würde, war aber auch nicht selbst betroffen. Ich saß auf den Stufen und habe gar nicht viel gesagt. Ich habe Chaya einfach nur zugehört, es hat mich interessiert, was sie zu sagen hatte, wie sie sich fühlte, und sie fühlte sich von mir ernst genommen. Diese Fähigkeit, zuzuhören, sich für einen anderen zu interessieren, sich in ihn hineinzuversetzen, diese empathische Großzügigkeit habe ich ganz eindeutig von meinen Eltern übernommen. Im Studium lernt man, wie man die Geduld und das Interesse aufbringt, bis das Gegenüber von sich aus anfängt, von seinen Problemen zu erzählen. Es dauert in der Regel sehr lange, bis die Menschen, nach all den

Enttäuschungen in ihrem Leben, wieder Vertrauen fassen zu den Behörden und sich öffnen. Diese Geduld und dieses Einfühlungsvermögen, aber auch die nötige Durchsetzungsfähigkeit gegenüber den Menschen, die sich an uns wandten, wie auch gegenüber den Behördenstellen, die uns unterstützten, muss man aufbringen können, sonst kann Sozialarbeit nicht gelingen. Ich musste Zeit meines beruflichen Wirkens immer mal wieder an meine Stufengespräche mit Chaya denken und wusste, dass ich im richtigen Beruf gelandet war. Einem Beruf, der trotz aller Härten und Verzweiflung, für mich so viel Sinn ergab und mich gerade deshalb von innen stärkte.

Vor Nescher, südöstlich von Haifa, hatten mich alle gewarnt. Das Image der Stadt war katastrophal, keiner wollte dorthin, ich aber hatte keine Angst vor schwierigen Umständen. Die Stadt galt als sozial äußerst schwieriges Pflaster mit großer Armut, hoher Kriminalitätsrate, einer aussichts- und perspektivlosen Situation gerade für Kinder und Familien. Am kompliziertesten geriet zunächst meine tägliche Anfahrt von Haifa nach Nescher. Mit dem Bus musste ich dreimal umsteigen, das dauerte rund eineinhalb Stunden einfach. Das änderte sich erst, als ich mit 40 Jahren endlich meinen Führerschein machte und mit meinem ersten Auto zur Arbeit kam. Ein deutscher »Prinz«, später stieg ich auf einen VW Beetle um. Bis heute liebe ich deutsche Autos und im Gegensatz zu vielen anderen im Israel von damals, hätte ich gar kein anderes fahren wollen. Diejenigen, die von meiner Vergangenheit wussten, schüttelten voller Unverständnis den Kopf, ich aber mochte nicht ein ganzes Land in Sippenhaft nehmen. Als Chefin der Wohlfahrtsbehörde der Stadt, erklärte ich dem emsigen Bürgermeister, dass er sich in Zukunft nicht mehr selbst um die aussichtslosen Fälle kümmern müsse, sondern diese an mich weiterleite solle. Postwendend kamen auch die Klagen und Beschwerden.

Als Managerin musste ich, und das war der Unterschied zu meinem Job als Sozialarbeiterin, das ganze Lagebild im Blick haben. Jede und jeder meiner rund 20 Sozialarbeiterinnen und Sozialarbeiter war für ungefähr 200 Familien der Stadt zuständig. Das bedeutete Arbeit rund um die Uhr. Wir bauten Strukturen auf, die langfristig helfen und Antworten auf die dringlichsten Probleme und Bedürfnisse der Community liefern sollten, die wir vorab identifiziert hatten. Wir wollten die schlimmen Zustände, für die Nescher berüchtigt war, ein für alle Mal beenden. Also gründeten wir einen Verein für psychisch Kranke und ein Heim für einsame und ältere Menschen, das sich um deren Rundumbetreuung und Freizeitaktivitäten kümmerte. Wir nahmen uns der jungen Leute an, die nicht zur Armee durften, etwa weil sie zuvor straffällig geworden waren. Diese Gruppe stellt ein großes Problem in Israel dar – bis heute. Wer in Israel nicht zur Armee geht, der gehört nicht dazu, was wiederum zu großen sozialen Verwerfungen in der Community führt. Wer sich ausgeschlossen fühlt, fühlt sich nicht mehr an die Regeln der Allgemeinheit gebunden, er driftet ab, wird wieder kriminell und bleibt es womöglich ein Leben lang. Wir entwickelten ein Aussteigerprogramm, mit dem wir jugendliche Straftäter aus der Kriminalität holten und ihnen so doch noch den Einstieg in die Armee ermöglichen konnten. Das Modellprojekt war ein großer Erfolg in Nescher und wurde zum Vorbild für das ganze Land.

Auch in Nescher kam ich zunehmend in die Schusslinie. Es gab Anfeindungen von allen Seiten, gerade auch von denjenigen, denen ich helfen wollte. Die Liste der schlechten

Erfahrungen, die die Menschen über die Jahre mit Ämtern und Behörden gesammelt hatten, war lang und schmerzvoll, ihr Misstrauen uns gegenüber groß. Anfangs konnte man es tatsächlich mit der Angst bekommen, aber wenn man es nicht persönlich nahm und verstand, wie verzweifelt die Menschen tatsächlich waren, ließen sich die heiklen Situationen oft auch schnell auflösen. Schon am ersten Arbeitstag, gleich nach meiner offiziellen Begrüßung, stieg eine mir wildfremde Frau auf meinen Schreibtisch, zeigte mit dem Finger auf mich und schrie: »Ich werde dir zeigen, wer hier der Boss ist!« Die aufgebrachte Frau war offenkundig eine langjährige Klientin der Behörde. Die Sozialarbeiter hatten mich gerade noch willkommen geheißen, jetzt standen sie um den Schreibtisch herum, beobachteten mich und warteten auf meine Reaktion. Es war wie ein erster Test an meinem neuen Arbeitsplatz. Ich sagte der wütenden Frau, dass ich erst mit ihr sprechen und ihr helfen könne, wenn sie vom Schreibtisch herunterstiege, was sie dann auch tat. In der Familie der Frau gab es Mörder und Drogendealer, gleichzeitig war sie selbst bettelarm, sie brauchte Unterstützung, vor allem für ihre Kinder, genau da setzten wir den Hebel an.

Ein anderer Klient kam zu mir ins Büro, er war seit Jahren drogenabhängig. Gerade auf Entzug drohte er, mir den Finger abzuschneiden, um mir Shlomos Hochzeitsring vom Finger zu klauen. Nachdem wir Mizra Richtung Haifa verlassen hatten, hatte mir Shlomo einen eigenen goldenen Ehering gekauft, unser Trauring im Kibbuz war ja nur geliehen. Ich sagte dem Mann: »Warum wollen Sie denn so hart arbeiten, es geht doch viel einfacher.« Ich nahm den Ring vom Finger und streckte ihn ihm entgegen, er war gänzlich perplex. Oder ich erinnere mich an einen Mann, der seit vielen Jahren schon Kunde der Sozialbehörde in Nescher war. Er war ein Dieb, der immer wieder aufs Neue von der Polizei geschnappt und eingesperrt wurde. Ich fragte ihn eines Tages ganz ernsthaft, ob er wirklich glaube, dass »Dieb« die richtige Profession für ihn sei. Er verstand die Frage nicht, also holte ich noch etwas aus. »Ein talentierter, professioneller Dieb wird einfach nicht so oft erwischt wie Sie«, erklärte ich ihm. Der Mann reagierte erst sauer, dann kam er ins Grübeln. Er meinte, dass schon sein Vater und sein Großvater als Dieb »gearbeitet« hätten, er hatte nie die Wahl etwas anderes werden zu können. Wir halfen ihm dann dabei, einen neuen Job zu finden, einen richtigen Job diesmal.

Die Menschen, die mir als Sozialarbeiterin anvertraut wurden, lebten ein völlig anderes Leben als ich. Es waren prekäre, verarmte, gewalttätige Familien, in denen die Kinder regelmäßig geschlagen wurden. Hätte ich ihnen zuerst gesagt, sie sollen ihre Kinder nicht schlagen, hätten sie mir die Wohnungstüre vor der Nase zugeschlagen. Zuallererst musste ich ein Vertrauensverhältnis zu den Eltern aufbauen, sonst hätten sie mir niemals zugehört. Ich musste lernen, mit Menschen zurechtzukommen, die Straftäter waren, die keine Schulbildung hatten oder aus einem völlig anderen, mir unbekannten Kulturkreis kamen, etwa aus Nordafrika, Indien oder dem Jemen. Ich wollte ihr Vertrauen erlangen und das ging nur, wenn ich sie nicht verurteilte oder arrogant auftrat und ihnen meine eigenen Werte entgegenhielt, sondern mich auf ihre Kultur einließ, um mit der Zeit festzustellen, welch großartige Bereicherung sie für mein Leben darstellte. Eine Erfahrung, die mich definitiv verändert hat. Eine der goldenen Regeln guter Sozialarbeit ist: Beurteile die Menschen nicht, nimm sie so an, wie sie sind. Fühle dich nicht als etwas Besseres, sondern stelle dich auf die gleiche Stufe mit ihnen. Und wenn eine Familie einen großer Fernseher hatte, dann sagte das nichts darüber aus, ob ihre Kinder nicht dennoch Hunger litten, keinerlei Schulhefte besaßen oder vernachlässigt wurden. Meine kulturell oder milieubedingt vorgeprägte Erwartungshaltung durfte meine unmittelbare Reaktion und Arbeit nicht beeinflussen, das musste ich trennen können. Wenn wir völlig unvoreingenommen an die Familien herantraten, funktionierte unsere Hilfe oft genug erstaunlich gut.

Spürten sie, dass ich sie vorurteilsfrei annehmen würde, mit all ihren Problemen, ihren Fehlern, Defiziten und ihren Verletzungen? Spürten sie, dass sie keine »Fälle« für mich waren, die ich abzuarbeiten hatte, sondern Menschen mit echten Sorgen, die ich schon deshalb ernst nahm, weil auch ich eine Verwundete war, so wie sie selbst? Ermöglichte ihnen das eine grundsätzlich andere, eine tiefere Qualität in der Begegnung mit mir? Verglichen mit jemandem, der einfach nur seinen Job tat? Von Pinhas Frank hatte ich gelernt, dass man den Job nicht zu nahe an sich heranlassen durfte, man durfte aber auch nicht emotional verpanzern. Man musste offen und durchlässig bleiben für die Gefühle der anderen. Doch wie viel Verletzlichkeit konnte ich selbst noch ertragen nach der ultimativen Verletzung aus dem Holocaust?

Die Umstände in Nescher waren schwierig und natürlich konnten wir nicht allen helfen, aber wir konnten vielen von denen helfen, die vorher durch das soziale Netz gefallen waren. Unsere neuen Strukturen griffen mit der Zeit besser und besser und veränderten das Leben dieser Menschen nachhaltig zum Positiven. Eine Entwicklung, die ich als ungemein befriedigend und sinnerfüllend erlebte. Auch deshalb bin ich 23 Jahre lang, bis zu meiner Pensionierung, dort geblieben, wo niemand hinwollte: in Nescher, südöstlich von Haifa, am Fuße des Mount Carmel.

27
MUT

Im Jahr vor meinem 60. Geburtstag trennte ich mich nach 38 Ehejahren von Shlomo. Nach insgesamt fünf Herzinfarkten und zahlreichen Krankenhausaufenthalten war er nicht mehr derselbe Mann, in den ich mich einst in Mizra verliebt hatte. Mit dem dritten Infarkt war ein Schlaganfall dazugekommen, in der Folge war Shlomo ständig wütend und aufbrausend, zeitweise wurde er sogar gewalttätig, was gar nicht seinem eigentlichen Charakter entsprach. Offenbar war sein Gehirn stärker beschädigt worden als die Ärzte mir gegenüber zugeben wollten. Vielleicht wussten sie es auch nicht besser. Shlomo war seit den 1970er-Jahren in Israel Mitglied in der Arbeiterpartei »Ma'arach« und mit diversen Aufgaben betraut, unter anderem als Direktor der arabischsprachigen Regierungszeitung der Partei. Nach dem Jom-Kippur-Krieg arbeitete er als politischer Berater der Partei in Fragen der israelisch-arabischen Beziehungen, das sogenannte »Büro für arabische Zivilangelegenheiten« unterstand direkt dem Ministerpräsidenten. Der Job war für ihn als libanesischem Juden, ausgezeichnetem Kenner des gesamten Mittleren Ostens und mit besten Kontakten in das Parlament hinein wie maßgeschneidert. Doch als die nächste Wahl anstand, verlor die Partei deutlich an Zustimmung. Die neue rechtsgerichtete Regierung drängte nun viele wegen ihrer falschen Parteizugehörigkeit aus ihren Ämtern, so auch Shlomo. Dass er seinen Traumjob aufgeben musste, traf ihn schwer. Unmittelbar danach erlitt er seinen ersten Herzinfarkt. In den Folgejahren kehrte er der Politik den Rücken und wurde wieder der Tausendsassa seiner jungen Jahre. Ein unabhängiger, selbstständiger Geschäftsmann, der versuchte, die Uhr zurückzudrehen und die Welt noch einmal für sich zu erobern – vergebens. Dafür war er nun zu alt. Er hatte viele Geschäftsideen, die mal mehr, mal weniger gut funktionierten. Shlomo war ständig in der Welt unterwegs, sodass wir uns immer mehr voneinander entfernten und ich schließlich die Scheidung wollte.

Auch nach der Trennung blieben wir gegenseitig voller Respekt und Hochachtung füreinander, gesundheitlich aber ging es ihm immer schlechter. Während Desert Storm, dem Zweiten Golfkrieg, als Iraks Diktator Saddam Hussein auch Bomben auf Tel Aviv und Haifa werfen ließ, bekam ich plötzlich einen Anruf. In der Leitung war ein Professor aus einer Klinik in Toulon. Shlomo arbeitete zu der Zeit als Immobilienmakler in Südfrankreich. Als der Krieg Israel erreichte, war ich aus Sicherheitsgründen zu Yaron gezogen. Der Sirenenalarm der Flugabwehr war gerade erst verklungen, ich war dabei mir eine Atemschutzmaske überzuziehen, um mit meiner sechsjährigen Enkelin Hila, Yarons Tochter, den Luftschutzraum aufzusuchen, als der Professor mir mit dem nötigen Ernst erklärte, dass Shlomo einen weiteren Herzinfarkt erlitten habe. Diesmal bräuchte er dringend ein Spenderherz, sonst würde er nicht mehr lange leben.

Obwohl ich wegen der irakischen Bomben wieder sehr in Angst war, ließ ich meinen jüngsten Sohn Yaron Richtung Frankreich ins Flugzeug steigen. Yaron kam in Toulon an, sprach mit Shlomo, der äußerst schwach war, und einem Herzspezialisten in Marseille, der solche Transplantationen regelmäßig erfolgreich durchführte. Doch alles, was wir jetzt tun konnten, war, auf das neue Herz zu warten, ein Spenderherz für Shlomo. In diesen Monaten des Ausharrens schonte sich Shlomo nur wenig, er arbeitete weiter und lebte aus dem Vollen, wie er es immer tat. Am 31. August 1991 bekam ich wieder einen Anruf aus Frankreich. Der Professor, den ich bereits kannte, erklärte mir, dass Shlomo während einer Hochzeit, zu der er eingeladen war, einen weiteren Herzinfarkt erlitten habe und daran verstorben sei. Zwei Tage später meldete sich das Transplantationszentrum der Klinik in Marseille, dass man nun ein geeignetes Spenderherz erhalten habe, es stamme von einem jungen Motorradfahrer, der bei einem Unfall in den Alpen ums Leben gekommen sei. Der Herzspezialist bestand darauf, dass Shlomo umgehend transplantiert werden sollte. Ich erklärte dem verdutzten Professor, dass sein Angebot leider zwei Tage zu spät komme. Shlomo war im Alter von 64 Jahren viel zu früh verstorben. Wir beide waren nicht mehr miteinander verheiratet, aber immer noch tief miteinander verbunden. Natürlich der Kinder wegen und der Enkelkinder, aber ohne Zweifel war unsere besondere Verbundenheit auch dem Umstand geschuldet, dass er mich nachts so oft vor Mengele und Arafat gerettet hatte. Das würde ich ihm nie vergessen. Shlomos Tod war trotz der Trennung ein schwerer Schlag für mich. Und wieder war ich umzingelt, von Bomben, Krieg und schmerzlichem Verlust. Was soll der Mensch eigentlich noch alles aushalten, dachte ich bei mir, und wie immer, wenn das Sterben ganz nahekam, war auch Auschwitz wieder da und meine Albträume. Nur einer fehlte diesmal, um mich in Sicherheit zu bringen, um mir die Hand zu halten, er fehlte von nun an für immer: mein geliebter Shlomo.

Ich weiß nicht, ob es mit seinem Tod zusammenhing, aber zwei Jahre danach beendete ich mein Schweigen über Auschwitz. Es war mein guter Freund und Nachbar Aloni, ein Mitarbeiter und Supervisor aus dem Erziehungsministerium, der lange auf mich eingeredet hatte, dass ich doch endlich über meine Erfahrungen aus dem Holocaust sprechen und an Delegationsreisen nach Polen teilnehmen sollte, an die Orte, wo die Naziverbrechen stattgefunden hatten. Er selbst organisierte solche Unternehmungen federführend für das Ministerium. Die allermeisten Delegationen folgten einem festen Ablauf: Sie suchten ehemalige jüdische Ghettos und Städte auf und dann natürlich die Konzentrations- und Vernichtungslager. Jede Reise endete für gewöhnlich mit einem Besuch von Auschwitz-Birkenau. Auf diesen Reisen ging es aber nicht nur um uns Opfer, genauso beleuchtete man den polnischen Widerstand und klärte darüber auf, dass Nichtjuden ihr Leben riskierten, um Jüdinnen und Juden vor den Nazis zu verstecken und zu retten. Das große Ziel war die politische Bildung der israelischen Jugend – und ist es bis heute. Anders als noch in den 1950er- und 1960er-Jahren gehört das öffentliche Sprechen über die Shoa seither zur Staatsräson. Heute sind solche Reisen in Israel bei Jugendlichen, Schülern und Wehrpflichtigen gleichermaßen gefragt, obwohl es nach Auschwitz geht, nach Treblinka oder Majdanek, allesamt Vernichtungslager und keine Vergnügungsparks.

Israel hat einen Staat gegründet, eine eigene Nation aufgebaut. Und natürlich hat das Trauma des Holocaust das nationale Ethos stark geprägt und tut es bis heute. Der Besuch der Stätten, an denen der Massenmord verübt wurde, ist daher wesentlicher Teil des Geschichts- und Sozialkundeunterrichts und für jeden Einzelnen eine Selbstverständlichkeit, ob nun Schüler, Zivilist oder Soldat. Von außen betrachtet mag das nach Propaganda klingen, doch keiner wird verpflichtet, alle fahren freiwillig und bezahlen die Reisekosten sogar aus eigener Tasche. Die meisten kommen mit Fragen, mit sehr vielen Fragen, nach den Reisen haben sie meist noch mehr Fragen als zuvor, dann beginnen oft erst die Gespräche in den Familien. Auf jeder Reise ist ein Überlebender, eine Überlebende dabei, die darüber erzählt, was vor 80 Jahren passiert ist, wie es wirklich war. Von dem Moment an, als ich zu sprechen anfing, das war 1993, habe ich in der Folge an etwa 15 solcher Reisen teilgenommen: Jugend-, Erziehungs- oder Militärdelegationen, säkular oder religiös, ob ausschließlich mit Juden oder auch mit Arabern, die mehr über das wohl schlimmste Verbrechen der Geschichte wissen wollten. Ein Verbrechen, das die Weltordnung, die modernen Gesellschaften bis heute maßgeblich beeinflusst, genauso wie das individuelle Schicksal der Betroffenen und ihrer Familien. Wer Orte wie Auschwitz, Treblinka und Majdanek nie besucht hat, wird nicht verstehen können, wie Menschen auf ein derart abscheuliches Niveau herabsinken konnten; er wird nicht begreifen können, warum es den Staat Israel überhaupt gibt. Auch mir erklärte jeder Besuch in den Vernichtungslagern von damals aufs Neue, warum dieser Staat auch meine Heimat wurde und warum es zu ihm keine Alternative gibt.

Aloni war es wichtig, dass ich mich endlich auch meiner Familie gegenüber öffnete. Ich erwartete im Gegenzug, dass meine Familie sich meine Geschichte auch wirklich anhören würde. Und zwar nicht nur die Erzählungen über meine Wurzeln in Rumänien, sondern auch über meine Deportation nach Auschwitz, die Gefangenschaft in den

Lagern, das ganze Grauen also. Das, was man normalerweise nicht so gerne hört, weil es schmerzhaft ist und Komfortzonen sprengt. Solche Dinge kann man nur bei echtem Interesse überhaupt erzählen. Aloni wusste, was er von mir verlangte. Nach seinem Einsatz als Reservist im Jom-Kippur-Krieg trug er selbst Zeit seines Lebens eine posttraumatische Belastungsstörung mit sich herum und brauchte lange, ehe er von den erlebten Schrecken sprechen konnte. Am Ende schrieb er seine Erfahrungen für seine Familie nieder.

Die Dynamik, die sich einstellte, war hochspannend: Als ich begann, an den Delegationsreisen nach Polen teilzunehmen, öffnete das auch das Sprechen im Kreis der Familie, was auch daran lag, dass meine Enkel, die allmählich erwachsen wurden, selbst mitfuhren. Mein Sohn Doron kannte meine ganze Geschichte erst, als er selbst bereits Rentner war. Sein jüngster Sohn Ben, Kampfpilot bei der israelischen Luftwaffe, hatte Fragen, die Doron nicht beantworten konnte. Auf Bens Wunsch hin wurde ich zu seinem Stützpunkt eingeladen und erzählte ihm und seinen Kameraden, was ich erlebt hatte. Es war auch das erste Mal, dass mein ältester Sohn meine Geschichte in allen Einzelheiten aus meinem Mund erfuhr. Wie gesagt: Er war zu dem Zeitpunkt 66 Jahre alt. Seit jenem Tag ist unser Verhältnis ein anderes. Doron sagte mir danach einmal, genau wie sein Vater Shlomo hätte er nicht zu fragen gewagt, weil er Angst davor hatte, was es mit mir machen würde. Im Nachhinein stellte sich seine Angst als unbegründet heraus. Jetzt, da wir nicht mehr schweigen, hat es was mit uns beiden gemacht. Wir sind uns so nahe wie vielleicht noch nie zuvor.

Aber auch das war auffallend: Anders als meine Söhne,

legten deren Kinder, meine Enkelkinder, ihre Scheu viel früher ab und fragten mich auch ganz direkt: »Oma, was ist passiert? Bitte erzähl!« Und auf einmal fragten sich meine Söhne: Warum haben wir nicht gefragt? Warum wissen wir so vieles nicht? Und ich sagte zu Doron und Yaron: »Ja, warum habt ihr mich nicht gefragt?« Dabei zielte die Frage rhetorisch direkt wieder auf mich selbst zurück: Warum hatte ich so lange nichts erzählen wollen? Hatte ich Angst, dass sie mit den Antworten nicht zurechtkommen würden? Und warum sollte ich überhaupt wollen, dass meine Kinder und Enkelkinder mit den Schrecken der Vergangenheit konfrontiert werden? Heute bin ich überzeugt davon, dass genau das richtig ist, mit jungen Erwachsenen, ab einem gewissen Alter, über die Geschehnisse zu sprechen, die bis heute die nachfolgenden Generationen in Israel prägen wie kein anderes historisches Ereignis davor und danach. Je mehr ich sprach, desto mehr Fragen wurden mir gestellt. In der Familie wie auf Reisen. Plötzlich redeten beide Seiten und rissen die Mauer des Schweigens ein. Ich, die Überlebende, von innen und sie, die Nachgeborenen, von außen. Über fünf Jahrzehnte hatte ich es in mir gespürt. Da ist etwas drin, das raus muss. Für die Generationen danach. Das war heilsam und schmerzlich zugleich.

28
RÜCKKEHR

Ich hatte Angst vor meiner ersten Rückkehr nach Polen, an die Orte des Grauens. Ich wusste nicht, was es aufrühren, was es mit mir machen würde, wenn ich die Schatten und Erinnerungen der Vergangenheit in mein Leben zurücklassen würde. Aber die Zeit der Ausreden war endgültig vorbei. Auch mein jüngster Sohn Yaron wollte es nun ganz genau wissen und bat darum, mich auf zwei Delegationsreisen begleiten zu dürfen. Während seiner ersten Reise 2012 besuchten wir zunächst das Vernichtungslager Majdanek. Yaron hatte die feste Absicht, die Gaskammer und das Krematorium von innen zu besichtigen. Ich konnte das nicht, also versuchte ich es ihm auszureden – erfolglos. Als er in das Gebäude hineinging, sah ich vor meinem inneren Auge einen 15-jährigen Teenager, der darin verschwindet, um nie wieder herauszukommen. Ein Teenager wie ich damals einer war. Es sind Bilderschnipsel wie diese, die sich in meinem Gehirn einbrennen und aus denen sich immer wieder neu die Albtraumfilme meines Lebens zusammensetzen. Danach erzählte Yaron mir, dass es ihm in der Gaskammer gar nicht gut ging und er schnell wieder raus an die frische Luft musste. Auf der nächsten Majdanek-Reise, Jahre später, verzichtete er auf einen Besuch der Gaskammer. Selbst für ihn, der all das selbst nicht erlebt hatte, war es eine traumatische Erfahrung gewesen. Dennoch bestand er darauf, Auschwitz mit eigenen Augen zu sehen. Also begleitete er mich auch zurück an den Ort, der mich mehr geprägt hat als jeder andere Ort in meinem Leben, obwohl ich nur vier Monate dort war. Auschwitz hat eine enorme Wirkung auf seine Besucher, das ist bekannt, aber konnte es vielleicht auch umgekehrt sein? Zumindest redete ich mir das vor unserem ersten gemeinsamen Besuch ein. Diesen selbstbewussten, erwachsenen Mann, meinen Sohn, musste Auschwitz als große Demütigung empfinden. Dieser Ort, der mich als junges Mädchen vernichten wollte, an den ich jetzt, einfach so, als mehrfache Oma zurückkam, mit meinem erwachsenen Sohn an der Hand, den es, nach Auschwitz-Logik, gar nicht hätten geben sollen.

Von so viel persönlicher Genugtuung war ich knapp zehn Jahre zuvor weit entfernt gewesen. 1993 war ich das erste Mal seit jenem September 1944 nach Auschwitz zurückgekehrt. Allein und noch ohne familiäre Unterstützung. Auf den Stufen zum Krematorium 1 im Stammlager spielte mein Kreislauf Roulette, alles drehte sich. Ich bekam keine Luft mehr, torkelte, übersah eine Stufe und wäre beinahe die Treppe hinuntergestürzt, wenn mich nicht ein Student aufgefangen hätte. Ich musste schnell wieder nach oben. Drei Kilometer Luftlinie von hier lag Auschwitz-Birkenau, das, wenn man es so nennen wollte, Grab meiner Eltern, das Grab meiner Familie, das ich 49 Jahre lang nicht besucht hatte. In Israel haben wir keine Gräber unserer Lieben, die während des Holocaust umgekommen sind. Sterbliche Überreste, die man hätte überführen können, gab es nicht. Und auch jetzt gab es keinen Grabstein, vor den ich mich hätte hinstellen und meiner Familie gedenken können. Die Ermordeten wurden verbrannt und, das weiß man heute, als Asche auf die Wiesen des Areals verteilt. Die Asche sickerte mit dem nächsten Regen ins

Erdreich ein und aus einer ehemals grünen Wiese wurde ein Massengrab für Hunderttausende, ohne dass auch nur ein einziges Schild oder ein Gedenkstein darauf verwiesen, dass man auf den Toten herumtrampelte, wenn man hier entlangging. Irgendwo hier mussten auch Fivish und Ethel, Zvi und Yehuda, Chaya und ihr Baby Etia liegen. Sechs von geschätzt 1,3 Millionen Auschwitztoten. Selbst 80 Jahre danach kennen wir immer noch nicht alle Namen, wissen wir immer noch nicht, wie viele es genau waren. Für die betroffenen Familien muss das das Schlimmste sein.

Ich marschierte über das Gelände von Auschwitz-Birkenau, entlang an den noch existierenden Baracken, entlang an den Fundamenten der gesprengten Baracken, entlang an den hohen Begrenzungszäunen, vorbei an der Rampe, dem Ort, an dem ich am 15. Mai 1944 selektiert wurde und meinen 15. Geburtstag »gefeiert« hatte, vorbei am ehemaligen Frauen- und Zigeunerlager, hin zu den Krematorien 2 und 3, bis ich am Ende des Weges vor dem offiziellen Gedenkplatz mit den Blumenkränzen stehenblieb, den es zu meiner Zeit natürlich nicht gab, weil die heutige Gedenkstätte noch ein Vernichtungslager war. Fühlte ich was? Konnte ich spüren, wie der Ort mit mir und meinem Leben in Verbindung stand? Konnte ich spüren, was dieser Ort mit mir gemacht, dass er mir fast alles genommen hatte?

Fast 50 Jahre später horchte ich in mich hinein und fühlte – nichts. Es war aber auch nicht wie damals, als ich 15 war und alles in mir abgestorben schien. Wie eine Blume, die verdorrt war und ihre Blätter verlor, weil man sie nicht mehr gießen wollte. Diesmal war es anders. Auf einmal schien ich taub zu werden, jedenfalls verstummten alle um mich herum. Ich bekam keine Luft mehr, irgendjemand drückte seine Pranken um meinen Hals. Ich konnte nicht mehr sprechen, obwohl die Jugendlichen, die um mich herumstanden und mich anstarrten, auf meine Geschichte warteten. Würde ich jetzt also endlich sterben in Auschwitz, so wie es immer geplant war? Oder war ich dabei verrückt zu werden? Die Trauer, von der ich erwartet hatte, dass sie mich überwältigen würde, sie kam einfach nicht. Stattdessen stülpte jemand einen luftdichten Sarkophag über die vertrocknete Blume, der verhindert, dass der Sauerstoff die Blume zu Staub zerfallen lässt. Ich zerfiel nicht zu Staub, ich erstickte von innen.

Während ich so starr dastand vor dem Gedenkplatz und mich nicht rühren konnte, ging mir alles Erlebte noch einmal im Hochgeschwindigkeitszeitraffer durch den Kopf. Der Bilderrausch ließ meinen fremdgesteuerten Körper erzittern. Es dauerte eine kleine Ewigkeit, am Ende waren es wohl rund 20 Minuten, bis ich mich allmählich aus diesem Schockzustand befreien konnte und realisierte, dass ich nicht mehr das ausgelieferte, verängstigte junge Ding von damals war, sondern eine 63-jährige Frau, die dem hier Erlebten aus guten Gründen ein erfülltes und glückliches Leben entgegensetzen konnte. Meine Söhne, meine gegründete Familie, mein beruflicher Erfolg. Der Nullmensch von damals war eine gereifte Persönlichkeit geworden, das durfte ich hier und jetzt nicht vergessen. Meine Eltern, meine Geschwister waren immer noch tot, aber anders als damals, wusste ich das heute. Und anders als damals konnte ich heute frei sprechen, niemand würde mir den Mund verbieten, niemand würde mich zurück in die Reihe schubsen, niemand würde mich anbrüllen und entwürdigen, niemand würde mich selektieren und ins Gas schicken, auch nicht der schöne Mann mit den schwarzen Lederstiefeln. Also rede endlich, Rachel! Rede!

Ja, es stimmt, ich habe es lange als großes Unrecht empfunden, dass man Mengele nie gefasst hat, dass man ihm nie den Prozess gemacht hat, dass er sich nie erklären musste. Er war schuldig und lief ein Leben lang frei herum. Er war Arzt, er sollte die Menschen heilen, aber er tat das Gegenteil. Ja, er war ein schöner Mann und zugleich ein monströses Scheusal. Nun war er seit über zehn Jahren tot, dennoch marschierte er immer noch ungeniert und ungehindert in meinen Träumen herum und zertrampelte mit seinen polierten Stiefeln rücksichtslos alles, was sich in mir an zart blühendem Leben aus der Umklammerung der Angst befreien konnte. Seinetwegen konnte ich nachts nicht schlafen, seinetwegen konnte ich nicht süß träumen, seinetwegen konnte ich mir als junge Frau keine schwarzen Stiefel kaufen, keine schwarzen Damenstiefel und auch diese wunderbar modischen Stiefeletten nicht, wie sie in den 1980er-Jahren aufkamen. Alles an ihm erinnerte mich an Auschwitz. Jetzt aber, hier und heute, fühlte ich mich endlich stark genug, ihm direkt in seine angeblich so schönen, hellbraunen Augen zu schauen, das, was ich mich im Lager nie getraut hatte, ihm direkt in seine Seele zu schauen, die schwarz gewesen sein muss, dunkelschwarz, wie sollte es anders gewesen sein. Mengele war Geschichte, heute wollten junge Menschen *meine* Geschichte hören, sie wollten endlich die ganze Geschichte hören.

Ich war jetzt bereit dafür.

29
GESCHWISTER

So eng und einander vertraut wie im Lager in Auschwitz waren Sarah, Riku, Esther und ich im Leben danach nie wieder. Und das lag nicht nur an der räumlichen Enge und der Tatsache, dass wir uns gleichsam gedemütigt und ausgeliefert sahen und wussten, dass wir nur gemeinsam überleben konnten. Wir vier lebten, wenn man von »leben« sprechen wollte, am selben Ort, im selben Haus. Wenn man eine Holzbaracke, die für Pferde gebaut worden war als Haus und Auschwitz als gewöhnlichen Wohnort bezeichnen wollte. Wir trugen alle dieselbe Kleidung, wenn man den betongrauen grobkörnigen Einheitsstoff, den wir alle tragen mussten, als Kleidung bezeichnen wollte. Wir schliefen alle im selben Bett, wenn man bei Holzplanken und Stroh von einem Bett sprechen wollte. Wir aßen alle das gleiche Essen, wenn man lauwarmes schwarzes Wasser als Kaffee und eine Wassersuppe mit Resten von Erbsen und Kartoffeln, Holz- und Kohlestückchen und ein kleines Stück hartes Brot als Essen bezeichnen wollte. Wir schmiedeten dieselben Pläne für unser Leben, wenn der reine Selbsterhaltungstrieb, sich über den Tag zu retten, schon ein Lebensplan gewesen sein sollte. Wir hatten dieselbe Furcht vor dem Tod, wenn man das organsierte Sterben in einem Vernichtungslager als Tod und nicht, was es wohl sehr viel besser traf, als geplanten Massenmord bezeichnen wollte. Unsere vier Biografien in Auschwitz waren identisch mit den Biografien Tausend anderer. Es waren keine freiwilligen, eigenständigen und höchst persönlichen Lebensentwürfe, sondern vier Leben, die identisch gelebt werden mussten, weil andere es sich so ausgedacht hatten. Wenn das ganz normale Leben ein dynamischer, aktiver, ergebnisoffener Entwicklungsprozess war, in dem Individuen tagtäglich für sich selbst Entscheidungen trafen und unterschiedliche Wege einschlugen, dann konnte das, was in Auschwitz passierte, kein Leben gewesen sein.

Rein äußerlich konnte man uns nach vier Monaten Lager immer schwerer voneinander unterscheiden. Wir waren vier entmenschlichte Knochengestalten, die ihre dünne, blasse Haut zu Markte trugen, wir funktionierten gerade noch auf der niedrigsten Stufe des Seins, und selbst das sollte uns noch genommen werden. Das erklärte Ziel der Nazis war ja unsere Vernichtung. Wir hatten überlebt, doch einfach dort weitermachen, wo wir zuvor aufgehört hatten, wie hätte das gehen sollen? Jede von uns war von der Stoppuhr des Lebens auf null gestellt worden, jede von uns musste einen Neuanfang riskieren, der so radikal und ganzheitlich anders war und kilometerweit über die Klischeeprosa heutiger Führungskräftecoaches hinausging, dass man sich das gar nicht mehr vorstellen kann. Jede von uns musste sich trotz ihres Traumas völlig neu erfinden – nichts weniger als das. Wieder lernen, selbst Entscheidungen zu treffen und nicht Gehorsam zu leisten; wieder lernen, selbst zu wissen, was sie wollte und wohin; wieder lernen, einfach »nur« sie selbst zu sein. Also nicht nur Mensch und nicht Ding, sondern vielmehr Person, also dieser eine unverwechselbare Mensch. Wie aber geht das und war das überhaupt noch möglich? Inwiefern waren wir noch die vier, die wir vorher waren? Waren wir inzwischen nicht ganz andere geworden und nur unsere Namen verwiesen noch auf die vier Mädchen, die es einmal gegeben hatte? Wenn wir uns im Leben danach trafen, und die Rede auf unsere Zeit im Lager kam, konnten wir uns plötzlich nicht mehr auf die gleichen Geschichten einigen. Jede erinnerte anders, erinnerte sich an andere Begebenheiten, Begegnungen, Wahrnehmungen, Gefühle. Das, was nahezu identisch schien, unsere gemeinsam gemachte Erfahrung, manifestierte sich jetzt als vier unterschiedliche Dramaturgien ein und derselben Geschichte, die sich bestenfalls und mit viel Fantasie noch an den Rändern zu einem Ganzen zusammensetzen ließen. Waren wir überhaupt gemeinsam in Auschwitz gewesen? Hatten wir wirklich gemeinsam ein Jahr in nationalsozialistischer Gefangenschaft verbracht? Hatten wir jede Nacht zusammen auf derselben Pritsche gelegen? Wie war es möglich, dass wir dasselbe erlebt hatten und stellenweise völlig anders erinnerten? Was war echte Erinnerung und was waren falsche Gefühle, Geschichten von anderen, die man sich zu eigen gemacht hatte, weil man danach irgendetwas erzählen musste, obwohl man sich selbst gar nicht mehr spüren und fühlen und deshalb auch nicht erinnern konnte? Das Auschwitz-Dilemma, das viele Überlebende mit uns teilten.

Wir waren da, glaubt uns doch! Aber was war wirklich?

Ich bin die letzte der vier Schwestern, die ihre Geschichte noch erzählen kann. Sarah, Riku und Esther sind alle mit deutlich über 80 gestorben. Ich werde im Mai 2023 94 Jahre alt – und ich würde es auch gerne werden. Auch das ein Phänomen: Überlebende der Shoa werden nicht selten sehr alt. Wir alle waren und sind Witwen, unsere Männer sind vor uns gegangen. Bis auf Esthers Mann Mundek musste keiner von ihnen den Krieg persönlich erfahren. Ist es denkbar, dass die Auschwitz-Erfahrung uns auch widerstandsfähig gemacht hat gegen die Herausforderungen und Strapazen des Alltags, gegen die Höhen und Tiefen des Lebens ganz allgemein? Vermutlich ist das so. Es macht mich dankbar, dass wir uns nach der Gefangenschaft noch so lange gegenseitig hatten. Auch wenn wir zum Teil völlig andere Leben an verschiedenen Orten geführt – und andere Geschichten erzählt haben.

Die Erste, die starb war Riku. Ihr Tod 2005 kam völlig überraschend. Nichts deutete darauf hin, das etwas nicht in Ordnung sein könnte. Riku wohnte in Holon südlich von Tel Aviv. Sie putzte an jenem Tag das Haus, danach telefonierte sie mit ihrer Tochter. Sie klagte darüber, dass sie sich nicht besonders gut fühlte, womöglich habe sie sich etwas übernommen, sie werde sich gleich noch ein bisschen ausruhen. Riku legte den Hörer auf, kollabierte und war auf der Stelle tot. Es war ein Schock für uns alle, die wir glaubten, nach Auschwitz könnte uns nichts mehr umhauen. Fast glaubten wir, wir wären unsterblich.

Riku, die erst 15 Jahre nach uns anderen nach Israel, nach Tel Aviv, gekommen war, führte uns schmerzlich vor Augen, dass dem nicht so war. Sie war ja direkt nach dem Krieg mit unserem Bruder Meir in Rumänien geblieben. Dort heiratete sie Yosef, sie bekamen zwei Kinder, ihre Tochter Edna und ihren Sohn Shraga. Beruflich konnte sie in Israel nicht mehr richtig Fuß fassen, das machte ihr zu schaffen. Sie jobbte als Bedienung, Nanny, Reinigungsfrau und arbeitete für einen Hochzeitsveranstaltungsservice, zufrieden war sie damit nicht. Zur selben Zeit wie Riku verließ auch Meir Rumänien und wanderte 1961 mit seiner Frau Ila nach Belgien aus. Meir wurde ein erfolgreicher und ebenso tiefgläubiger Geschäftsmann, der gerne die Tora studierte und Gedichte schrieb. Er hielt auch seine Lebenserinnerungen fest, seine jüdische Kindheit im Rumänien vor dem Krieg, seine Erfahrungen aus dem Holocaust und seine Befreiung im KZ Buchenwald. Als älterer Bruder konnte er sich noch deutlich genauer an die konkreten Umstände dieser schrecklichen Zeit erinnern als wir »kleinen« Schwestern. Ich habe ihn als einen feinsinnigen, wahrhaftigen Menschen erlebt, der mich sehr an meinen Vater erinnerte. Meir hatte drei Söhne, die er Mendy, Yehuda und den ältesten nach seinem geliebten Vater Fivish nannte. Er starb 1996 in Antwerpen.

In den 1970er-Jahren immigrierte auch Onkel Philip aus Budapest nach Israel. Philip war Zeit seines Lebens ein vermögender Mann gewesen. Er kaufte sich ein Haus in Tel Aviv und heiratete mit Hertha ein zweites Mal, nachdem seine erste Frau und der gemeinsame Sohn in Auschwitz ermordet worden waren. Auch wegen Philip zog Sarah mit ihrer Familie ganz in seine Nähe. Sarah, unsere Chefschwester, heiratete Aryeh, der ebenfalls aus Rumänien stammte. Aryeh war Buchhalter und Sarah arbeitete bei ihm im Büro mit, zusammen bekamen sie zwei Kinder, Sohn Amir und Tochter Anat. Von ihren vielen Talenten blieben ihr am Ende ihres Lebens wenige übrig. Sie erkrankte an Demenz und lebte viele Jahre damit. Sarah starb, ohne zu wissen, dass sie ihren Schwestern eine so großartige Anführerin und mutige Lebensretterin gewesen war. Vor allem dank ihr wurde uns vier ein zweites Leben geschenkt.

Eine Tragödie nach der Tragödie erlebte Esther, unsere Jüngste. Esther folgte mir nach ihrer Ankunft in Palästina in den Kibbuz Mizra, holte ihren Schulabschluss nach und wurde Krankenschwester. Sie heiratete Mundek, der ebenfalls auf wundersame Weise den Krieg überlebt hatte. Während seine Mutter, sein Bruder und seine Tante bei ethnischen Säuberungen in der Ukraine getötet wurden, durchlief Mundek mehrere Zwangsarbeits- und Konzentrationslager, darunter Mauthausen und Plaszow. Dort musste er sich, wie sein Vater und sein Onkel, auch einer Mengele-Selektion unterziehen. Beide starben später an den Folgen ihrer Zwangsarbeit im österreichischen Lager Melk. Mundek wurde schließlich im Arbeitslager Ebensee befreit.

Esther und Mundek bekamen drei Söhne, Arnon, Rami und Ben Ami. Aus dem Hebräischen übersetzt bedeutet Ben Ami »Sohn meines Volkes«. Im Oktober 1973 wurde der 21-Jährige bereits am ersten Tag des Jom-Kippur-Krieges als vermisst gemeldet. Sechs Monate wussten Esther und Mundek nicht, was ihm zugestoßen war. Bis zuletzt hofften sie, dass die Ägypter ihn einfach nur gefangen genommen hätten. Ben Ami war Offizier einer Panzerbrigade nahe des Suezkanals. Seine Brigade tappte in einen Hinterhalt von feindlichen Panzerjägern und geriet unter Beschuss. Er selbst wurde noch am Abend des ersten Kriegstages von einer ägyptischen Panzerabwehrrakete getötet. Als die Armee die Nachricht von Ben Amis Tod überbrachte, sprach Esther aus, was wir anderen auch dachten, die wir alle eigene Kinder hatten wie sie: »Der Tod von Ben Ami ist für mich der wahre Holocaust, nicht Auschwitz.« Und wieder kamen die Schuldgefühle hoch. Wie konnte ich Esther in die Augen schauen, wie sollte ich sie trösten, denn meine Söhne waren alle noch am Leben. Über ein halbes Jahr nach seinem Tod wurde der Leichnam Ben Amis schließlich überführt und auf dem Kibbuz-Friedhof in Mizra beerdigt. Seitdem versammeln wir uns jedes Jahr an seinem Todestag an seinem Grab, zusammen mit seinen Brüdern. Arnon und Rami gaben Esther damals viel Kraft, um über den Verlust ihres jüngsten Sohnes hinwegzukommen. Sie selbst verstarb später an den Folgen von Parkinson. Zusammen mit Mundek liegt auch sie auf dem Friedhof von Mizra begraben, in unmittelbarer Nähe zu ihrem geliebten Ben Ami.

Der Neuanfang in Israel war für uns alle vier schwierig. Wir hatten nichts, wir kamen ohne Geld, ohne Besitz, wir beherrschten die Sprache nicht, wir kannten so gut wie niemanden. Tabula rasa. Jede von uns musste sich in der neuen Heimat ihren ganz eigenen Weg suchen, ihre Richtung festlegen, den gewählten Pfad beschreiten und mit seinen Stolpersteinen und Hindernissen klarkommen. Als Fremde und Migrantinnen, als Teenager und junge Frauen, als Schülerinnen, Auszubildende und Berufstätige, als Ehefrauen, Mütter und natürlich Geschwister, in jeder Hinsicht. Es brach uns das Herz, als Riku für sich beschlossen hatte, zunächst in Rumänien zu bleiben und nicht sofort mit uns nach Palästina auszuwandern. Ohne sie fühlten wir drei eine Leerstelle, die wir anderen nicht füllen konnten. Ein vierblättriges Kleeblatt hatte sein viertes Blatt, seine natürliche Einzigartigkeit, seine besondere Kraft verloren. Erst sehr viel später, als auch Riku in Israel lebte, ist mir aufgefallen, dass die tatsächliche Zeit, die wir Schwestern als vierblättriges Kleeblatt zusammen hatten, sehr kurz gewesen war. Nur ein einziges Mal in unserem Leben hatten wir vier für längere Zeit unter einem Dach gewohnt und das war in Auschwitz, im Sommer 1944. Als wären wir nach Polen ins Ferienlager oder ins Schullandheim gefahren, vier pubertierende Mädchen, die den Sommer ihres Lebens verbringen wollten. Wie absurd und grotesk! Ich kann mich an keinen einzigen Streit erinnern, den wir in

Auschwitz gehabt haben könnten. Jede sorgte sich um die jeweils andere. Keines der Kleeblätter durfte abgerissen werden und verloren gehen. Es zählte nur unsere einmalige, innere Verbundenheit, die stark genug war, dem Grauen ein Schnippchen zu schlagen.

30
GOTT

Im Jahr 2012 hatte ich, auf einer meiner Reisen in die Vergangenheit, meine erste persönliche Begegnung mit einer deutschen Schulklasse. Nach dem stundenlangen Rundgang mit meiner israelischen Delegation ruhte ich mich zusammen mit meinem Sohn Yaron gerade auf einer Bank im Lager Birkenau aus. Wir saßen vor einer der Baracken, in der die SS den Neuankömmlingen alle Besitztümer abnahm, als ein deutsches Mädchen aus der Gruppe auf mich aufmerksam wurde. Das Mädchen stand nahe meiner Bank, las aufmerksam eine Gedenktafel über den Vernichtungslagerhorror und sagte danach, mehr zu sich selbst als zu mir, doch laut genug, dass ich es hören konnte: »Oh mein Gott, wie schrecklich das hier war!« Ich antwortete ihr in meinem gebrochenen Deutsch: »Ja, in Wirklichkeit war es noch viel schrecklicher!«

Das Mädchen hörte mich und kam zu mir rüber. Dabei sah sie eher zufällig die tätowierte Nummer auf meinem linken Unterarm, die unter meinem hochgerutschten Pullover sichtbar geworden war. »Sie waren hier?«, fragte das emotional aufgewühlte Mädchen, das vielleicht 15 oder 16 Jahre alt gewesen sein mochte. »Als ich hier war, war ich so alt wie du«, antwortete ich ihr. Das Mädchen war ganz perplex und bat mich, mit zu ihrer Schulkasse zu kommen, die ganz in der Nähe war, und mit ihnen zu sprechen. Ich willigte ein. Die Schülerinnen und Schüler, allesamt Gymnasiasten im Teenageralter, wurden von einem evangelischen Geistlichen betreut, sie waren neugierig und stellten viele Fragen. Auch das fiel mir in den Jahren meiner Reisen auf: Es sind gerade auch die deutschen Jugendlichen, die genau wissen wollen, was in Auschwitz passiert ist, was ihre Vorfahren und Landsleute in den Lagern getrieben haben, wie eine solche Zerstörungsmaschinerie ausgerechnet von Deutschen erdacht werden konnte. Zum Einstieg erzählte ich den Schülern, dass ich während meines Aufenthalts in Birkenau die Schäferhunde der SS-Leute immer sehr beneidet hatte. Sie hätten glänzendes Fell gehabt, schienen sehr gut gepflegt und sauber zu sein und wurden, dem Augenschein nach, gut gefüttert – also im Vergleich zu uns Juden. Danach herrschte erst mal eine kleine Schockstarre unter den Schülern, obwohl ich es gar nicht so ironisch gemeint hatte, wie es vielleicht klang.

Gegen Ende unseres Gesprächs und nach vielen beantworteten Fragen sagte ich zu ihnen, jetzt hätte ich aber auch noch eine Frage an sie. Es ist die Frage, die ich Jugendlichen oft stelle auf meinen Delegationsreisen: »Wie ist es zu erklären, dass ein junger deutscher Offizier jeden Morgen, bevor er zur Arbeit geht, gemeinsam mit seiner geliebten Familie am Frühstückstisch sitzt, seine Frau umarmt und küsst, seinen Kindern einen Guten-Morgen-Kuss auf die Stirn gibt und sie mit einem Lächeln verabschiedet, bevor er zur Arbeit geht. Wobei die Arbeit dann darin besteht, unzählige Kinder und Mütter in den Tod zu schicken. Wie ist es zu erklären, dass er und seine Offizierskameraden jeden Morgen ihr schönes Haus verlassen, das gleich hinter diesen schrecklichen Lagermauern liegt, und Tausende, Zehntausende unschuldige Menschen vernichten. Wie geht das? Habt ihr eine Erklärung dafür?« Die Jungen und Mädchen schauten betreten zu Boden und zuckten hilflos mit den Schultern. Sie wussten nicht weiter, also richteten sie ihre Blicke auf den Pfarrer, der mitten unter ihnen stand. Von ihm erwarteten sie sich eine Antwort. Auch er war peinlich berührt. Er suchte nach Worten und konnte zunächst keine finden, er versuchte sich um eine Antwort herumzuwinden, was ihm sichtlich unangenehm war, dann sagte er plötzlich, so als hätte er die eine ultimative Erklärung für Auschwitz gefunden und das Rätsel gelöst: »Die Nazis hatten keinen Gott.« Für einen Kirchenmenschen wie ihn war das die logische, auch die einfachste Antwort, um diesen grotesken Widersinn, den ich aufzeigen wollte, aus der Welt zu schaffen. Denn hätten die Nazis einen Gott gehabt, was hätte das nur über Gott ausgesagt und in welches paradoxe Dilemma wäre der Geistliche dann geraten?

Ich sagte nichts mehr darauf und ließ die Schülerinnen und Schüler ziemlich erschüttert und verstört zurück. Ich hoffte, dass ich sie wenigstens ein bisschen zum Nachdenken gebracht hatte. Darüber, wie es sein konnte, dass so viele Menschen aus einer so hoch entwickelten Kultur einen so abgrundtiefen Hass auf andere hatten entwickeln können? Wie sie heute selbst damit umgehen, dass ihr eigenes Volk durch die Nazi-Verbrechen über Generationen hinweg gebrandmarkt ist? Wie damit, dass in jenen Zeiten das Verhalten der SS-Männer, liebende Familienväter dies- und brutalste Barbaren jenseits des Zauns, in Deutschland als »korrekt«, »moralisch« und sogar als »heilige Pflicht« bewertet wurde. Beispielhaft dafür Rudolf Höß, der Lagerkommandant von Auschwitz. Höß stammte aus einem streng katholischen Elternhaus, er war ein gottesfürchtiger Christ, der Missionar werden wollte, trotzdem ließ er den Ablauf des Massenmordens in Auschwitz, das logistische Ineinandergreifen von Gaskammern und Krematorien, immer weiter optimieren, um immer noch mehr Menschen hinrichten zu können. Einen Widerspruch zwischen Tat und Glauben empfand er offensichtlich nicht. Reichte dafür die Antwort des Pfarrers noch aus? Leider ist der Holocaust kein Kreuzworträtsel, für das es im Nachhinein die eine richtige Lösung geben kann.

Ich musste wieder daran denken, wie gläubig ich als Kind gewesen war. Keine meiner Schwestern war auch nur annähernd so vernarrt in die Vorstellung eines liebevollen, gerechten, gütigen Gottes gewesen wie ich. Als acht-, zehn-, zwölfjähriges Mädchen war mir meine Beziehung zu Gott fast auf unheimliche Art und Weise wichtig, wenn ich heute so darüber nachdenke. Mehrfach täglich sprach ich zu ihm, unser Alltag, unsere Bräuche und Traditionen, auch mein Verhältnis zu Papa, alles drehte sich um Gott. Niemals hätte es mein Vater erlaubt, dass wir den Sabbat brechen. Selbst wenn ich gewollt hätte, ich konnte nicht lügen, weil ich wusste, mein Gott sieht es. Mein Gott sieht alles.

Und dann kam Auschwitz.

Gott und Glaube sind sehr persönliche Angelegenheiten, in die ich mich ungern einmische, aber einmal hat mich eine israelische Schülerin, die offenkundig aus einer sehr religiösen Familie stammte, ganz direkt danach gefragt: »Rachel, haben Sie sich in Auschwitz an Gott gewandt? Haben Sie zu ihm gebetet?« Tatsächlich passierte in Auschwitz etwas, das ich mir bis heute nicht erklären kann. Ab dem Zeitpunkt, als ich das Lager betrat, habe ich nicht mehr an Gott gedacht, geschweige denn zu ihm gesprochen. Ich kann mich nicht erinnern, dass ich in den über vier Monaten meines Aufenthalts, in Summe das ganze

Jahr über in Gefangenschaft, auch nur ein einziges Mal zu ihm gebetet habe. Dass ich ihn jemals angefleht habe, er solle meine Eltern, meine Brüder, meine drei Geschwister und mich retten. Warum nicht? Wie war das möglich? Ist es nicht genau das, was man tut, in Zeiten größter Not und Verzweiflung – glauben, beten?

Die Antwort darauf, die ich mir im Laufe meines Lebens selbst gegeben habe, lautet: Diesen liebevollen, gerechten, gütigen Gott, an den ich als Kind so vernarrt geglaubt habe, der sich vor die Unschuldigen stellt und gegen das Böse, der sich also vor allem vor uns Kinder stellt, den gibt es so nicht. Warum hat er meine Nichte Etia, die sechs Monate alte Tochter meiner Schwester Chaya, eine reine, unschuldige Seele von einem Menschen, nicht gerettet? Es wäre so einfach gewesen. Sie hatten es an der Grenze nach Rumänien doch schon fast geschafft! Dann bekam Etia Angst, fing zu schreien an und wurde nach Auschwitz deportiert. Warum hast du, allmächtiger Gott, das zugelassen? Warum hast du sie nicht davonkommen lassen? Ich selbst war schon in Gefangenschaft, als Etia geboren wurde, ich habe sie persönlich nicht mehr kennenlernen dürfen. Ich habe sie nicht wenigstens einmal im Arm gehalten, nie ihre kleinen Händchen am Finger gespürt, nie ihr prustendes Brabbeln erlebt, nie ihren einzigartigen Duft als Baby riechen dürfen, so wie nur das Wunder neuen Lebens riechen kann. Ach Gott, warum nicht? Sag mir nur einen Grund, ich will es nur verstehen! Etia ist für mich das Gesicht der rund 1,5 Millionen Kinder, die während des Holocaust ermordet worden sind, darunter auch meine Brüder. Während meiner Reisen zurück an die Orte der Verbrechen hat mir einmal ein begleitender wissenschaftlicher Mitarbeiter erzählt, dass man noch am Ende des bereits verlorenen Krieges Kinder gehängt habe, weil man Zeugen aus dem Weg schaffen wollte. Das Eigengewicht der Kinder reichte für diese grausame Prozedur aber oft nicht aus, so der Wissenschaftler, sie waren schlicht zu leicht. Also hängten sich die SS-Leute an ihre Beine und Füße, damit sich die Schlinge um den Hals zuziehen konnte. Der Massenmordapparat der Nazis war für Kinder gar nicht ausgelegt. Welcher ist das schon? Wer würde schon auf die monströse Idee kommen, eine Apparatur zu erfinden, mit der sich das Töten von Kindern leichter bewerkstelligen ließe? Trotzdem waren es am Ende eineinhalb Millionen getötete Babys, Kleinkinder, Teenager, Jugendliche. Wie kann man ihrem unentschuldbar grausamen Schicksal gegenüber gleichgültig bleiben, gerade wenn man den besten Blick auf alles hat – den Blick von ganz oben!

»Wir werden das Gesicht des Teufels erblicken und ihr werdet euch fragen: Warum wir? Akzeptiert euer Schicksal ohne Beklagen, ohne Gott infrage zu stellen.« Immer wieder gehen mir die Worte meines Vaters durch den Kopf, die er im April 1944, kurz vor unserer Deportation, an die Familie gerichtet hat. Genauso wie er es erwartet hatte, war es gekommen. Wir haben in Auschwitz in die Fratze des Teufels geschaut. Und jenseits der Frage, was genau Papa wusste, was passieren würde – angesichts der Worte, die er wählte und die mir bis heute das Blut in den Adern stocken lassen, war seine Intuition zumindest untrüglich gewesen –, habe ich mir seitdem immer wieder die Frage gestellt, wie Papa sich selbst im Falle seines Überlebens die Frage nach Gott beantwortet hätte. Hätte er, der streng religiöse, chassidisch-aschkenasische Jude, nach Auschwitz mit Gott für immer gebrochen? Oder hätte er zu ihm zurückgefunden? Wäre ihm das wirklich gelungen? Und wenn ja, wie? Sein Sohn, mein Bruder Meir, der anders als Fivish den Holocaust überlebt hat, ging hart mit seinem Glauben ins Gericht und ist dennoch bis zu seinem Tod ein streng gläubiger Mann geblieben. Einer seiner Söhne wurde gar ein ultraorthodoxer Rabbi.

Als Kind und junges Mädchen war Gott für mich omnipräsent, die Antwort auf viele meiner Fragen. Anders als damals habe ich in den Jahren nach der Befreiung seine Gesellschaft, seine Nähe immer seltener gesucht. Wer Auschwitz überleben kann, ohne dass er dort nach ihm gesucht hat, der wird auch den Rest seines Lebens ohne einen Gott auskommen, so dachte ich. Wenn er sich dort nicht zu erkennen gegeben hat, dann überlebt man auch den Rest seines Lebens, ohne dass er sich zu erkennen geben braucht. Die israelische Schülerin fragte mich auch, warum ich später als Sozialarbeiterin nicht mehr zu Gott zurückgefunden habe, ob Religion und Glaube nicht eine wichtige Triebfeder für einen sozialen Beruf in schwierigen gesellschaftlichen Brennpunkten seien. Die Frage erstaunte mich, auch weil ich selbst darüber erstaunt war, dass ich nicht mehr zurückgefunden hatte. Zumindest nicht so, wie das Mädchen es erwartet hatte.

Ich bin überzeugt, sagte ich zu ihr, dass jeder Mensch an irgendetwas glaubt. Der mit Abstand wichtigste Glaube, das habe ich in Auschwitz gelernt, ist der Glaube an sich selbst, komme was mag. Wer diesen Glauben nicht aufbringen kann, der sollte an sich arbeiten, der muss ihn lernen, denn ohne ihn geht es nie. Ohne ihn lassen sich die Hürden des Lebens nun mal nicht nehmen. Das Mädchen schaute leicht irritiert, ich wusste natürlich, worauf sie eigentlich hinauswollte. Ich sagte zu ihr, dass es einen Unterschied mache, ob man Gott als Institution braucht, als verbindliche religiöse Instanz oder ob man Gott als Konzept eines geistigen Bedürfnisses auf einer sehr persönlichen Ebene versteht. Also konkret: Brauche ich jemanden zum Reden in Zeiten der Not? Brauche ich jemanden, dem ich danken kann, wenn meine Träume in Erfüllung gehen? Habe ich ein Bedürfnis nach einem stillen Dialog, nach einem nach innen gerichteten Zwiegespräch mit mir selbst zur besseren Reflexion, zum besseren Verstehen meiner eigenen Wirklichkeit, zum besseren Aushalten von Widerständen, zur Stärkung meiner eigenen Resilienz? Für ein solches Verständnis brauche ich womöglich gar keine göttliche Instanz, sondern vor allem einen Bezug zu mir selbst.

In den Jahren meines fast 50-jährigen Schweigens über Auschwitz hatte ich es mir zur Angewohnheit gemacht, in mir selbst nach einem geeigneten, sehr persönlichen und dennoch unvoreingenommenen Ansprechpartner zu suchen, den ich mit meinen Geschichten und Problemen belangen konnte, ohne ihn neu zu traumatisieren. Ein vertrauensvoller, persönlicher Ansprechpartner, wie mein Ehemann oder meine Söhne es hätten sein können, aber gerade auch deshalb nicht sein durften. Ich brauchte also jemanden, dem ich von meinen Ängsten, meinen Albträumen, aber auch meinen Freuden und Glücksgefühlen erzählen konnte. Also suche ich heute, ich hoffe Sie können mir folgen, stets die Stimme in mir selbst, ich nenne sie meinen inneren Gott. Der Beweis, dass es ihn gibt, ist dass es mir gut damit geht, dass ich die Kraft habe, die für mein Leben nach all den erfahrenen Schrecken notwendig ist, und das nun schon im 94. Lebensjahr. Mehr muss ich nicht wissen.

31 MENSCHSEIN

Was soll ich sagen, ich liebe die Menschen immer noch. Im Gegensatz zum Glauben an den einen Gott, der alles richtet, habe ich den Glauben an die Menschen nie verloren. Obwohl mir das, ich gebe es zu, nach meiner Befreiung nicht leichtgefallen ist. Ich wurde in meinem Leben immer mal wieder gefragt: Warum wolltest du dich nach dem Holocaust beruflich unbedingt um Menschen kümmern, nach allem, was der Mensch dir angetan hat? Warum bist du nach den Konzentrations- und Vernichtungslagern in die Siedlungen und Viertel der sozialen Brennpunkte gegangen, wieder zu den Ärmsten und Ausgestoßenen, den Benachteiligten, den Randgruppen, den Gesetzesbrechern? Warum bist du überhaupt Sozialarbeiterin geworden, nach all dem, was du selbst erlebt hast? Die Frage mag berechtigt sein, und tatsächlich habe ich in meinem Beruf neben vielen der großherzigsten Menschen, die man sich vorstellen kann, auch das »menschlich Böse« wieder getroffen. Sowohl in den Familien, die ich betreute, als auch bei den Beamten der offiziellen Stellen, die den Familien eigentlich helfen sollten. Meine Antwort ist aber genau diese: Eben weil ich das alles erlebt habe, konnte ich meinen Beruf überhaupt erst ausüben und auch aushalten. Weil ich wusste, wozu der Mensch fähig ist, im Schlechten, aber auch im Guten. Auschwitz hat mich am Ende nicht schwach gemacht, Auschwitz hat mich stark gemacht. Man muss nur verstehen lernen wie.

Es gibt ein besonderes menschliches Phänomen, das bis heute kaum erforscht ist: Es gibt Menschen, die Schlimmes erlebt haben und daran jämmerlich zugrunde gehen. Und es gibt Menschen, die schrecklichste Erfahrungen gemacht haben und daran wachsen. Wieso ist das so? Warum erholen sich die einen, werden sogar stärker, und die anderen bleiben zerstört zurück? Es fällt mir nicht leicht, das zu sagen, vor allem nicht nach dem enormen Verlust, den ich erlitten habe, doch Rachel, wie sie einmal war, hat sich durch Auschwitz entwickelt. Auschwitz hat mich wachsen lassen. Und ja, ich weiß, wie absurd das vielleicht klingt. Natürlich braucht keiner eine solche Erfahrung und ich hätte liebend gerne darauf verzichtet. Unmittelbar nach der Befreiung, nachdem mir vorher fast alles genommen worden war, hatte ich keine Lust auf irgendetwas. Nach den Erfahrungen aus dem Holocaust entwickelte ich als junger Mensch große Minderwertigkeitskomplexe. Ich fühlte mich wie ein Nichts. Nichts wert, nicht da, nicht gesehen. Ich hatte nicht einmal einen Namen, ich war nur eine Nummer auf meinem linken Unterarm. Und heute? Besuchen mich plötzlich hochrangige und berühmte Persönlichkeiten, Generäle, Künstler, Journalisten, mir bekannte wie völlig wildfremde Menschen, jung wie alt, die mich mit großem Respekt behandeln, die in mir etwas besonders Wertvolles sehen, die bei mir Rat suchen. Sie würdigen mich als Rollenvorbild und nennen mich eine »Heldin«, die ich ganz sicher nicht bin. Das ist doch verrückt! Wie ist das möglich?

Bei allen Ehrbezeugungen bleiben dennoch gemischte Gefühle. Mein Preis war hoch. Der höchste vermutlich, den ein Mensch meiner Generation zahlen konnte. Ich werde nie erfahren, was aus mir, der 15-jährigen Rachel, hätte werden können, hätte es Auschwitz nie gegeben, hätte ich die Erfahrung von einem Jahr nationalsozialistischem Terror, Lagerhaft und Gefangenschaft nie gemacht. Wäre alles einfacher gewesen, wäre alles besser geworden, hätte ich mich anders entwickelt? Oder hätte der Grund gefehlt, wachsen zu müssen? Wer weiß das schon. Gleiches gilt für die Kinder und Jugendlichen aus den ärmsten Vierteln unseres Landes, wie sie mir begegnet sind: Was hätte aus ihnen alles werden können, wenn sie von vornherein andere, also faire, gleiche Lebensbedingungen vorgefunden hätten? Und doch gibt es immer auch diejenigen, die der Armut entfliehen und die schwierigen Umstände überwinden, in denen sie aufgewachsen sind. Die über sich hinauswachsen.

Das darf keine Rechtfertigung sein, weder für Armut noch für Auschwitz, aber beides muss nicht das Ende bedeuten. Katastrophen wie diese dürfen uns nicht entmutigen. Auschwitz und Armut sind keine Krankheiten, die man heilen könnte, sondern Traumata, mit denen man sich auseinandersetzen muss, auch wenn sie einem immer im Kopf bleiben, und irgendwann vielleicht, zumindest teilweise überwunden werden können. Die Kunst besteht darin, sich darauf einlassen zu können. Das gelingt nicht jedem und gerade deshalb habe ich Zeit meines Lebens so intensiv an mir gearbeitet. Ich habe versucht, mich nicht in Rachegefühlen zu suhlen, in Groll und Nörgelei zu verlieren, sondern mir ein positives, ein offenes Lebensgefühl zu bewahren.

Auch wer in Armut aufwächst, unter Vernachlässigung leidet, der sucht einen Sinn. Meist jedoch findet er keinen oder oft nur den, kriminell zu werden. Als Sozialarbeiterin habe ich intensiv mit Kindern und Jugendlichen gearbeitet. Bei allem Stress, bei allen Verletzungen und Ernüchterungen, die es in diesem großartigen, schwierigen Beruf natürlich auch gegeben hat, beeindruckte mich stets der Optimismus dieser jungen Menschen, ihre Unvoreingenommenheit, ihre ungebrochen bejahende Einstellung dem Leben gegenüber trotz großer existenzieller Probleme. Diese Erfahrung hat mich selbst noch einmal stärker gemacht. Im Gegenzug habe ich versucht, auch diesen Kindern und Jugendlichen zu helfen, stark und stärker zu werden. Natürlich gelang das nicht bei allen, viele blieben auch auf der Strecke. Wie gesagt: Es ist und bleibt ein Phänomen.

In den Jahren nach meiner Befreiung und während meiner Ausbildung zur Sozialarbeiterin wurde der österreichische Neurologe und Psychoanalytiker Viktor E. Frankl mein steter Begleiter und Anker. Frankl war nicht nur selbst Auschwitz-Überlebender, der in seinen Büchern die KZ-Erfahrung psychologisch analysiert hat, er ist auch der Begründer der Logotherapie, die mich, so kann man es wohl sagen, buchstäblich gerettet hat. Die Logotherapie gibt Antworten auf die Frage, wie es möglich ist, im Leben wieder Sinn zu finden, gerade nach einem sinnlosen und sinnentleerten Dasein wie Auschwitz es erzwingt. Sie öffnet Türen und ebnet Wege: Dass jeder Mensch, egal was ihm widerfahren ist, lernen kann, wieder neu zu denken und neu zu empfinden. Dass jeder sich aus der Angststarre seiner realen oder eingebildeten übergroßen Probleme lösen kann. Kein Problem ist größer als das Leben selbst, selbst Auschwitz nicht. Ich lernte, dass man sich nicht von Leid, Schuld und Tod hypnotisieren lassen darf, sondern dass man das Positive – Freude, Dankbarkeit und Humor – ganz bewusst in sein Leben einladen kann. Ich lernte wieder, die

Verantwortung für mich zu übernehmen und mich nicht von den Traumata der Vergangenheit leiten zu lassen. Ich selbst wollte die treibende Kraft in meinem Leben sein, nicht Auschwitz. Ich wollte leben, nicht gelebt werden, wie im Lager. Insofern war Frankls Logotherapie für mich eine Art Wachstumshormon für mein zweites Leben danach.

32
HASS

Natürlich kannte auch ich das Gefühl, zu Recht hassen zu dürfen. In Auschwitz, während der Gefangenschaft, kurz danach. Aber welch ein Irrtum! Jahrzehnte später, wenn ich an Delegationen nach Auschwitz teilgenommen und mit jungen Menschen gesprochen habe, habe ich immer gegen den Hass gesprochen. Ich hasse nicht, weil ich verstanden habe, dass Rache und Hass niemals satt machen. Hass ist wie ein gefräßiges Ungeheuer, er hat immer Hunger, das macht ihn so gefährlich und omnipräsent in der Welt. Ich müsste also immer weiter hassen, das Gefühl würde niemals aufhören, der Hass würde nie eine Lösung wollen. Warum auch: Gäbe es eine Lösung, wäre der Grund für den Hass vorbei, der Hass obsolet. Und auch das habe ich gelernt: Hass beschädigt und verletzt vor allem diejenigen, die hassen und nicht seine Adressaten, diejenigen, gegen die er gerichtet ist. Menschen, die hassen, vergiften sich selbst und bezahlen dafür einen hohen Preis.

Was der Hass kann, was der Hass aus Menschen machen kann, das hat Auschwitz gezeigt. Er bringt Menschen dazu, sich unmenschlich zu verhalten, was wiederum wohl das adäquate Verhalten an einem Arbeitsplatz ist, der sich »Vernichtungslager« nennt. Die Frage bleibt, warum der Mensch sich buchstäblich gegen seine Natur wendet und sich unmenschlich verhält, eine schlüssige, alles erklärende Antwort wird es darauf wohl nie geben. Wenn die Nazis aber nicht allesamt psychisch gestört, wenn sie nicht verrückt oder geisteskrank waren, dann heißt das wohl: Es kann wieder passieren und es wird wieder passieren, immer dann, wenn wir nicht auf der Hut sind. Nicht nur in Deutschland, überall auf der Welt, auch hier in Israel.

Vor einiger Zeit habe ich meinen Enkel Ben gefragt, er ist ein junger Mann Anfang 30, ob er schon einmal Bomben abgeworfen hat und Menschen dabei ums Leben gekommen sind. Ben ist Dorons Sohn und seit zehn Jahren Pilot bei der israelischen Luftwaffe, er hat Einsätze in Gaza und im Libanon geflogen. Er erzählte mir, er und seine ranghöheren Kommandeure gingen immer auf Nummer sicher, damit keine unschuldigen Zivilsten betroffen sind. Wenn das nicht gewährleistet werden könne, würden Angriffsflüge abgesagt. Bei Luftangriffen würde man ganz bewusst zuerst eine Warnrakete in die Luft schießen, um der Zivilbevölkerung zu signalisieren, dass sich der Feind unter ihnen versteckt hält und sie als menschliches Schutzschild missbraucht werden. Erst fünf Minuten später würde dann die echte Rakete folgen. Solche »Knocking-on-Roof«-Einsätze würden also immer erst »anklopfen«, bevor es zu Bombardierungen komme. So könnten alle, die nicht an den Kämpfen beteiligt sind, rechtzeitig vom Ort des Geschehens fliehen. Würde er einen Fehler machen, würde er umgehend suspendiert und der Fall untersucht werden. Das sei aber noch nicht vorgekommen, sagte Ben.

Und doch zeigt es, wie schmal der Grat ist: Auch wir müssen aufpassen! Andererseits habe ich manchmal den Eindruck, dass gerade Länder, deren Militärs weit weniger moralisch handeln, vom jüdischen Staat Standards einfordern, die sie selbst nie akzeptiert haben und auch nie akzeptieren würden. Trotzdem ist die Kritik an Israel groß. Man misst mit zweierlei Maß und ist sich auch für ein gewisses Maß an moralischer Heuchelei nicht zu schade. Ganz unabhängig davon, was andere über uns sagen und von uns verlangen, ich glaube an unsere Pflicht, an uns selbst die allerhöchsten Maßstäbe anzulegen. Es schmerzt mich im gleichen Maße, wenn Araber unschuldige Juden töten, wie wenn Juden unschuldige Araber töten. Das macht für mich keinen Unterschied. Vor dem Hintergrund unserer Geschichte – von Auschwitz über die Staatsgründung bis zur Verteidigung unseres Landes – sollten wir schon deshalb moralischer handeln, weil wir es besser wissen, nach allem, was wir erlebt, erlitten und durchgestanden haben.

Nach all den Verbrechen gegen die Menschlichkeit, die ich in den 93 Jahren meines Lebens selbst erlebt oder von denen ich erfahren habe, weiß ich: Das Böse setzt sich immer dann durch, wenn die Guten schweigen. Diejenigen also, die ein Gewissen haben und menschliche Werte. Das ist auch der Grund, warum ich immer laut aussprechen werde, was ich denke. Völlig egal, ob Unrecht und Gewalt in meinem direkten Umfeld passieren oder in Syrien, Afghanistan, Bosnien, im Jemen oder jetzt in der Ukraine. Ich bin fest davon überzeugt, dass die unzähligen grauenhaften Verbrechen in den dunklen Tagen des Zweiten Weltkrieges auch deshalb geschehen konnten, weil zu viele der Guten, in Deutschland und in den von Nazis besetzten Gebieten, lieber geschwiegen haben. Damit will ich den Widerstand nicht kleinreden, es gab ihn, die ungeheuren Verbrechen aber sprechen für sich. Und so gehören diese beiden Gebote für mich untrennbar zusammen:

Hasst nicht und schweigt nicht!

33
LIEBE

Was also ist geblieben von Auschwitz, diesem dunklen, unheimlichen, unmenschlichen Pfad, der sich durch mein gesamtes Leben schlängelt? Was hat mich aufrecht gehalten, dort und danach? Die Antwort ist so einfach wie unumstößlich: Es waren meine Eltern. Fivish und Ethel, die an meinem 15. Geburtstag, ohne Gerichtsverfahren und völlig schuldlos, in Auschwitz hingerichtet wurden, haben mich in der kurzen Zeit meines Lebens mit ihnen stärker beeinflusst als jede andere Erfahrung davor und danach. Mehr als Auschwitz es je vermochte, mehr als Krieg und Gefangenschaft. Als ich mich als traumatisiertes junges Mädchen zurückkämpfte ins Leben, dockte ich an dem an, was ich von meinen Eltern gelernt hatte, obwohl sie schon lange tot waren. Wenn man sich das Leben wie einen Schwamm vorstellt, der alle Erfahrungen aufsaugt, und man die ersten 15 Jahre nur Liebe, Vertrauen, Unterstützung und Geborgenheit erfährt, dann imprägniert dieses schutzspendende, liebevolle Elternhaus deine Seele gegen den Hass in der Welt. Das weitgespannte Dach und die stabilen Wände eines solchen Elternhauses wirken wie eine Rüstung gegen jede Form der Feindseligkeit und der Erniedrigung. Das heißt nicht, dass man diese Rüstung nicht pflegen, dass man sich keine Mühe geben muss, dann aber ist sie unkaputtbar.

Ein junger Mensch, der unter dem Dach eines solch liebenden Elternhauses aufwachsen darf, wird in seinem späteren Leben Krisen und Katastrophen umso besser meistern können. Davon bin ich überzeugt. Dabei ist es egal, ob es um Auschwitz, Armut oder Kriminalität geht. Ich bin mit meiner Geschichte in Israel oft auch in die Gefängnisse gegangen. Auf Augenhöhe von Ex-Häftling zu Häftling. Viele Gefangene waren Mörder, Diebe, Vergewaltiger, echte Schwerverbrecher. Manch einer von ihnen meinte hinterher zu mir: »Rachel, wenn ich jemanden wie dich früher kennengelernt hätte, wäre ich nie hierhergekommen.« Ich fragte die Gefangenen nach ihrer Kindheit, ihrer Jugend, ihren Eltern. Die meisten von ihnen hatten kein Zuhause, das ihnen Kraft gegeben hätte, die negativen Erfahrungen und den Hass zu überwinden. Sie kamen oft aus einem Elternhaus, in dem sie früh schon Ablehnung erfuhren, was das Gefühl ihrer Entfremdung von der Gesellschaft nur noch größer werden ließ. Sie alle hatten kein beschützendes Nest, wie ich eines hatte, ein Zuhause, das ihnen Wurzeln gegeben hätte und sie hätte wachsen lassen. Also konnten sie sich in diesem Leben nicht halten.

Von den rund 200 Angehörigen unseres Familienstammes haben nur die wenigsten den Holocaust überlebt. Man sagt, die Opfer wurden in Auschwitz ausgelöscht. Ich mag den Ausdruck nicht, denn er tut so, als wären diese Menschen einfach verschwunden und als wäre nichts von ihnen übrig geblieben. Das stimmt aber nicht. Tatsächlich trage ich das, was meine Eltern in mir gesehen und mir gegeben haben, in mir weiter. Ein derart existenzielles Vertrauen, das man in keinem Supermarkt kaufen und in keinem App-Store herunterladen kann, und das ich wiederum an meine Söhne weitergegeben habe und sie an ihre Kinder. Und so bleiben Fivish und Ethel, obwohl sie schon lange nicht mehr bei uns sind, Teil der Familie, von Generation zu Generation. Als ich fast 50 Jahre später das erste Mal nach Auschwitz zurückgekehrt war, habe ich verstanden, dass es nicht mehr um Rache oder Hass gehen darf, sondern dass dies meine Gelegenheit ist, über die Lektion meines Lebens zu sprechen. Über das, was Papa und Mama in mir angesät haben und über die Früchte, die ihre Saat des Vertrauens getragen hat.

Worum es mir am Ende meines langen Lebens also geht, ist die Frage wie *Mentschlichkeit,* wie es im Jiddischen geschrieben wird, wirklich gelingen kann. Ein *echter Mentsch,* wie wir sagen, hat im Jüdischen ein besonders Talent (deshalb das T). Es geht ihm nicht nur um das So-Sein, sondern auch um das Wie-Sein. In diesem »Wie« schwingt so vieles mit, dass man es mit Worten allein gar nicht erschöpfend beschreiben kann. Würde, Respekt, Mut, Vorbild, der *Mentsch*, er hat etwas zutiefst Edles und zugleich etwas Kämpferisches. Und wer wüsste das besser als wir, die wir alle Entmenschlichungen ertragen haben und dennoch *Mentsch* geblieben sind. Wir, die Überlebenden. Ich aber wollte nicht nur eine Überlebende bleiben, ich wollte wieder eine Lebende sein.

Wenn mir das gelingt, jeden Tag aufs Neue, dann haben *die* Nazis meinen Geist nicht brechen können, dann hat Adolf Hitler meine Seele nicht besiegen können, dann hat Josef Mengele meinen Glauben in die Menschen nicht zerstören können und dann hat auch Auschwitz die Liebe nicht vernichten können, die ich in meinem Leben »davor« erfahren habe.

Wenn mir das gelingt, jeden Tag aufs Neue, dann bin ich selbst, allen Verlusten zum Trotz, unbesiegt geblieben.

EPILOG

AUSCHWITZ HEUTE

Von Thilo Komma-Pöllath

Kann man über Auschwitz schreiben, ohne selbst je zuvor an diesem Ort gewesen zu sein? Eine Zugfahrt von Katowice nach Oświęcim, einer Kleinstadt im Süden Polens, Mitte Februar 2022. Keine zwei Wochen später ist Europa wieder im Krieg. Oświęcim ist in Deutschland nahezu unbekannt. Dabei steht der Ort für die deutsche Geschichte wie kaum ein anderer. Sagen wir besser: definitiv wie kein anderer. Ende des 13. Jahrhunderts siedeln sich hier erstmals Deutsche an, im 14. Jahrhundert wird die Stadt als Teil des Heiligen Römischen Reiches Herzogtum mit Amtssprache Deutsch, im 15. Jahrhundert leben überwiegend Deutsche in der Stadt, ehe Oświęcim im 16. Jahrhundert an das Königreich Polen angeschlossen wird. Und dann, im 20. Jahrhundert, kehren die Deutschen wieder zurück. Dass uns Oświęcim heute so wenig sagt, zeigt auch, wie ritualisiert und oft oberflächlich unser Erinnern zuweilen ist – trotz Gedenkstätten, Gedenktagen und aller gegenteiligen Beteuerungen. Mit dem Überfall Hitlerdeutschlands auf Polen im September 1939 wird Oświęcim im November 1940 zum NS-Verwaltungssitz des gleichnamigen Amtsbezirks im Generalgouvernement, von jetzt an wird wieder Deutsch gesprochen. Oświęcim heißt jetzt nicht mehr Oświęcim.

Oświęcim ist jetzt Auschwitz.

Dieser deutsche Name wird mit der polnischen Kleinstadt im Süden des Landes auf ewig verwachsen bleiben. Dieser Name, der sich auch durch die vergehende Zeit nicht mehr vergessen, verdrängen oder übertünchen lässt. Der niemals verstaubt. Auschwitz ist Zäsur. Der sogenannte Zivilisationsbruch. Ort und Synonym für die fabrikmäßig organisierte Tötung der europäischen Juden. Der größte systematische Massenmord in der modernen Menschheitsgeschichte. Wer von »Endlösung« oder »Holocaust« spricht, der meint Auschwitz. Konkret gemeint ist mit Auschwitz die deutsche Mordfabrik am Westrand von Oświęcim. Von den insgesamt mutmaßlich sechs Millionen Juden wurden allein hier rund 1,1 Millionen ermordet, insgesamt rund 1,3 Millionen Menschen: im Vernichtungslager Auschwitz-Birkenau, seinem Stamm- und seinen insgesamt 47 Außen- und Nebenlagern. Willkommen im Land der Dichter und Henker!

Entlang der Zugstrecke nach Oświęcim steigt an diesem späten Vormittag, 77 Jahre nach der Befreiung von Auschwitz, über ungezählten dürren Birkenbäumen die Sonne auf. Der altersschwache Regionalzug der polnischen Eisenbahn braucht für die gut 30 Kilometer eine knappe Dreiviertelstunde. Das laute und monotone Ruckeln, das metallische Rattern der Eisenräder auf den Eisenschienen lässt Geräusche lebendig werden, wie sie Rachel Cahana im Mai 1944 während ihrer tage- und nächtelangen Deportation nach Auschwitz-Birkenau vernommen hat. Geräusche, von denen sie mir erzählt hat. Geräusche, die sich ihr, so sagt sie, bis heute eingebrannt haben wie die tätowierte Lagernummer A-13561 auf ihrem linken Unterarm. Eisen auf Eisen klingt 1944 nicht anders als 2022. Rachel erreichte das Vernichtungslager am Tag ihres 15. Geburtstags, heute ist sie 93 Jahre alt. Das Rattern der Zugräder ist für sie kein Rattern von Zugrädern, es ist für sie: Auschwitz.

Die Monotonie der Geräuschkulisse des Regionalzuges macht mich schläfrig, das Ruckeln schummrig. Für mein Zugticket habe ich etwas mehr als zwei Euro bezahlt, wer wie Rachel 1944 und in den Jahren zuvor nach Auschwitz deportiert wurde, hat, bis auf wenige Ausnahmen, mit seinem Leben bezahlt. Rachel kam mit Glück dem Grauen davon. Will ich ihr Leben aufschreiben, muss ich ihr und ihren Gefühlen so nahekommen wie nur irgend möglich. Mein Gesicht halte ich ans Fenster gedrückt, ich will alles sehen, alles aufsaugen, alles spüren, ich will spüren, was sie gespürt hat, auch wenn das natürlich gar nicht geht. Das klingt anmaßend, sicherlich, aber das muss mein Ziel sein, um begreiflich machen zu können, was man ihr und allen anderen angetan hat. Ich habe selbst eine traumatische Erfahrung gemacht als Kind. Ich war neun als ich Ende der 1970er-Jahre auf ein erzkatholisches Internat kam, auch ich habe Gewalt und Missbrauch erlebt, und auch wenn eine Internatserfahrung kein Auschwitz ist, vielleicht macht mich meine Verletzung anschlussfähig an ihre Geschichte, an ihr Leiden, vielleicht will ich es auch deshalb ganz genau wissen.

Ich schließe die Augen. Die Sonne wärmt mein Gesicht durch die Scheiben, draußen ist es trotzdem bitterkalt, so früh im Jahr. Die zerbrechlich wirkenden, windschiefen Birkenbäumchen nehmen in meinen Gedanken Gestalt an. Ihre blattlosen Äste bewegen sich im Wind wie dünne Ärmchen, selbst die Baumstämme wiegen hin und her, als wollten sie fliehen. Ein Birkenwald jagt vor meinem Zugfenster den nächsten, es müssen Hunderte, Tausende dürrer, weißgefleckter Bäume sein, die sich gegen Wind und Kälte stemmen. Das also ist eine Birken-Au. Die dürren, zerbrechlichen Bäume erscheinen mir wie eine Allegorie auf die zerschundenen, ausgemergelten Körper der Auschwitz-Überlebenden und der Überlebenden der anderen Konzentrationslager, wie sie sich den alliierten Befreiern zeigten. Die Bilder und Filme davon verstörten die Welt, sie gehören heute zum kollektiven Gedächtnis der Zeit. Ich schrecke hoch. Die Hände feucht, der Kopf dröhnt, die Gedanken verloren im leeren Abteil. 77 Jahre danach hat das Grauen nichts von seiner Wirkung verloren, auch nicht für diejenigen, die es gar nicht erlebt haben, denen es vollkommen egal sein könnte, den Nachgeborenen. Vermutlich ist Auschwitz niemandem egal, schon gar nicht denjenigen, die es stets behaupten.

Zwischen den Birkenwäldern so gut wie keine Menschenseele, grau-gelbliche Felder und Wiesen, mal ein sumpfähnliches Gewässer, dazwischen Ortschaften wie Myslowice, traurige, vergessene Orte auf den ersten Blick, bleiche, graue, unverputzte, unkoordinierte Ansammlungen von Häusern. Danach wieder Birken, immer wieder Birken. Eine kaum besiedelte Landschaft im Süden Polens, verarmt und vergessen wirkt sie, trotz des weltberühmten Ortes, um den auch die globalen Immobilienspekulanten einen großen Bogen machen, so hat es den Anschein. Niemand kann sich offenbar vorstellen, dass man hier, so kurz vor Oświęcim, das die Welt nur als Auschwitz kennt, freiwillig wohnen will. Die globalen Bulettenbrater können sich das allerdings sehr gut vorstellen. Wie überall sonst in der Welt gibt es auch in Oświęcim einen Markt für Hamburger und Big Mac. Ein großes goldenes M auf einer schornsteinartigen Säule wirbt am Ortsrand für sie.

Unmittelbar vor der Ankunft am Bahnhof von Oświęcim verschickt *DER SPIEGEL* eine Eilmeldung als Pushnachricht auf mein Handy: Das Auswärtige Amt rät allen Deutschen, die Ukraine so schnell wie möglich zu verlassen.

Ich muss an Rachel denken, eigentlich die ganze Zeit. Sie ist weit über 90 Jahre alt, sie ist nicht mehr mitgekommen nach Auschwitz, wohin sie immer wieder zurückgekehrt ist, um jungen Menschen von ihrer Haft, vom Horror, von der Hoffnung zu erzählen. Ich werde sie in ein paar Wochen in Haifa besuchen, dann wird sie mir ihre ganze Geschichte erzählen. Ihre Geschichte, die in ihrem Heimatort Unterwischau beginnt, dem heutigen Siebenbürgen im Norden Rumäniens. Bis zur ukrainischen Grenze, dem aktuellen Kriegsgebiet, sind es vielleicht 30 Kilometer. Die heutige Ukraine war einer der Hauptschauplätze der größten nationalsozialistischen Verbrechen im Zweiten Weltkrieg, das vergisst man gerne. Zieht man mit dem Lineal eine gerade Linie von Auschwitz nach Kiew, dann fällt auf, dass ihr Dorf Vişeu de Jos (Unterwischau) ziemlich genau in der Mitte liegt, nur jeweils rund 200 Kilometer Luftlinie von beiden Orten entfernt. Der neue Krieg rückt näher, der alte war nie ganz weg.

Der Bahnhof von Oświęcim ist eine einzige Baustelle. Er wird von einer österreichischen Baufirma saniert. Gleisarbeiten, Überlandleitungen, modernste Elektronik. In Zukunft sollen hier keine ratternden Regionalzüge mehr zuckeln, sondern vor allem moderne Hochgeschwindigkeitszüge rasen. Warum ausgerechnet eine österreichische Firma, denke ich, gibt es keine andere? Als ich vor zwei Tagen von München nach Katowice fliege, sitzt zufällig ein sympathischer deutscher Maschinenbauer neben mir, der mir ohne jeden erkennbaren Widerspruch oder Schambehaftung erzählt, dass seine Firma in Polen Hochöfen baut. Wahrscheinlich ist das auch völlig in Ordnung so, ich aber finde das merkwürdig. Ich denke: Also produziert die deutsche Industrie heute in Polen keine Verbrennungsöfen mehr für die Endlösung, sondern Hochöfen für den Weltmarkt. Eine österreichische Firma entsorgt die historischen Gleise, auf denen bis 1945 Millionen von Menschen deportiert und in den Tod geschickt wurden, auf Geheiß eines Österreichers. Ist das richtig so? Ist das völlig okay? Bin ich vielleicht zu sensibel? Muss Gedenken nach einer Zeit der ersten, unmittelbaren Erschütterung ganz rational gedacht werden, es muss ja schließlich weitergehen …? Vermutlich hat die österreichische Baufirma einfach nur das günstigste Angebot abgegeben und deshalb den Zuschlag der Stadt oder Kommune bekommen für die Sanierung des Bahnhofs von Oświęcim, der für die Nazis ein Judenverschiebebahnhof war. Verwaltungsrecht argumentiert nicht ethisch oder moralisch, sondern preislich. 77 Jahre danach tue ich, der nicht dabei gewesen ist, mich schwer, Auschwitz und Alltag zusammendenken. Immer noch.

Ich komme genau im richtigen, vermutlich letztmöglichen Augenblick nach Oświęcim. Ich habe mir vorgenommen, die historischen Gleise und Rampen abzulaufen, entlang derer die Deportationen und Selektionen für die Arbeits- und Vernichtungslager von Auschwitz stattgefunden haben. Noch gibt es die Originalgleise, die vom Bahnhof Oświęcim keine zwei Kilometer wegführen bis zu den sogenannten Judenrampen, bis hinein in das Vernichtungslager Auschwitz-Birkenau. Da sie größtenteils nicht zum Museumskomplex gehören, werden sie irgendwann verschwinden, von Gestrüpp überwuchert, verschluckt oder wegsaniert. Der Bahnhof von Oświęcim selbst, war ab 1940 die erste Selektionsrampe der SS, hier kamen zunächst polnische oder russische Kriegsgefangene an, die für die Zwangsarbeit verteilt wurden. Im hinteren Bereich des Bahnhofs finde ich ein offenbar stillgelegtes, marodes Gleis, von Gras überwuchert und stellenweise mit Bauschutt zugemüllt. Die Sonne wärmt den gefrorenen Boden zu Matsch, ich marschiere auf den Holzplanken zwischen den Schienen drauflos, Richtung Westen, Richtung »Auschwitz«. Mein erstes Ziel ist die »Alte Judenrampe«. Hier endeten ab 1942 die ersten großen jüdischen Massentransporte. Von hier aus wurden Frauen, Kinder, Omas, Opas, Alte, ganze Familien direkt in die Gaskammern geschickt. Ich irre kreuz und quer über die unübersichtliche Baustelle und sehe auf einmal aus der Distanz und durch hohes Gras hindurch von hinten zwei Viehwaggons. Sie stehen unbewegt da, aber so, als würden sie nur darauf warten, dass es endlich weitergeht. Ich laufe um die Waggons herum auf die andere Seite. Ich stehe jetzt unmittelbar an der »Alten Judenrampe«, die so viele Tränen, so viel Leid und Verzweiflung gesehen hat, an der Hunderttausende jüdische Familien auseinandergerissen wurden. Keine 20 Meter davon entfernt, direkt gegenüber, ein gelbgestrichenes Einfamilienhaus mit rotbraunen Dachziegeln und einem großen umzäunten Garten. Vor dem Haus eine Kinderschaukel aus dunklem Holz, eine weiße Rutsche, eine gemütliche Holzbank und ein Backsteingrill. Die Familie, die hier lebt, die Kinder, die hier spielen, schauen jeden Tag auf zwei alte Viehwaggons, deren einziger Zweck darin bestand, Menschen in den Tod zu eskortieren. Diese beiden Viehwaggons werden nie mehr wegfahren. Neben dem Einfamilienhaus kniet ein Mann in seinem Golf, vermutlich der Hausherr, und saugt mit einem Handstaubsauger die Krümel auf dem Beifahrersitz ein. Ein absurdes, deplatziertes Geräusch, aber es ist Samstagnachmittag, auch in Auschwitz-Birkenau.

Kurz vor dem Ende des toten Gleises der »Judenrampe« gibt es eine Weiche, die ein zweites Gleis nach links, an dem Familienhaus vorbei, in eine Wiese und eine kleine Baumallee führt. Ich folge dem Gleis, das zunehmend im Erdreich versinkt, bedeckt von Moos und Gras. Als würden die Schienen in das Innere der Erde führen, in die Welt darunter. Der Hades des 20. Jahrhunderts heißt Auschwitz. Es ist das letzte zusammenhängende Gleisstück, das direkt ins Vernichtungslager nach Birkenau führt. Es ist nicht Teil der Gedenkstätte, es gibt keine Hinweise, keine Erklärungsschilder. Meine Kinder würden mich fragen, warum ein Bahngleis mitten durch eine Wiese verläuft. Die Schienen führen zunächst an Garagen und Grundstücken vorbei, bis ich auf einen hohen Zaun stoße. Hinter dem Zaun gehört das ehemalige Deportationsgleis heute zum Gartengrundstück eines Bewohners von Brezinka, dem Nachbarort von Oświęcim. Brezinka ist Auschwitz-Birkenau. Kaum trete ich zu nahe an den Zaun heran, beginnt das laute Gekläffe eines großen dunklen Hundes, der am grünen Maschendraht hochspringt. Ein deutscher Schäferhund ist es nicht. Ich springe zurück und mache einen großen Bogen um sein Revier. Etwas später verhindert ein gusseisernes Tor mit hoher Hecke meinen Weitermarsch auf dem Gleis, wieder ertönt lautes Hundegebell. Vor einigen Jahren gab es noch keine Zäune und keine Hunde, erzählt mir – wieder zu Hause – ein Freund, der schon einmal entlang der Gleise bis Birkenau marschiert war. Hundegebell und meterhohe Zäune gehörten zur KZ-Standardausrüstung, heute wollen sich Anwohner damit die Fremden und Touristen vom Hals halten. Schließt man die Augen und hört das Hundegebell und stellt sich vor, dass es nur noch wenige Meter sind bis zum Ort eines Jahrhundertverbrechens, dann kriecht einem Auschwitz direkt unter die Haut. Das vegetative Nervensystem lässt einen frösteln: Gänsehaut.

Ein paar Schritte weiter, zwischen zwei Häusern hindurch, sieht man bereits das in der Sonne rötlich schimmernde, sehr breite Einfahrtsgebäude von Birkenau mit dem Wachturm in der Mitte, das jeder in seinem Leben schon einmal gesehen hat – auf Bildern, in Filmen. Das allerletzte Gleisstück bis zur Straße, hinter der das Museumsareal offiziell beginnt, führt mitten über eine gelbbraune Wiese. Inmitten der Schienen sind in den letzten sieben Jahrzehnten Bäume und dichte Sträucher gewachsen, alles wirkt ungepflegt, zwischen den Schienen, die immer noch deutlich sichtbar durch das Erdreich pflügen, haben Gedankenlose Glasflaschen, Plastik und Müll entsorgt, der jetzt vor sich hin rottet. Je länger ich auf den Gleisen unterwegs bin, um so weniger verstehe ich, warum die Gleisstrecke zwischen der »Alten Judenrampe«, in der Mitte der beiden Lager gelegen, und der Rampe in Auschwitz-Birkenau nicht Teil der Gedenkstätte ist. Genauso wenig verstehe ich, warum die Gleise so gut erhalten sind und bis zum heutigen Tag völlig intakt erscheinen. Man kann sehr gut erkennen, dass die Gleise der Vernichtung von den Alliierten niemals zerstört wurden.

Die Selektionsrampe in Auschwitz-Birkenau wurde am 15. Mai 1944 eröffnet, es war just der Tag, an dem Rachel mit ihrer Familie in einem Viehwaggon spätnachts in Auschwitz ankam. Rachel muss in einem der allerersten Züge gewesen sein, die an der neuen Rampe abgefertigt wurden. Das Gleis wurde ausschließlich deshalb bis ins Vernichtungslager Auschwitz-Birkenau verlängert, um die jüdischen Massentransporte noch schneller und effizienter durchführen zu können. Mit anderen Worten: Dieses letzte Gleisstück hat es der SS erlaubt, noch viel mehr Jüdinnen und Juden in noch kürzerer Zeit zu töten als ehedem schon. Wenn man über Stunden über die historischen Gleise marschiert, fragt man sich unweigerlich, warum diese Gleise nie bombardiert wurden, um den Massenmord zu stoppen? Gibt es dafür eine vernünftige Erklärung? Rachel überlebte zusammen mit ihren drei Schwestern; ihre Eltern, ihre kleinen Brüder, ein Großteil ihrer Familie wurde in die Gaskammern geschickt. Davon hat Rachel Hanan, geborene Cahana, in diesem Buch eindrücklich Zeugnis abgelegt. Museumsguide Urszula hatte mir am Vortag, nach sechs Stunden Führung, den Unterschied zwischen dem Stammlager Ausschwitz und dem Vernichtungslager Auschwitz-Birkenau genau erklärt. Das eine, sagte sie, sei ein Museum, das andere ein Friedhof.

Israel, Mitte März 2022. In der Ukraine herrscht seit vier Wochen Krieg. Ich bin wegen der Gespräche für dieses Buch zu Rachel nach Haifa gereist. Vom Balkon ihrer Wohnung im 12. Stockwerk, hoch oben auf dem Berg Karmel, blickt sie tagtäglich auf den Hafen, in dem sie im Juni 1947 ins Land gekommen ist, das damals, ein Jahr vor der offiziellen Staatsgründung Israels, noch Palästina hieß. Im Gepäck habe ich die Frage mitgebracht, die nicht neu ist, die Gegenstand politischer, wissenschaftlicher und zeitgeschichtlicher Debatten ist, die mich aber seit meiner Gleiswanderung vom Bahnhof Oświęcim nach Auschwitz-Birkenau im Monat zuvor nicht mehr loslässt: Warum wurden die Bahngleise für die Deportationszüge nicht zerstört, um der systematischen Ermordung der Juden Einhalt zu gebieten, um die »Endlösung« zu stoppen? Historiker sind sich einig, dass der Westen seit 1942 vom Vernichtungsprogramm der Nazis wusste, von August 1944 gibt es Luftaufnahmen der britischen Luftwaffe von Auschwitz-Birkenau, auf denen die Rauchschwaden der Krematorien deutlich zu erkennen sind. Irgendwo da unten, in einer der gut sichtbaren Baracken im Frauenlager im Abschnitt B, waren zu der Zeit auch Rachel und ihre Schwestern Sarah, Riku und Esther. Also: Warum?

Mit Rachels Sohn Yaron fahre ich in diesem März 2022 nach Tel Aviv, zu einem Termin im israelischen Verteidigungsministerium. Wir sind verabredet mit dem Kommandeur der israelischen Luftwaffe, General Amikam Norkin. Norkin, Mitte 50, ist einer der ranghöchsten Militärs in Israel, vor allem aber ein enger Freund von Rachel Hanan und ihrer Familie. Norkin erzählt, Rachel sei wie eine zweite Mutter für ihn, er nennt sie eine »Lebenslehrerin«, von der er so vieles lernen könne, seine Töchter würden regelmäßig Rat bei Rachel suchen. Kennengelernt haben sich beide 2010 während einer offiziellen Armeedelegation nach Auschwitz. Er war der Base-Commander der Tel Nof Base, dem Hauptflugplatz der israelischen Luftwaffe, sie die eine Auschwitz- und Holocaust-Überlebende, im Schlepptau Offiziere und junge Soldatinnen und Soldaten. Anders als für deutsche Soldatinnen und Soldaten ist für Israels Wehrpflichtige der Besuch von Auschwitz ein Pflichttermin. Norkin erzählt, wie er Rachel vor der Reise angerufen habe, um sie besser kennenzulernen. Ein israelischer Commander sei für seine junge Truppe mehr wie ein Lehrer, erzählt er. Sein Aufgabenfeld sei nicht nur das Militärische, sondern auch der Unterricht in der eigenen

Geschichte. Aus guten Soldaten sollen bessere Bürger werden, es gehe nicht in erster Linie um den Feind, viel mehr um die eigene Community, die Familie, die Kinder, einen stärkeren Zusammenhalt in der Gesellschaft. Man mag das für PR-Sprech eines hohen israelischen Militärs halten, der die Staatsräson seines Landes hochhält. Tatsächlich wirkt er überzeugt von dem, was er sagt. Er habe sofort gemerkt, erzählt Norkin, dass Rachel die jungen Leute mit ihrer Geschichte und durch die Art, wie sie mit ihr umgegangen sei, viel besser erreichen könne als alles, was er ihnen hätte erzählen können – also habe er Rachel sprechen lassen. Rachel war ihr ganzes berufliches Leben lang Sozialarbeiterin. Ihre besondere Fähigkeit, ausgerechnet eine Auschwitz-Erfahrung als Ressource für ein gelingendes, empathisches Leben anzapfen zu können und eben nicht den Glauben an die Menschen zu verlieren, macht sie zu einem besonderen Vorbild für alle jungen Leute, die einmal Verantwortung übernehmen sollen. Der Commander und die Überlebende wurden Freunde fürs Leben.

Also warum? Hat er, der israelische Luftwaffenchef, in all den Jahren eine Erklärung dafür gefunden, warum Auschwitz und seine Infrastruktur, die Gleise, die Gaskammern und Krematorien von den Alliierten nie bombardiert wurden, obwohl sie davon wussten und obwohl alle jüdischen Gemeinden und Communitys in den USA und der Welt darum gebeten, selbst die Häftlinge in Auschwitz, mithin Rachel selbst, darum gefleht hatten? Norkin, als junger Mann mit 21 Jahren der weltweit jüngste F-15 Kampfpilot, macht aus seiner eigenen Verwunderung keinen Hehl. »Die Frage nach dem ›Warum‹ ist die große Frage, auf die es keine befriedigende Antwort mehr geben wird.« Der Westen, die Anti-Hitler-Koalition, gerade die Amerikaner hätten »andere Prioritäten« gehabt, erklärt General Norkin, der für seine deutsch-israelischen Verdienste im Oktober 2021 das Bundesverdienstkreuz verliehen bekommen hat. Gerade weil diese Frage unbeantwortet bleibe, so Norkin, sei die Antwort auf »die Frage nach den Lehren, die wir daraus ziehen müssen« umso bedeutsamer. »In Zeiten der Gefahr und der Bedrängnis müssen wir selbst in der Lage sein, unsere Nation verteidigen zu können, weil es sonst kein anderer tut.« Während ich im März 2022 in Israel bin, werden bei drei Terroranschlägen kurz hintereinander elf Menschen getötet. Elf Israelis, Jüdinnen und Juden. Tage später wird bekannt, dass Deutschland, angesichts des Krieges und der neuen Bedrohungslage durch Russland, das israelische Raketenabwehrsystem »Iron Shield« kaufen will.

Wie erschreckend aktuell die Lehren von Auschwitz in unser Bewusstsein zurückkehren, wird in den ersten Wochen des Ukraine-Krieges deutlich. Anfang April, Wochen nach meiner Rückkehr aus Polen, erklärt der Bürgermeister der eingeschlossenen Stadt Mariupol öffentlich, dass die russischen Truppen zur Vertuschung von Kriegsverbrechen Leichen in mobilen Krematorien verbrennen würden. Er spricht wörtlich von einem »neuen Auschwitz und Majdanek«. Überprüfen lassen sich die Informationen zunächst nicht, obwohl die Anzeichen für Gräuel und Kriegsverbrechen in der Ukraine offensichtlich sind. Noch während meines Aufenthalts in Israel irritiert der ukrainische Präsident Wolodymyr Selenskyi, selbst Jude, der einen Großteil seiner Familie während des Holocaust verloren hat, bei einer Videoansprache an das israelische Parlament Politiker und Öffentlichkeit mit Holocaust-Vergleichen, die in Israel traditionell verpönt sind. Vergleiche sind schwierig und oft auch falsch, die Debatte um die Singularität der Shoa, also der Frage, ob man die NS-Verbrechen mit anderen Verbrechen in der Geschichte der Menschheit vergleichen darf und soll, hat sich in den letzten Jahren zu einem weltweiten Historikerstreit ausgeweitet. Und dennoch: So tun, als wäre das alles undenkbar, als könne es – ob in der Ukraine, in Syrien, im Jemen oder anderswo – nur deshalb nicht wieder passieren, weil es so monströs klingt, als könne die Weltgemeinschaft erneut die Augen davor verschließen und »andere Prioritäten« setzen, das geht spätestens seit Auschwitz nicht mehr.

In den Wochen des Schreibens hat sich Rachels Geschichte tief in mir festgesetzt. Mal fröstelt es mich, mal bin ich tief berührt, oft sehr, sehr müde. Am Ende eines langen Tages am Computer, an dem ich ihrem Leben nachgespürt habe, bin ich oft so durchgeschwitzt, als hätte ich um mein eigenes Leben gerungen. Rachels Geschichte hat also sehr wohl auch etwas mit meiner Geschichte zu tun. Wer über Auschwitz schreibt, sollte natürlich einmal in Auschwitz gewesen sein. Vielleicht sollten wir alle, vor dem Hintergrund des wieder anschwellenden Antisemitismus in unserem Land, wenigstens einmal in unserem Leben in Auschwitz gewesen sein, damit wir nicht vergessen, was wir gesehen, was wir gedacht und wie wir gefühlt haben – obwohl wir selbst nicht dabei gewesen sind.

GLOSSAR

Alte Judenrampe: Von April 1942 bis Mai 1944 wurden die Selektionen der ankommenden Massentransporte auf dem Güterbahnhof von Auschwitz vorgenommen, der ziemlich genau zwischen dem Stammlager Auschwitz I und dem Vernichtungslager Auschwitz-Birkenau lag. Ab dem 15. Mai 1944 fanden die Selektionen der Häftlingstransporte innerhalb des Geländes von Auschwitz-Birkenau statt.

Chassidisch-aschkenasisches Judentum: Aschkenasische Juden, sogenannte Aschkenasen, bilden heute die größte ethno-religiöse Gruppe im heutigen Judentum (etwa 70 %). Sie beziehen sich dabei auf den biblischen Namen Aschkenas, der in der mittelalterlichen rabbinischen Literatur für Deutschland benutzt wurde. Der Chassidismus ist eine religiös-mystische Strömung innerhalb des ultraorthodoxen Judentums.

Chederschule: So wird die traditionelle jüdische Grundschule für Jungen ab dem vierten Lebensjahr, in der der Bibelunterricht im Vordergrund steht, bezeichnet.

Cholent: »Tscholent« (deutsch) ist ein traditioneller jüdischer Schmortopf, der über 12 Stunden vor sich hin köchelt und mittags an Sabbat gegessen wird. Die wichtigsten Zutaten sind Fleisch, Kartoffeln, Bohnen und Gerste.

Davidstern: Er gilt heute vor allem als Symbol des Volkes Israel und des Judentums. Benannt nach König David, besteht das Sechseck aus zwei blauen, ineinander verwobenen gleichseitigen Dreiecken. Die Nationalsozialisten missbrauchten das Symbol ab September 1941 zur »Kennzeichnung« jüdischer Mitbürger. Der sogenannte »Judenstern« war ein sechszackiger Stern auf einem gelben Stofffetzen, der in der Mitte die Inschrift »Jude« trug. Die Markierung musste auf der linken Brustseite des sichtbaren Kleidungsstücks aufgenäht und getragen werden.

Desert Storm: Diese Aktion, auch Zweiter Golfkrieg genannt, dauerte von August 1990 bis März 1991. Der irakische Diktator Saddam Hussein marschierte im Streit um Ölquellen in das Nachbarland Kuwait ein. Fünf Monate später griffen die USA und eine internationale Koalition in den Konflikt ein. Obwohl Israel nicht Teil der Anti-Irak-Koalition war, flogen irakische Raketen auf Israel. Auf Bitten der USA verzichtete Israel auf einen militärischen Gegenschlag, um den Zusammenhalt der Koalition, der mehrere arabische Länder (wie Syrien oder Ägypten) angehörten, nicht zu gefährden. Die »Operation Wüstensturm« drängte den Irak zurück und hat in der Folgezeit die politische Lage im gesamten Mittleren Osten verändert.

Duderstadt: Im Auftrag des Rüstungsbetriebs Polte errichtete die SS im November 1944 in der niedersächsischen Kleinstadt Duderstadt im Landkreis Göttingen ein Häftlingslager für Frauen. Organisatorisch war es als Außenlager dem KZ Buchenwald angegliedert. Einziger Zweck des Lagers war die Unterbringung der zur Zwangsarbeit eingesetzten 750 ungarischen Jüdinnen in der Munitionsfabrik. *Siehe Polte.*

Eichmann-Prozess: Das Gerichtsverfahren gegen den ehemaligen deutschen Obersturmbannführer Adolf Eichmann von April bis Dezember 1961 in Jerusalem erregte große internationale Aufmerksamkeit und veränderte das Debattenklima über den Holocaust in Israel. Eichmann gilt heute als einer der Hauptorganisatoren der systematischen Deportation und Ermordung der europäischen Juden. Wegen seiner verharmlosenden bürokratischen Art sprach Prozessbeobachterin Hannah Arendt von der »Banalität des Bösen«. Eichmann wurde zum Tode verurteilt.

Eretz Israel: »Land Israel« (deutsch), ist eine traditionelle hebräische Bezeichnung für das Land Kanaan. In der Tora und dem Alten Testament ist damit das »Gelobte Land« zwischen Nil und Euphrat gemeint, in dem die Israeliten nach biblischer Darstellung sesshaft wurden und viele Jahrhunderte zusammen mit anderen Völkern lebten. Mit Beginn des politischen Zionismus im 19. und 20. Jahrhundert wurde der Ausdruck »Eretz Israel« wieder populär.

Gefilte Fisch: Wörtlich »Gefüllte Fische«, ist bei den bei aschkenasischen Juden ein sehr beliebtes traditionelles Fischgericht, das an Sabbat und Feiertagen als kalte Vorspeise gegessen wird. Das Gericht besteht im Wesentlichen aus gewürzter Fischfarce von gehacktem Karpfen, Hecht oder Weißfisch, die in Scheiben oder in der Fischhaut als ganzer Fisch in Brühe pochiert und serviert wird.

Haggada: Sie ist eine meist bebilderte jüdisch-religiöse Schriftensammlung, aus der beim Pessach-Mahl gemeinsam in der Familie gelesen und gesungen wird. Zum einen ist die Haggada eine Handlungsanweisung für den Sederabend, die traditionelle Zeremonie für den Vorabend des Pessach-Festes. Zum anderen wird das Exil in Ägypten und der Auszug in die Freiheit beschrieben. *Siehe Pessach.*

Hagana: So hieß eine zionistische paramilitärische Untergrundorganisation in Palästina während des britischen UN-Mandats von 1922 bis 1948. Mit der Gründung des Staates Israel wurde die Hagana in die israelischen Verteidigungsstreitkräfte, das offizielle Militär, überführt.

Hashomer Hatzair: »Der junge Wächter« (deutsch), ist eine internationale sozialistische, zionistische Jugendorganisation, die stark an die Pfadfinderbewegung erinnert. Hauptziele sind die Organisation von Reisen nach Palästina, die Förderung einer sozialistischen Gemeinschaftsidee und die Gründung von Kibuzzim. Siehe Kibbuz.

Histadrut: Sie ist der Dachverband der Gewerkschaften in Israel, vergleichbar mit dem DGB in Deutschland. 1920 in Haifa gegründet, war die Histadrut ein wichtiger Wegbereiter des Zionismus in Israel. Das Ziel war die Schaffung einer jüdischen Arbeiterklasse. Waren in den 1970er-Jahren noch über 80 % der Beschäftigten in der Histadrut organisiert, nimmt die Bedeutung der Gewerkschaft seitdem kontinuierlich ab. Die Histadrut war maßgeblich auch an der Gründung der Militärorganisation Hagana beteiligt. Siehe Hagana.

Hisbollah: Die »Partei Gottes« (deutsch), ist eine islamistisch-schiitische Partei und paramilitärische Miliz im Libanon. Als »Staat im Staat« kontrolliert sie das Land politisch wie militärisch und wird in Israel und Deutschland als Terrororganisation eingestuft. Seit dem Einmarsch Israels in den Libanon (Libanonkrieg von 1982) ist das zentrale Ziel der Hisbollah die Bekämpfung Israels mit Anschlägen und Entführungen. Seit den 1990er-Jahren sitzt die Hisbollah auch in der libanesischen Nationalversammlung und gilt als Unterstützer der Diktaturen in Syrien und Iran.

Jesreel-Tal: Eine Ebene im Norden Israels, die sich von der Bucht von Haifa am Mittelmeer in südöstlicher Richtung bis zum Jordan bei der Stadt Bet Sche'an erstreckt.

Das Jesreel-Tal ist mit 365 Quadratkilometern das größte ebene Becken Israels.

Jiddisch: Diese tausend Jahre alte Sprache, aus dem Mittelhochdeutschen hervorgegangen und sowohl vom späteren Hochdeutschen sowie dem Hebräisch-Aramäischen beeinflusst, wird weitgehend von aschkenasischen Juden in Europa gesprochen.

Jüdische Brigade: Eine Infanterie-Einheit innerhalb der britischen Armee, die im Zweiten Weltkrieg auf Seiten der Alliierten gekämpft hat. Die insgesamt 30.000 Mann waren Freiwillige aus dem britischen Mandatsgebiet Palästina. Insgesamt kämpften innerhalb der alliierten Streitkräfte rund 1,3 Millionen jüdische Soldaten.

Jom-Kippur-Krieg: Er war der vierte arabisch-israelische Krieg nach dem Unabhängigkeitskrieg (1947–49), der Suezkrise (1956) und dem Sechstagekrieg (1967). Mit einem Überraschungsangriff Ägyptens und Syriens begann der Krieg am 6. Oktober 1973 am höchsten jüdischen Feiertag Jom Kippur. Arabische Streitkräfte rückten auf den Sinai und auf die Golanhöhen vor, die Israel im Sechstagekrieg erobert hatte. Drei Wochen später, als die israelischen Streitkräfte 100 Kilometer vor Kairo und 35 Kilometer vor Damaskus standen, beendete ein UN-Waffenstillstand die Kämpfe. Die darauffolgenden Verhandlungen führten über fünf Jahre später zu einem israelisch-ägyptischen Friedensvertrag. Zum ersten Mal erkannte mit Ägypten ein arabischer Staat Israel an.

Kibbuz: In Israel eine säkulare, sozialistische und ländliche Kollektiv- und Kommunensiedlung mit Gemeinschaftseigentum und basisdemokratischen Strukturen. Rund 250 solcher Siedlungen mit etwas mehr als 170.000 Einwohnern gibt es in Israel heute noch. Die Kibbuz-Idee entstand vor dem Hintergrund der antisemitischen Verfolgung in Europa. Die Zahl der Siedlungen und der »Kameraden«, wie sich Kibbuzbewohner nennen, ist seit Jahren rückläufig.

Kosher: Die Zubereitung und der Genuss bestimmter Speisen erfolgt nach den jüdischen Speisegesetzen in der Tora zur Reinhaltung von Körper und Geist. So gibt es erlaubte (koschere) und nicht erlaubte (nicht koschere) Speisen. Koschere Tiere zum Beispiel müssen Wiederkäuer und domestiziert sein und einen zweigespaltenen Huf haben wie Rinder, Schafe, Rehe oder Ziegen. Schweinefleisch ist demnach nicht koscher. Fleischige, milchige und neutrale Lebensmittel müssen getrennt zubereitet werden.

Libanonkrieg 2006: Auch Zweiter Libanonkrieg (nach dem von 1982) oder 33-Tage-Krieg genannt. Gemeint sind die Kämpfe zwischen der Hisbollah und der israelischen Armee im Juli und August 2006. Im Zuge der Kampfhandlungen beschoss die Hisbollah auch den Norden Israels mit bis zu 4000 Raketen. Die israelische Armee antwortete mit Bombenangriffen auf das Hisbollah-Hauptquartier in Beirut. Siehe Hisbollah.

Logotherapie: Bezeichnet eine sinnzentrierte Psychotherapie, die Menschen in Lebenskrisen, nach Trauma-Erfahrungen und bei psychischen Problemen Hilfestellungen gibt. Ziel der Therapie ist es, den Sinn im Leben wiederzufinden, bewusst zu erfahren und zu stärken. Begründet wurde die Therapie vom Wiener Psychiater Viktor E. Frankl, selbst Holocaust-Überlebender.

Ma'arach: War der Vorgänger der heutigen israelischen Arbeiterpartei »Awoda«, Mitglied der Sozialistischen Internationalen (wie die SPD in Deutschland). Die bekanntesten Vertreter waren Staatsgründer David Ben-Gurion, später Jitzchak Rabin und Shimon Peres.

Matzenbrot: Aus Wasser und Getreide wird ungesäuertes Fladenbrot ohne Hefe, auch Matze genannt, gefertigt. Nach jüdischer Tradition dürfen maximal 18 Minuten zwischen dem Mischen von Mehl und Wasser und dem fertigen Teig liegen, da es sonst zu gären beginnt. Wird traditionell an Pessach gegessen, dem »Fest der ungesäuerten Brote«. *Siehe Pessach.*

Mesusa: Bedeutet eigentlich Türpfosten und bezeichnet eine Schriftkapsel, die in einem traditionellen jüdischen Haushalt an jedem Türrahmen angebracht ist (außer am Badezimmer, an Toiletten, Keller- und Abstellräumen). In der schief am rechten Türpfosten angebrachten Mesusa ist eine Pergamentrolle eingelegt, auf der das Tora-Gebet »Schma Israel« geschrieben steht. Wenn man das Haus verlässt, berührt man die Mesusa und bittet Gott um seinen Schutz.

Mitzwa: »Die einzelne Pflicht« (deutsch), ist ein Gebot im Judentum. In der Tora ist die Zahl der enthaltenen Mitzwa-Gebote und Pflichten eines frommen Juden auf 613 Mitzwot beziffert. Sie teilen sich auf in 365 Verbote und 248 Gebote und bestimmen das gesamte Leben eines Gläubigen.

Palästina: Die historische Region Palästina bezeichnet heute ein Gebiet an der Südostküste des Mittelmeeres, auf dem sich der Staat Israel, der Gazastreifen, das Westjordanland, Teile Syriens, des Libanons und Jordaniens befinden. Im 13. Jahrhundert v. Chr. war erstmals von »Hebräern« die Rede. Danach gab es eine jüdische, eine christliche und ab 700 n. Chr. auch eine muslimische Präsenz in der Region. Im Ersten Weltkrieg eroberten britische Truppen Palästina, das Land wurde britisches Mandatsgebiet. Bedingt durch die jüdisch-zionistische Einwanderung aus dem faschistischen Europa verschärften sich die Auseinandersetzungen zwischen Juden und Palästinensern um die Vorherrschaft. Die Briten bekamen den Konflikt nicht unter Kontrolle und gaben das Mandat an die Vereinten Nationen zurück. 1947 beschlossen die UN eine Teilung in einen arabischen und einen jüdischen Staat, was die arabischen Staaten ablehnten.

Palmach: Er war eine paramilitärische Untergrundorganisation, die sich von 1941 bis 1947 auf das militärische Training von Jugendlichen konzentrierte. Seine Mitglieder, nur etwa 2000 bis 3000 Personen, sollten sich für Führungsaufgaben in den späteren israelischen Streitkräften empfehlen. Palmach-Einheiten kämpften auch in der Jüdischen Brigade im zweiten Weltkrieg an der Seite der Alliierten. *Siehe Jüdische Brigade.*

Pessach: Dieses Familienfest gehört zu den wichtigsten Festen des Judentums. Das Fest erinnert an den Auszug aus Ägypten und die Befreiung der Israeliten aus der Sklaverei. Pessach ist ein achttägiges Familienfest mit festen Riten und beginnt immer am ersten Vollmond im Frühjahr.

Pfeilkreuzler: Sie waren Anhänger einer faschistischen Partei in Ungarn, die zwischen 1935 und 1945 mehrfach den Namen wechselte. Zuerst hieß sie »Partei des Nationalen Willens«, später »Ungarische nationalsozialistische Partei«, zuletzt »Pfeilkreuzlerpartei«. Namensgebend ist das Pfeilkreuz-Symbol analog zum Hakenkreuz-Symbol der NSDAP. Mit Unterstützung von Hitlerdeutschland errichteten die Pfeilkreuzler im besetzten Teil Ungarns sowie Rumäniens eine faschistische Kollaborationsregierung und Diktatur. Mit der Machtübernahme ließ Parteiführer Ferenc Szálasi Tausende Juden in Budapest auf offener Straße ermorden, Zehntausende wurden auf Todesmärsche geschickt, am Ende kulminierte die »Politik« der Pfeilkreuzler in der Massendeportation ungarischer Juden nach Auschwitz. Siehe Ungarische Juden.

PLO: Die Palästinensische Befreiungsorganisation sieht sich als Dachorganisation aller Palästinenser. Ihr Ziel: die Gründung eines unabhängigen Staates Palästina. 1964 auf Initiative von Ägyptens Präsident Gamal Abdel Nasser gegründet, radikalisierte sich die PLO ab 1969 unter ihrem neuen PLO-Vorsitzenden Jassir Arafat, verübte Terroranschläge und Bombenattentate gegen Israel. In den 1990er- und 2000er-Jahren (Erste und Zweite Intifada) verlor die PLO ihre führende Rolle als Vertretung der Palästinenser. Größte Erfolge waren die Anerkennung als »Repräsentant des palästinensischen Volkes« durch die UN 1974 und der Friedensnobelpreis für Arafat 1994 zusammen mit Shimon Peres und Jitzchak Rabin. Seit Arafats Tod 2004 ist der Chef der Palästinensischen Autonomiebehörde Mahmud Abbas auch PLO-Vorsitzender.

Polte: Die Polte Armaturen- und Maschinenwerke in Magdeburg waren in der ersten Hälfte des 20. Jahrhunderts einer der größten Munitionsproduzenten der Welt. Nach dem Zweiten Weltkrieg wurde publik, dass Polte ein Rüstungsbetrieb der SS war, der Zwangsarbeiter und KZ-Häftlinge ausbeutete. Polte bezahlte pro Arbeitstag eines Häftlings vier Reichsmark an die SS, die Zwangsarbeiter gingen leer aus. So entstanden an mehreren Produktionsstandorten wie in Duderstadt KZ-Außenlager. *Siehe Duderstadt.*

Refeeding-Syndrom: Unter diesem Begriff versteht man eine weithin unterschätzte metabolische Störung, die bei mangelernährten Menschen auftritt, wenn diese wieder normal zu essen beginnen. Die Kombination aus Elektrolytstörungen, Vitamin- und Flüssigkeitsmangel können zu Lungenödemen und Herzinfarkten führen und tödlich enden.

Tallit: Ein traditioneller jüdischer »Gebetsmantel« oder Gebetsschal, der während des Morgengebets nur von Männern getragen werden darf. Ein Tallit ist ein viereckiges weißes Tuch aus Baumwolle oder Seide, das oft von schwarzen oder blauen Streifen durchzogen wird.

Todesmärsche: In der Schlussphase des Zweiten Weltkrieges (ab Januar 1945) wurden frontnahe Konzentrationslager wie Auschwitz aufgelöst und die Gefangenen gezwungen, zu Fuß Richtung Reichsmitte zu marschieren. Auch gab es Zugtransporte. Marschunfähige Häftlinge wurden in großer Zahl erschossen oder überlebten die teils wochenlangen Märsche nicht: Sie erfroren, verhungerten oder kollabierten. Einzelne Evakuierungszüge wurden von Alliierten aus der Luft bombardiert. Schätzungen gehen heute davon aus, dass bei den Todesmärschen bis zu 250.000 Menschen ums Leben kamen.

Tora: »Weisung« (deutsch), ist der erste Teil der hebräischen Bibel Tanach. Darüber hinaus hat der Begriff noch weitere Bedeutungen. Gemeint sind in der Regel die fünf Bücher Mose (Genesis, Exodus, Levitikus, Numeri und Deuteronomium), die am Anfang des Tanach sowie des Alten Testaments stehen. Mit Tora ist oft auch die Torarolle gemeint, aus der in jüdischen Gottesdiensten gelesen wird.

Unabhängigkeitskrieg: Dieser Krieg, auch Palästinakrieg genannt, war der allererste arabisch-israelische Krieg, der unmittelbar nach der Verabschiedung des Teilungsplans der UN am 29. November 1947 und noch vor der offiziellen Unabhängigkeitserklärung Israels am 14. Mai 1948 begann. Erst waren es nur lokale Kämpfe zwischen arabischen Milizen und jüdischen paramilitärischen Organisationen wie der Hagana. 1948, nach Gründung eines eigenen Staates, griff eine Armeeallianz aus Ägypten, Syrien, Libanon, Jordanien und Irak Israel an. Ziel der Offensive war die Beseitigung des jüdischen Staates, dessen Existenzrecht man ablehnte. Der Krieg endete 1949 mit einem militärischen Sieg Israels und einem UN-Waffenstillstand, der Israel etwa drei Viertel des vormaligen Mandatsgebietes überließ.

Ungarische Juden: Zwei Monate nach der Besetzung Ungarns durch Hitlerdeutschland begannen im Mai 1944 die Massendeportationen ungarischer Juden nach Auschwitz-Birkenau. Davon betroffen waren auch nordrumänische Juden wie Rachel und ihre Familie, die in von Ungarn besetzten Gebieten des Landes lebten. Unter der Leitung von Adolf Eichmann, unterstützt von der ungarischen faschistischen Militärpolizei, wurden in nur 56 Tagen 424.000 ungarische Juden nach Auschwitz deportiert. Insgesamt wurden ca. 565.000 ungarische Juden im Zweiten Weltkrieg ermordet. *Siehe Pfeilkreuzler.*

Zyklon B: Kaum ein anderes Giftgas hat eine solch traurige Berühmtheit erlangt wie das Schädlingsbekämpfungsmittel der deutschen Chemiefirma Degesch. Der Wirkstoff von Zyklon B ist Blausäure, das als Gas aus Pellets austritt. Sobald Menschen das Gas einatmen, wird die Zellatmung der körpereigenen Zellen gestoppt. Medizinisch spricht man von einem »inneren Ersticken«. In Auschwitz-Birkenau und anderen Vernichtungslagern wie Majdanek und Treblinka wurden die Pellets in die Schächte der Gaskammern geworfen und Hunderttausende, am Ende Millionen, mit dem Gift getötet. Zyklon B wurde zum Synonym für den industriell organisierten Massenmord des Holocaust (hebräisch Shoa).

WEITERFÜHRENDE LITERATUR

Meir Cahan, Yosef Neumark – Between My Father and the Old Fool: A Holocaust Memoir, Brooklyn 2004.

Götz Hütt – Das Außenkommando des KZ Buchenwald in Duderstadt: ungarische Jüdinnen im Rüstungsbetrieb Polte, Norderstedt 2005.

Viktor E. Frankl – Ärztliche Seelsorge: Grundlagen der Logotherapie und Existenzanalyse, München 2007.

Viktor E. Frankl – Trotzdem Ja zum Leben sagen, München 2018.

Viktor E. Frankl – Der Mensch vor der Frage nach dem Sinn, München 1985.

Viktor E. Frankl – Wer ein Warum zu leben hat, Weinheim 2017.

Claude Lanzmann – Shoah, Reinbek b. Hamburg 2011.

Robert Merle – Der Tod ist mein Beruf, Berlin/Weimar 1986.

Eva Mozes-Kor / Lisa Rojany Buccieri – Ich habe den Todesengel überlebt: ein Mengele-Opfer erzählt, München 2012.

Miklós Nyiszli – Ich war Doktor Mengeles Assistent: ein Gerichtsmediziner in Auschwitz, Oświęcim 2004.

Ulrich Völklein – Der Arzt von Auschwitz, Göttingen 1999.

DANKSAGUNG

Dieses Buch ist meiner Familie gewidmet, meinen geliebten Eltern Fivish und Ethel, meinen kleinen Brüdern Zvi und Yehuda, meiner ältesten Schwester Chaya und ihrer kleinen Tochter Etia und allen Mitgliedern der Familien Cahana und Kalush, ihren Freunden und Mitgliedern ihrer Gemeinde, deren Asche auf dem Boden des Vernichtungslagers Auschwitz-Birkenau verstreut wurde.

Ich will mit meiner Geschichte auf immer an meine geliebten Schwestern Sarah, Riku und Esther und meinen Bruder Meir erinnern, die wie ich das Inferno überlebt haben und heute nicht mehr unter uns sind.

Ich danke aus tiefstem Herzen meiner eigenen Familie in Israel, die mich mein ganzes Leben lang unterstützt und gestärkt hat – meinem verstorbenen Ehemann Shlomo und meinen Kindern, die in einem langen Leben den Unterschied ausmachen, meinem ältesten Sohn Doron und meinem jüngsten Sohn Yaron, und meinen innig geliebten Enkeln und Urenkeln. Möge ihnen allen ein langes, glückliches Leben beschieden sein.

Besonderer Dank gilt dem Autor Thilo Komma-Pöllath, dem es mit seinem Talent und seiner Sensibilität gelungen ist, in die Tiefen meiner Seele vorzudringen und meine verborgenen Gedanken so zu beschreiben, wie ich sie selbst auch nur schwer ausdrücken konnte.

Ein spezieller Dank an meinen Sohn Yaron, der mit seinen nicht nachlassenden Bemühungen dazu beigetragen hat, meine Geschichte zu veröffentlichen. Ein großer Dank an Nina Van-Mierop, eine gute Freundin und ehemalige Englischlehrerin, die sich aus persönlichem Interesse freiwillig bereit erklärt hat, meine Worte aus dem Hebräischen zu übersetzen.

Und ich danke Ihnen, liebe Leserinnen und Leser, für Ihr Interesse und möchte Ihnen zum Schluss meine persönlichste Lektion widmen:

Trotz allem, was ich durchgemacht habe, ist es mir gelungen, den Glauben an die Menschen nicht zu verlieren. Dies ist mein persönlicher Sieg über die Mächte des Bösen. Ich wünsche Ihnen, dass dies auch Ihr Auftrag und Ihre Hoffnung für die Zukunft sein wird, für Sie selbst und für die nächsten Generationen!

Haifa im Oktober 2022
Rachel Hanan